RECIFE MASCATE
A aventura empreendedora lusa
na primeira metade do século XX

Garamond
UNIVERSITÁRIA

CONSELHO EDITORIAL

Bertha K. Becker
Candido Mendes
Cristovam Buarque
Ignacy Sachs
Jurandir Freire Costa
Ladislau Dowbor
Pierre Salama

Luís Carvalheira de Mendonça

RECIFE MASCATE
A aventura empreendedora lusa
na primeira metade do século XX

Prêmio Literário Cidade do Recife
Categoria ensaio 2009

Garamond

Copyright © 2011, Luís Carvalheira de Mendonça

Direitos cedidos para esta edição à
Editora Garamond Ltda.
Rua da Estrela, 79 - 3º andar - Rio Comprido
Rio de Janeiro - Brasil - 20.251-021
Tel: (21) 2504-9211
editora@garamond.com.br

Revisão
Carmem Cacciacarro

Editoração Eletrônica
Estúdio Garamond / Luiz Oliveira

Capa
Estúdio Garamond / Anderson Leal
Fotos de Capa:
Primeiro plano: Avenida Marquês de Olinda. Via de acesso ao Porto do Recife; uso comercial e escritórios internacionais, nacionais e locais. Bairro do Recife. Década de 40. Fonte: FUNDAJ - Fundação Joaquim Nabuco.
Segundo plano: Ponte Princesa Isabel, interligando os bairros de Santo Antonio e Boa Vista. Ao fundo, Assembleia Legislativa de Pernambuco. Detalhe para circulação de bondes. Década de 30. Fonte: Museu da Cidade do Recife.

CIP-BRASIL. CATALOGAÇÃO-NA-FONTE
SINDICATO NACIONAL DOS EDITORES DE LIVROS, RJ

M494r
Mendonça, Luís Carvalheira de
  Recife mascate : a aventura empreendedora lusa na primeira metade do século XX / Luís Carvalheira de Mendonça. - Rio de Janeiro : Garamond, 2011.
  356p. : 14x21 cm

  "Prêmio Literário Cidade do Recife. Categoria ensaio 2009"
  ISBN 978-85-7617-239-0

  1. Empreendedorismo - Recife (PE) - História. 2. Brasil - Civilização - Influências portuguesas. 3. Brasil - História - Séc. XX. I. Título.

11-6206.   CDD: 658.400981
                                                                          CDU: 005.4(81)

Todos os direitos reservados. A reprodução não autorizada desta publicação, por qualquer meio, seja total ou parcial, constitui violação da Lei nº 9.610/98.

Estátua alusiva ao comércio erguida na extremidade direita da ponte Maurício de Nassau no bairro de Santo Antônio no Recife, 1917.

Pesquisa vencedora do Prêmio Literário da Cidade do Recife, categoria ensaio, ano de 2009, outorgado em abril de 2010. É baseada em dissertação apresentada e aprovada em 21 de junho de 2010, na Universidade de Aveiro (Portugal), para cumprimento dos requisitos necessários à obtenção do grau de doutor em Gestão Industrial, tendo sido membros do júri os professores doutores José Maria Amado Mendes, professor catedrático aposentado da Faculdade de Letras da Universidade de Coimbra, Henrique Manuel Morais Diz, professor catedrático aposentado da Universidade de Aveiro, Joaquim Borges Gouveia, professor catedrático da Universidade de Aveiro, Maria de Fátima Silva de Segueiro Dias, professora catedrática da Universidade dos Açores, Emanuel Ferreira Leite, professor adjunto da Universidade de Pernambuco, e Joaquim da Costa Leite, professor associado com agregação da Universidade de Aveiro, na condição de orientador.

A Célia Carvalheira de Mendonça, I. M., minha mãe, neta, por parte de pai, de Frederico Alves Pereira Pinto, emigrante de Arouca, e bisneta, por parte de mãe, de João Antônio Collaço Dias, emigrante de Ovadas. Se, além do criticismo acadêmico, há, na tese, sensibilidade e finura, é dela que herdei. Dedico-lhe o trabalho, agradeço suas orações e tudo de bom que ela me ensinou na vida, inclusive o amor imenso pelo Recife.

Agradecimentos

Ninguém produz um trabalho deste porte sozinho. Devo gratidão a muitas pessoas. Imperativo se faz assim o rito de agradecimento.

Em primeiro lugar, a Deus, ao Espírito Santo e a Nossa Senhora do Perpétuo Socorro ter finalizado a pesquisa e vê-la publicada em formato de livro.

Em seguida, minha mulher, Maria Tereza Cerqueira de Mendonça. Dela recebi orações, energia e confiança de que precisei, desde o ano de 2006. No círculo de família, ademais, contei com o apoio de Letícia e Célia, minhas filhas, e de Guilherme Marques Cerqueira e Ridete Melo Cerqueira, ele luso-brasileiro e ela, sua senhora, na condição de sogro e sogra, passaram também muito da vida da colônia no Recife.

Meus irmãos, Virgínia Pernambucano de Mello, historiadora, e João Hélio Mendonça, antropólogo, foram, no âmbito do conteúdo, pessoas com quem me aconselhei.

Tive, ainda, o reencontro com o professor doutor Antônio Paulo Rezende, do Departamento de História da Universidade Federal de Pernambuco, colega de juventude que me apresentou uma releitura da história do Recife, em especial da modernidade.

Do círculo profissional, contei com a dedicação e análise dos professores mestres, economista Alexandre Baracho e do administrador Edmauro de Oliveira Assunção, dos professores doutores Emanuel Leite, que me apresentou à Universidade de Aveiro; Fernando Paiva Júnior, do doutorado do Departamento de Administração da Universidade Federal de Pernambuco e Luiz Alberto Mariz do mesmo doutorado, e coautor de livro sobre pequenos empresários. O professor Luciano Vaz Fonseca

Lima, parceiro em trabalhos de consultoria e de publicação de livros, ajudou-me muito com suas críticas.

Alfredo Antunes, luso, natural de Coimbra, professor de Filosofia da Universidade Federal de Pernambuco e conselheiro do Gabinete Português de Leitura e da Comunidade Luso-brasileira de Pernambuco fez ainda uma erudita revisão. Colhi lições e ouvi sugestões do professor doutor José Raimundo Vergolino, economista ex-integrante dos quadros do Departamento de Economia da Federal, sócio do Instituto Arqueológico, Histórico e Geográfico de Pernambuco, igualmente apaixonada pela história da nossa cidade que, além de emprestar-me livros e seu conhecimento, honro-me com o prefacio ora publicado. Todos tiveram paciência e cuidado de ler a versão semifinal da tese e criticaram-na, com alto espírito acadêmico. Agradeço a Luis Emanuel Peroba, mestre pela Universidade de Aveiro. Muitos aperfeiçoamentos do texto refletiram as observações deles.

Breno Burgos Paredes e Luiz Carlos Nascimento de Oliveira, do Curso de Administração da Unicap, Gilvan Pereira da Silva Junior e Erilson do Rego Fonseca, do Curso de História, auxiliares de pesquisa contribuíram na coleta de dados, análise de documentos e textos da Junta Comercial de Pernambuco e da literatura histórica do período.

Na Universidade Católica de Pernambuco – UNICAP, onde ensino desde 1998, consigno gratidão pela licença sem vencimento deferida no período da pesquisa e a concessão de passagens ida e volta Recife/ Lisboa. Ainda na UNICAP, agradeço o estímulo do professor Leonel Ferreira de Morais Neto, diretor do Centro de Ciências Sociais, do Dr. Alexandre Perreti, diretor do Núcleo de Informática e Computação da Universidade e seus colaboradores Edna Fernanda Gomes e Hildemir José Cavalcanti, que não mediram esforços na impressão de imagens e texto. Fico grato também à boa vontade do jovem André Salazar Malta, que ajudou na geração dos mapas e imagens que ilustram a tese.

Com alegria, agradeço às pessoas do Gabinete Português de Leitura de Pernambuco, desde os seus presidentes, como a todos seus funcionários administrativos. Denise Macedo Paraíso, responsável pela biblioteca, excedeu-se no atendimento. Graças à sua gentileza, acessei livros e documentos raros fundamentais. Um estímulo decisivo me foi oferecido da mesma forma pela prima, Sílvia Carvalheira, consultora de biblioteconomia do Gabinete.

Em Portugal, encontrei o suporte da consultora Ivanluza Rodrigues, ex-aluna no Recife, e do seu marido, engenheiro Jorge Mota Prego, exemplo de intelectual ético. Por eles fui acolhido no melhor estilo lusitano – bons vinhos, refeições e finas conversas – na Quinta do Assento, Guimarães.

Lúcia Maria Cavalcanti Mota é também merecedora da minha gratidão. Com competência e zelo, fez a digitação básica do texto e também impregnou-a de saudade em virtude da visita que, na infância, fizera à Ilha de São Miguel, nos Açores, pois seu pai fora imigrante de lá vindo.

O professor doutor Joaquim da Costa Leite, orientador da tese, dedicou atenção, erudição e rigor científico, imprimindo à pesquisa alto padrão. Suas orientações foram marcos fundamentais para a produção do estudo. Mais uma vez, sou grato, professor.

Roberto Castelo Branco, do Sebrae-PE, demonstrou sensibilidade à cultura empreendedora quando examinou o trabalho e autorizou apoio do órgão, do qual é o diretor superintendente. Artur Valente e Manuel Tavares, membros do Conselho da Comunidade Portuguesa de Pernambuco, da mesma forma manifestaram grande sensibilidade à história do seu povo por nossas plagas ao concederam apoio ao trabalho. Posição semelhante demonstrou o professor Antonio Almeida, presidente do Gabinete Português de Leitura, que não mediu esforços em apoiar a publicação deste texto.

Para encerrar, sinto-me muito honrado e gratificado pelo reconhecimento do Conselho Municipal de Cultura da Cidade do Recife, que, no meio de 20 trabalhos concorrentes, concedeu a este texto o Prêmio Literário Cidade do Recife, categoria Ensaio, relativo ao ano de 2009.

Luís Carvalheira de Mendonça

Sumário

Dedicatória 7
Agradecimentos 9
Apresentação 17
Prefácio 21
Introdução 27

Capítulo I - Objetivos, relevância, dificuldades e capítulos do ensaio
1. Objetivos 36
1.1. Objetivo geral 36
1.2. Relevância e importância do estudo 37
1.3. Dificuldades do percurso 38
1.4. Apresentação dos demais capítulos 42

Capítulo II - Território da pesquisa, conceitos-chave e metodologia
2.1. Território da pesquisa: cidade do Recife 45
2.2. Conceitos-chave 49
2.2.1. Origem e evolução do conceito 52
2.2.2. Estado da arte no Brasil 54
2.2.3. O comportamento empreendedor 57
2.2.4. Empreendedorismo étnico 60
2.3. Metodologia 66

Capítulo III - Migração no mundo e dos portugueses para o Brasil
3.1. Do fluxo dos homens 71
3.1.1. Distribuição no território nacional 75

3.1.2. O Norte Agrário abandonado 78
3.2. O Brasil nossa melhor colônia depois
de ter sido colônia nossa 81
3.2.1. Rede informal de solidariedade 86
3.2.2. Tipos de imigrantes 90
3.3. Os rapazes para a Rua da Quitanda 94

**Capítulo IV - História do Recife e da imigração
portuguesa para a cidade**
4.1. Da Oh! Linda cidade de Olinda até o Império 108
4.2. Cidade Maurícia 111
4.3. Recife no império 125
4.4. Do rubro veio ao vapor maligno dos pernambucanos 133
4.5. O "rebelde" mascate modelando a identidade da cidade 141
4.6. O comércio nas mãos dos portugueses
até final do século xix 143
4.7. Estratificação e mobilidade social entre os lusos 149
4.8. Imigrante português: um benfeitor 151

**Capítulo V - O sangue luso que corre na cultura
empresarial do Recife**
5.1. Raízes lusas do Nordeste profundo 157
5.1.1. Nordeste profundo, Nordeste galego 159
5.2. Permanências institucionais e arquétipos negociais 162
5.2.1. Casa, família e trabalho 166

Capítulo VI - O baile da modernidade
6.1. Praça de açúcar e empório comercial 175
6.2. Comércio grossista e varejista 187
6.3. Porões dos navios trazem a modernidade 192
6.4. Novos espaços de convivência 200
6.5. Geografia dos bairros do centro 204
6.5.1. Maior faceirice no comércio 206
6.6. Fazendo a cabeça pelo consumo 207
6.7. Ícones da modernidade 209
6.8. Os comerciantes: barrados no baile 215

Capítulo VII - O elemento português no Recife até os anos sessenta do século XX

7.1. Recife: um destino com apelo 223
7.1.1. O império das cadernetas 235
7.1.2. Carnaval: lazer e oportunidade 237
7.2. Integração e afrouxamento dos laços étnicos 239
7.3. O último mata-mata marinheiro! 244
7.4. Surpresas da história 247

Capítulo VIII - Ação empreendedora lusa

8.1. Empreendedorismo étnico 254
8.1.1. Na panificação 255
8.1.2. Terreno, ferragens, pedra e cal 262
8.1.3. A nação de aliança 265
8.1.4. Economia informal entre os lusos 266
8.2. O comportamento empreendedor 268
8.2.1. Firmas de exportação e importação 276
8.2.2. Teatro e cinema 280
8.2.3. Lojas de fazendas, a grosso e a varejo 282
8.3 – À guisa de conclusão 292

Fontes e bibliografia 299
Revistas jornais e periódicos consultados 315
Referências outras 317

Anexo I - Entrevistas e entrevistados do projeto 317

Anexo II - Mapas e fotos aéreas da presença portuguesa no período 319

Anexo III - Imagens da influência lusa 323

Anexo IV - Marcas de firmas de portugueses 345

Anexo V I - Fontes das imagens, documentos e fotos 349

Índice de tabelas 350

Índice de quadros 351

Sobre o Autor 353

Apresentação

O empreendedorismo dos nossos patrícios portugueses tem sido um elemento chave na formação da nação brasileira em seu conceito mais amplo, que abrange não só a geografia do nosso território, como também a cultura do nosso povo miscigenado que em 2011, pela primeira vez, tem os brancos como minoria. Uma abordagem para analisar e entender a importância desse espírito empreendedor seria contextualizar alguns elementos históricos em três fases distintas. A primeira delas, com início na Escola de Sagres, forjou grandes navegadores ao mesmo tempo em que desenvolvia uma engenharia naval moderna para permitir que naus e caravelas pudessem singrar mares e enfrentar os mistérios e temores do desconhecido. Deram forma à visão do Infante D. Henrique não só a partir de canteiros de construção de cascos, mastros e velas, mas também de laboratórios de pesquisa náutica. A invenção do sextante, equipamento que permite determinar latitude e longitude de uma posição a partir da observação dos astros, uma espécie de GPS do século XV, foi determinante para o domínio de mares desconhecidos. Conduziu navegadores na aventura desbravadora, através dos traçados dos caminhos de ida, que, aliados ao conhecimento e domínio dos ventos, permitiam determinar aqueles da volta. Conhecimento, inovação, tecnologia e capacitação, bases da estratégia de atuação do Sistema Sebrae já naquela época possibilitaram as grandes descobertas. Luís de Camões, em seu poema épico *Os Lusíadas*, enaltece e dá dimensão a esse que foi um dos maiores feitos da história da civilização.

Desbravar o desconhecido comportava tantos desafios que Vasco da Gama sequer permitia a despedida dos marujos de seus entes queridos. Vãs tentativas para não abalar os corações daqueles que partiam e também dos que ficavam. Mulheres confrontadas com o fado de ver seus esposos e filhos partirem sem o afeto de um abraço ou um beijo transformaram lamúrias em canto triste, cantado ainda hoje, com emoção, nas casas de fado do Bairro Alto de Lisboa.

Este esforço sem precedentes teve um custo social elevado e demandava grandes investimentos. Milhares de portugueses partiram com a missão de colonizar o Novo Mundo. Animais, equipamentos, armas e a alocação de elevados investimentos, além da redução de mão de obra, deixaram o campo de Portugal empobrecido. O Velho do Restelo, personagem de *Os Lusíadas*, já chamava a atenção para isto, de forma sutil, antes de iniciar as estrofes de glorificação das grandes descobertas. Como cunharia Milton Nascimento séculos depois, "Todo artista tem de ir aonde o povo está. Se foi assim, assim será...".

A prioridade era fortalecer o Reino através da agricultura, do comércio e da busca por minerais preciosos (a pimenta-do-reino era na verdade especiaria das Índias). Neste esforço se inserem o ciclo da cana-de-açúcar, em Pernambuco, e a exploração das minas de ouro de Vila Rica, hoje Ouro Preto, em Minas Gerais.

A segunda fase do empreendedorismo luso viria com a fuga da família real para o Brasil. D. João VI, de repente, tinha que viabilizar os elevados custos de manutenção das cortes portuguesas no Brasil e, ao mesmo tempo, saldar a dívida com a Inglaterra, que protegeu e assegurou sua fuga. Criou o Banco do Brasil, ferrovias e determinou a abertura dos portos às nações amigas, dentre outros. Não bastava aumentar os impostos, era necessário aumentar a base da arrecadação. Fundou universidades e também elaborou uma constituição que permitia administrar o país e assegurar crescimento. Este legado foi importante principalmente no período do Império e nos distinguiu das colônias africanas, que assim permaneceram até algumas décadas atrás.

A terceira fase é analisada de forma criteriosa e minuciosa em *Recife mascate – A aventura empreendedora lusa na primeira metade do século XX*. Luís Eduardo Carvalheira de Mendonça elabora, com seu rigor de professor doutor, a tese do empreendedorismo étnico. Ao contrário das duas primeiras fases, onde o empreendedorismo luso era elemento do esforço para fortalecer o reino e explorar as colônias, e que acabou gerando conflitos como a Guerra dos Mascates na Capitania de Pernambuco em 1710/1711, nesta fase, já em plena República, temos aldeões portugueses atraídos e convidados por parentes e amigos para trabalharem em seus negócios. Aqui chegando, vislumbraram oportunidades de replicar conhecimento e experiências do comércio de suas aldeias – padarias, restaurantes, armazéns de secos e molhados, de ferragens –, além de desenvolver a importação e exportação com Portugal. Este empreendedorismo tinha como engenho o vislumbre de uma oportunidade associada ao "*savoir faire*" de uma determinada profissão, além de muita dedicação e trabalho com foco no desenvolvimento de um relacionamento que fidelizava fregueses e consumidores.

Havia também a abertura para criar sociedades com outros patrícios lusos, buscando sinergias e uma melhor gestão dos negócios. Surgiram marcas, algumas das quais perduram até hoje, com seus signos distintivos que desenvolviam comunicação e consolidavam reputação. Alguns instrumentos inovadores deste período desapareceram, tragados pela repentina urbanização e crescimento desordenado das grandes metrópoles.

Um deles foi a Caderneta de Anotações, onde o fiado era, na verdade, um instrumento de microcrédito operando nos moldes dos cartões de crédito de hoje, beneficiando comprador e vendedor, sem cobrar taxa de administração ou juros que a simplicidade da sua operação ensejava.

Após a leitura desta obra, tive a oportunidade de percorrer o Recife Antigo e os itinerários que conduzem a muitos destes antigos negócios, tantos ainda vivos e que exalam sabedoria. Confesso que o meu olhar não foi só de admiração. Experimentei também um sentimento de acatamento e de respeito ao amor de uma construção cotidiana que muito ajudou a crescer e desenvolver a cultura empreendedora de Pernambuco. A vida em um país distante demandou doação permanente destes irmãos empreendedores. Afinal, não devemos esquecer que foram e são portugueses estes brasileiros que ajudaram a construir as bases do nosso desenvolvimento.

Roberto Castelo Branco
Diretor Superintendente do Sebrae em Pernambuco
Grande-oficial da Ordem do Infante D. Henrique, O Navegador.

Prefácio

"*Viver era muito perigoso*" nos sertões e nas veredas do Brasil, segundo o pensamento de Riobaldo. Isso na primeira metade dos novecentos. Para os portugueses dos seiscentos, além de "*precisar navegar era necessário viver*", mesmo que perigosamente. Explorar e colonizar um território de dimensões continentais, desconhecido, pejado de cobras peçonhentas, de florestas exuberantes sem similar na Europa da época, repleto de uma multidão de insetos desconhecidos, habitado por nativos pouco amistosos, constitui a obra máxima da sociedade portuguesa nas Américas. Somente aquele que experimentou viajar pelo sertão profundo do nosso país, ainda que nos anos cinquenta do século passado, pode imaginar, na plenitude, a coragem e determinação dos nossos bisavós europeus. Mas eles foram além do trivial. Iniciaram o processo de colonização em sítios geográficos específicos, embasados em um modelo de agroindústria único no mundo americano da época.

De 1500 até 1580, a paisagem do futuro país foi se transformando graças à determinação de um grupo reduzido de famílias portuguesas. O período 1580-1640, sob dominação espanhola, foi de sombra e escuridão. As sequelas dessa dominação são conhecidas, especialmente pelos residentes na capitania de Pernambuco. Muitos dos nossos compatriotas perderam parentes, e ativos foram queimados pela soldadesca holandesa corrupta que pisou nas areias de Maria Farinha. Da expulsão dos flamengos até 1700, decorre uma fase difícil para o *staple* – açúcar – da economia colonial. Cenário de queda nos preços do produto no mercado internacional como resultado da forte concorrência, associado à escassez de capital de empréstimo. A partir do início dos setecentos, surge uma nova fronteira produtiva, com a descoberta do ouro e diamante nas Gerais. Uma parte do Norte Agrário foi sangrada como boi no matadouro naqueles fatores de produção mais preciosos – empreendedores e escravos – que migraram para a atividade de extração mineral. Todavia, nem tudo foi desgraça! Parte do ouro produzido nas Minas chegou até Pernambuco por vias transversas. Gonsalves de Mello, decano dos historiadores pernambucanos, fornece pistas que sugerem a entrada de boas quantidades do metal precioso na capitania de Pernambuco, oxigenando, de alguma forma, a combalida economia açucareira. Muitos historiadores e economistas postulam que o período 1700-1790 foi de grandes dificuldades para a economia do Norte Agrário: crise de acumulação e reprodução do sistema açucareiro, causada pela forte competição internacional e ausência de capitais de empréstimo. Todavia, Denis Bernardes demonstra, com números, em sua tese de doutorado, que houve um verdadeiro *boom* na indústria de construção civil no Recife, particularmente na construção de igrejas e capelas durante o período 1690-1790. Se existia uma crise de renda e poupança, como explicar então esse *boom* na construção de igrejas, capelas, algumas extremamente suntuosas, como, por exemplo, a Dourada, no bairro de Santo Antônio do Recife? De onde veio o numerário para contratar mestres pedreiros e carpinas assalariados, artistas, escravos, e adquirir telhas, pedras, madeira e objetos de metal e até folhas de ouro dos ornamentos? Aguarda-se uma resposta para essas questões.

O século de ouro – 1801-1900 – foi muito complicado para o Brasil, e especialmente para Pernambuco. No cenário internacional, crises políticas na Europa continental rebatiam no Brasil como reflexo de sua condição de colônia de Portugal. O capitalismo, diga-se economia de mercado, com o advento das manufaturas, já era uma realidade nas economias centrais do Ocidente. A Inglaterra dominava os mares com sua marinha mercante e de guerra. De lá surgiam as grandes inovações no âmbito da engenharia industrial. O progresso científico promovia a geração de novas máquinas, que ampliavam a produtividade do trabalho. Novos bens de consumo eram introduzidos no mercado.

O Brasil, infelizmente, comportava-se como coadjuvante no processo das grandes transformações sociais e econômicas acima aludidas. No contexto social, dominavam relações tipicamente pré-capitalistas, com a predominância da força de trabalho escrava na produção de bens e serviços finais. Em 1711, Antonil afirmava que o Brasil era *"o inferno dos pretos, purgatório dos brancos e paraíso dos mulatos"*. Em 1810, nada havia mudado. Segundo Gilberto Freyre, o mais erudito dos intérpretes do Brasil, "os escravos eram os braços e as pernas dos senhores de engenho". No plano econômico, a situação era bastante complexa. O modelo econômico de geração de excedente, gestado na segunda fase da colonização, ainda era o mesmo em 1800: grande propriedade rural, mão de obra escrava, e produção de uma cesta de produtos agropecuários voltados para o mercado externo – açúcar, algodão, fumo, madeira e couro – com fortes concorrentes no mercado internacional.

Pernambuco era o terceiro polo econômico do país, atrás somente da Bahia e do Rio de Janeiro. Parte do excedente econômico gerado no seu *hinterland* fluía com destino à antiga Metrópole e também à Corte no Rio de Janeiro. As guerras da Independência minavam a trajetória da economia local. O custo da rebeldia de um segmento da elite pernambucana contra o autoritarismo do governo central instalado no Rio de Janeiro foi muito elevado. Pernambucanos ilustres tiveram suas vidas ceifadas, além de sequelas irreversíveis na geografia física da então Província. Com o término do tráfico transatlântico de escravos em 1850 e o advento da cultura do café no Sudeste, findou-se a hegemonia política e econômica de Pernambuco. Pelos idos de 1870, sua economia patinava no massapê viscoso dos canaviais sem uma perspectiva positiva no longo prazo. A combalida socioeconomia da Província recebeu um novo oxigênio graças à chegada das usinas. Nas palavras de um ilustre historiador da sociedade pernambucana, o advento das usinas provocou uma *"modernização sem mudanças"* da economia e da sociedade pernambucana. Trata-se de uma meia verdade. A chegada das usinas tonificou a indústria metalomecânica, a manufatura de fiação e tecelagem, a indústria de construção civil, o transporte ferroviário, o comércio de atacado e varejo, o turismo de negócios, os serviços de consultoria, e contribuiu para a consolidação da cidade do Recife como o segundo polo urbano da região Nordeste.

A obra do professor Luís Carvalheira de Mendonça, filho da terra, oriundo de família de pernambucanos famosos ligados ao ensino e à pesquisa científica, penetra no âmago dos acontecimentos sintetizados nos parágrafos acima, por nós debuxados de forma bastante superficial. Apoiado no conceito de empreendedorismo, a obra do professor/pesquisador representa uma nova leitura da história econômica de Pernambuco. Constitui uma interpretação da evolução econômica do estado através de um corte teórico que privilegia a questão do empreendedorismo étnico. Trata-se de um enfoque nunca dantes perseguido na historiografia regional, daí a singularidade da obra. De forma sagaz, escolhe Recife como o seu *lócus* geográfico e os imigrantes portugueses como o grupo étnico objeto de investigação. O livro apresenta uma estrutura elegante, com forte densidade analítica, e não poderia ser diferente, pois se trata de uma versão quase original de sua tese de doutorado em Economia pela Universidade de Aveiro – Portugal. O domínio do autor no uso de fontes primárias é um reflexo do seu nível de erudição. Mergulhar na leitura do livro do amigo Luís nos faz acreditar que a máxima de Riobaldo – *Viver é muito perigoso* – representou uma constante na trajetória de vida dos nossos irmãos portugueses que migraram para Pernambuco. Eles se superaram criando empregos, renda e transformando para melhor a paisagem da nossa tão amada cidade do Recife.

José Raimundo Vergolino
Casa Forte, abril de 2011
Ph.D em Economia
– University of llinois – USA
Prof. Apos. UFPE (1973-003)
Prof. titular da FBV
Sócio do IAHGPe

Introdução
Em busca das raízes empreendedoras da Cidade do Recife

Sou do Recife com orgulho e com saudade, sou do Recife com vontade de chorar. (Antônio Maria, jornalista e cronista pernambucano)

A cidade é na verdade, a grande moradia dos homens, ponto de encontro e desencontros dos seus sonhos e desejos, cenário principal dos tempos modernos. O Recife tem sua singularidade, experiências históricas próprias, que lhe dão identidade, que o fazem diferente. (Rezende, 2005)

Assunto que está a reclamar o carinho dos estudiosos do nosso passado seria o papel desempenhado pelos portugueses no desenvolvimento e progresso das atividades comerciais no Recife. Porque a capital pernambucana está cheia de atuação extraordinária da gente lusitana que, vinda do Reino, nos tempos da colônia, aqui se localizou derivando para o comércio organizando e fazendo da profissão mercantil sua especialidade. (Boletim da Associação Comercial de Pernambuco, Recife, dez. 1953)

Este ensaio aborda temas desprezados pelas elites, pelos economistas e intelectuais brasileiros, tais como a ação empreendedora na história de uma cidade; a participação do comércio no desenvolvimento de uma dada cidade; o papel dos seus atores, os comerciantes, também vítimas de preconceitos idênticos aos devotados ao comércio, e, por fim, analisa a contribuição de uma etnia, no caso os portugueses, nesse contexto, vistos da mesma forma como apenas espertos donos de padaria. Assim encarei esses tabus e procurei demonstrar exatamente o contrário: a vocação da cidade do Recife a partir desses alicerces: empreendedorismo, comércio, comerciante e português. Acredito que obtive êxito e consegui desmontar tais preconceitos ou pelo menos chamar a atenção para novas discussões a respeito deles.

Ao explorar a senda da compreensão da história empreendedora da cidade do Recife, a pesquisa alinha-se, ainda, com o rumo das minhas investigações nos últimos dez anos, voltadas a contribuir para a edificação de uma teoria de administração com base no barro da vivência da cultura empresarial nacional.

Antes de prosseguir devo, porém, ao leitor, esclarecimentos que facilitarão sua decisão de ler o ensaio. São eles: por que o período? Por que os lusos? Por que o título de aventura empreendedora?

Quanto ao período, a pesquisa preenche a lacuna de estudos sobre essa fase dentro do enfoque interdisciplinar adotado, e como ainda vivi essa fase na cidade, antecipo o segundo esclarecimento. Retenho proustianamente na memória da infância e adolescência o que chamei de o império das cadernetas das vendas, a sedução da escada rolante da Casas Viana Leal, o inebriante cheiro dos secos e molhados da Rua das Florentinas, a elegância das camisarias e a atração das confeitarias das ruas do centro da cidade, em sua grande maioria pertencentes a lusos ou luso-brasileiros.

O último esclarecimento é baseado nas minhas reflexões sobre empreendedorismo. Elas apontam para uma razão decisiva definitiva para compreender os empreendedores: a aventura. Sonho, ousadia, inovação, risco, persistência e tantos outros atributos que plasmam a psicologia do empreendedor são sinônimos da aventura, do lançar-se na vida perigosa de Guimarães Rosa em busca da terceira margem do rio. E essa terceira margem é muito mais imperativa quando a vida que se aventura é a do migrante, caso dos nossos lusos. Admiração e curiosidade por entender esse destino, ter sido testemunha da história do período e, adicionalmente, possuir no sangue ascendência lusa encerram as motivações subjetivas que emaranham o fio da meada do trabalho. O texto é, por outro lado, uma declaração de amor à cidade. Abraço com paixão meus objetos de pesquisa, e, por razões óbvias, a cidade onde nasci é uma rica fonte do meu imaginário na trilha do que afirma o amigo Antônio Paulo ser a cidade o ponto de encontros e desencontros dos sonhos e desejos dos homens (Rezende, 2005). Mesmo tendo viajado, estudado, trabalhado e morado fora, até no estrangeiro, situações que me permitiram ver o Recife com o olhar à distância, cada vez mais a presença do Recife avulta-se em mim. Assim, imagens, pequenos gestos, vivências, memórias e lugares de prazer, de estudo e de trabalho dessa cidade povoaram densamente minha inspiração e forneceram o lastro para a prosa de cientista social que a academia exigiu.

Mas esse caudal de sonhos e desejos recifenses também não é apenas meu. É o Recife herdado do meu pai, professor Hélio Mendonça, médico humanista e visceralmente amante desta cidade. É o Recife de Célia Carvalheira de Mendonça, minha mãe, com sua religiosidade, letras de músicas de carnaval e tantas outras recordações, tudo, tudo tão luso nos desvãos da memória.

Na verdade, não é um texto poético, mas gostaria muito de vê-lo inscrito na longa lista de poemas de declarações de amor à magia e ao encanto dessa cidade. Bandeira, com sua *Evocação do Recife*, Carlos Pena, com seu *Guia da cidade do Recife*, Ledo Ivo, com seu *Recife, poesia*, e Austro Costa, com *Capibaribe, meu rio*, como que dirigiram as bases desse meu devotamento.

Já, no que diz respeito à prosa social interpretativa própria de um ensaio, confesso explícita influência de olhares de cientista sociais como Antônio Paulo Rezende, Cátia Lubambo, Evaldo Cabral de Mello, Gadiel Perruci, Gilberto Amado, Gilberto Freyre, José Antônio Gonçalves de Mello, Leonardo Dantas, Mário Melo,

Souza Barros, e Rita de Cássia de Souza. Seus textos, carregados de observações brilhantes, foram marcos relevantes na viagem intelectual que empreendi para visitar o Recife do período.

Prosseguindo, acentuaria que o trabalho se utiliza dos ferramentais conceituais de empreendedorismo olhando pelo retrovisor. O *corpus* teórico principal é o campo de investigação do empreendedorismo. É uma pesquisa interdisciplinar que, para seu desenvolvimento, se apoia em estudos migratórios, históricos e econômicos porque, nesse interregno de tempo, a cidade do Recife atravessava a chamada era da modernidade nas esferas econômica, cultural e comportamental. Com base nessa premissa, a pesquisa alinha-se com a declaração do economista Souza Barros, que afirmou, no seu prestigiado livro *A década de 20 em Pernambuco*, ser o Recife não apenas uma praça de açúcar, mas um grande empório. Imagens recolhidas na investigação e ora estampadas testemunham tanto essa atmosfera da cidade como a presença lusa.

A partir desse pano de fundo, o livro explora a contribuição dos empreendedores comerciantes para esse dinamismo, apesar de a história de Pernambuco e do Brasil não os reverenciarem como deveriam. Um simples exemplo: Pereira da Costa, o historiador, na sua monumental obra sobre Pernambuco, não cita nenhum deles. Aliás, já se disse que, na história do país, o empreendedor seria mais desconhecido do que o índio.

Mas, para melhor desvendar a relevância dos alicerces citados, o livro apresenta um quadro de interpenetração entre economia e cultura e entre cultura e, especificamente, cultura empresarial e formação social e econômica, focando em especial a participação da contribuição dos lusos nessa vertente da formação da nossa cultura empresarial.

O ensaio joga, adicionalmente, luzes sobre a ação dos lusos como grupo étnico que atuou em rede baseado no capital social da sua comunidade do período. Esses laços de confiança de base étnica são, por sinal, a mais consistente explicação para o sucesso da influência deles, em que pese a pouca expressão da sua presença demográfica na fase estudada, como se verá ao longo do texto.

Para concluir, três destaques. Em primeiro, salientar que os resultados apontam para evidências de uma vocação empreendedora para negócios da cidade do Recife, com base na posição estratégica comercial do seu porto, na herança negocial lusa presente na formação da cidade desde a Guerra dos Mascates, atmosfera econômica comercial vivida nos cinquenta anos analisados aqui. Em segundo, assinalar que as pessoas não interessadas no referencial conceitual, nas justificativas, relevância e metodologia da pesquisa, conteúdos explorados nos capítulos 1º e 2º, poderão iniciar suas leituras a partir do capítulo 3º. Por fim, é conveniente esclarecer aos lusos e luso-brasileiros vivos do Recife que o foco da pesquisa foi a questão da atuação empreendedora do seu povo e não apenas o levantamento dos nomes ilustres de lusos que por aqui viveram. Os nomes citados foram extraídos do livro de Antônio Dias, publicado com o patrocínio do Gabinete Português de Leitura, sob o título de *O elemento português na cidade do Recife de 1890 a 1940*, em 1940, conforme referido na bibliografia.

Boa leitura e viva o Recife!

Luís Carvalheira de Mendonça

Capítulo I
Objetivos, relevância, dificuldades e capítulos do ensaio

Para mim Portugal tem sete maravilhas, como nenhuma outra nação possui, e eu falo só do que vi: os Lusíadas, a entrada do Tejo, a Torre de Belém, os Jerônimos, Sintra, o vinho do Porto e a colônia portuguesa do Brasil. Tendes razão, senhores de nos fazerdes admirar a vossa pátria pela magnificência das criações portuguesas no Brasil. (Nabuco, Joaquim. Epígrafe do Álbum da colônia portuguesa no Brasil)

O interesse renovado pelo empreendedorismo e o retorno aos estudos desse tema nos direcionam a uma pluralidade de fatores: ao crescimento da colaboração interdisciplinar entre economistas, sociólogos, antropólogos e cientistas políticos. (Martinelli, 2007, p. 1)

Não basta estudar a história das empresas de forma isolada, como se estas fossem ilhas, separadas do meio em que se inserem. Efectivamente, a dita história deve ser integrada e compreendida nas suas relações com o meio local e regional envolvente, num determinado contexto nacional e internacional. (Mendes, 2002, p. 5)

    A presente pesquisa discute o tema do imigrante português na condição de empreendedor na área dos negócios na cidade do Recife, Estado de Pernambuco, localizada no Nordeste do Brasil, durante os primeiros cinquenta anos do século XX.

    A proposta da investigação é conferir se, nesta fase da história da cidade, o imigrante português teria assumido um comportamento empreendedor, tanto como pessoa individualmente falando, quanto como grupo, através do empreendedorismo étnico, mais precisamente de capital social.

Para seu desenvolvimento, o trabalho apoia-se em conteúdos de estudos migratórios, históricos e econômicos porque, nesse interregno de tempo, a cidade do Recife estava atravessando a chamada era da modernidade nas esferas econômica, cultural e comportamental. No que diz respeito às questões migratórias, a pertinência é óbvia porque o tema do trabalho tem como alvo o imigrante luso. Já quanto à esfera econômica e ao contexto histórico da modernidade, seus conteúdos são trabalhados como o cenário ou o teatro de operações no qual o ator social, imigrante luso, se movimentou.

Uma vez assumindo-se o objetivo acima, deve-se, então, constatar se, no ambiente de mudança propiciado pela modernidade, o imigrante português teve capacidade de enxergar oportunidades de negócio e daí criar novos mercados, desenvolver novos produtos e, por fim, inventar novos métodos de produção, como afirma Drucker (1986), ao enquadrar doutrinariamente o comportamento do empreendedor. Simultaneamente, deseja-se pesquisar o grau de integração de capital social existente nesse grupo de estrangeiros no Brasil.

Dado tal espectro de objeto, a pesquisa enfrenta e supera dois obstáculos. Por um lado, revolve e, em grande medida, supera preconceitos instalados na academia sobre os negócios comerciais – setor dinâmico e preferido pelos portugueses àquela altura.

Prosseguindo, pode-se afirmar, ainda, que a pesquisa, contrariando o senso comum, revela que os imigrantes portugueses dessa fase não foram muitos em termos demográficos, malgrado a impressão corrente, devido à alta visibilidade de seus estabelecimentos.

Em resumo, trabalhar com este imigrante português no contexto histórico da primeira metade do século passado – a era da modernidade – lançar luzes sobre os negócios e, nesse universo, isolar e explorar a participação do imigrante português, quase sem peso estatístico, é a pista do caminho a ser percorrido.

Para se evitarem equívocos e desvios de percepção de leitura sobre seus objetivos, deve-se deixar claro que, por mais sedutores que sejam os temas da expansão econômica, da modernidade e da *Belle Époque* nesse período, o foco do trabalho é sobre a análise do imigrante português na condição de empreendedor. Devido à natureza interdisciplinar do estudo, porém, a investigação explora temas econômicos, culturais e históricos na medida em que contribuam para entender a movimentação desses imigrantes.

De acordo, portanto, com as fontes históricas e econômicas exploradas ao longo do texto, a cidade do Recife, durante os dois primeiros quartéis do século passado, experimentou desenvolvimento econômico marcado pela modernização em alguns espaços da economia, fundamentalmente graças ao desempenho do setor primário, devido à produção de açúcar, além do algodão e do couro em menor escala, matérias-primas voltadas para a exportação. Ao mesmo tempo, a tendência nacional da modernidade alcançava o Recife, que, como uma metrópole regional, seria também alvo de ações dessa natureza. Pode-se dizer que essa fase é considerada importante porque corresponde à entrada da cidade na economia moderna, operando a transformação dos padrões sociais e econômicos rurais para o urbano. Como diria Freyre, não mais a vida da Casa Grande e da Senzala, mas a dos Sobrados e Mocambos. Nesse cenário, transformações significativas se dão, também, na esfera dos negócios comerciais.

Situada, ainda, como o primeiro porto de expressão no país na rota para os navios de carga e de passageiros provenientes da Europa e dos Estados Unidos, a cidade exerce a posição do mais importante entreposto de importação e exportação de todo o

Nordeste brasileiro, nas trocas com o resto do país e o estrangeiro, o que lhe emprestava ainda mais robustez econômica.

É nesse contexto que desponta o imigrante português. Oriundo, em sua grande maioria, da região Nortenha[1] de Portugal, os portugueses sempre emigraram para o Brasil em geral e para Pernambuco em particular, como asseveram Florentino e Machado (2002) nos seguintes termos: "A emigração portuguesa para o Brasil constitui-se em um fluxo contínuo e de natureza multissecular" (2002, p. 58). É sabido, pelos estudos imigratórios,[2] que apenas no intervalo de um século – de 1850 a 1950 – na ordem aproximada de 2 (dois) milhões de portugueses se dirigiram para o Brasil.

Por outro lado, não se pode esquecer que a presença cultural portuguesa no Brasil tem sido forte e se manifesta desde a dimensão religiosa até a culinária, conforme estudos clássicos de Sérgio Buarque de Holanda (1970) e Gilberto Freyre (1989), para falar apenas de dois. Os padrões de comportamento do brasileiro demonstram tal influência, mesclando-a com as heranças negra e indígena nativas. Malgrado a importância desses campos, a presente investigação tem seu fulcro na esfera dos negócios.

Por fim, os objetivos eleitos são:

1. Objetivos

1.1. Objetivo geral

Analisar o empreendedorismo do imigrante português que aportou na cidade do Recife tanto como grupo étnico de estrangeiros como na qualidade de pessoas, individualmente falando, durante os primeiros cinquenta anos do século XX.

---

[1] Ver Klein (1989), Leite (1994) e Alves (2001).
[2] Idem.

1.1.2. Objetivos específicos

1). Revelar suas iniciativas empreendedoras dentro desses dois subtemas acima citados.
2). Reconstituir a atmosfera do ambiente social e econômico da cidade no período.
3). Explorar o impacto da modernidade no Recife na esfera do comércio.
4). Analisar as eventuais transformações sofridas pelo imigrante português, de formação predominantemente rural, em contato com o mundo urbano moderno.
5). Assinalar eventos que demarquem a presença, a participação e a influência desse imigrante na cidade.

1.2. Relevância e importância do estudo

O trabalho justifica-se, em primeiro lugar, por enveredar pelo tema do empreendedorismo histórico, campo científico novo, que se nutre da história, da economia, da sociologia, da antropologia cultural e da administração, sem a nenhuma delas se submeter no todo. Daí infere-se que se trata de um trabalho interdisciplinar, sendo assim uma proposta de abertura de novas fronteiras de conhecimento. Nesse sentido, segue-se aqui o espírito de Martinelli (2007, p. 1), quando realça uma pluralidade de fatores interferindo na interdisciplinaridade do empreendedorismo, conforme registrado na epígrafe do capítulo.

Em segundo, ao visitar o tema do empresariado recifense e seu processo de formação, incluindo suas fontes recentes de inspiração, como no caso daquelas eventualmente derivadas do imigrante lusitano, a pesquisa revela-se, mais uma vez, inovadora devido ao fato de que o veio de investigação do empreendedorismo histórico não tem sido explorado na extensão adequada nas publicações, sejam de história, sejam de economia, sejam de administração no Brasil, embora não se desconheça a existência de estudos clássicos desenvolvidos sobre a elite empresarial paulista e seus padrões de formação, bem como de textos de história produzidos sobre os empresários do Rio de Janeiro, alguns deles tendo como objeto a participação do imigrante português.[3] A respeito do empresariado pernambucano e recifense não há, contudo, reflexões, salvo umas ou outras referências feitas *en passant* em estudos sobre a economia do açúcar, base da formação do estado. Daí, portanto, mais esse motivo de resgate da história empresarial para que o estudo se concretize.

Em terceiro, considerando-se que a trabalho faz a reconstituição do período da modernidade, que alcançou larga extensão da primeira metade do século XX, e que tal tema já foi estudado em diferentes âmbitos, salvo o empresarial, a proposta torna-se, portanto, significativa porque ajudará a emprestar *status* científico a essa linha de investigação do comércio ainda não investigada devidamente.

Em quarto, o trabalho discute, ainda, as transformações que a vida nos trópicos e na cidade grande causou nos imigrantes lusos, oriundos, em sua maioria, das aldeias rurais.

Por último, na medida em que analisa a participação deles, a pesquisa contribui para oferecer no campo da história empresarial pernambucana e brasileira, novas fontes de pesquisa capazes de permitir a construção da identidade empresarial nacional.

1.3. Dificuldades do percurso

De diferentes natureza e intensidade foram as dificuldades encontradas na execução da investigação.

Salta à vista, no Brasil em geral e em Pernambuco em particular, a quase total ignorância a respeito do tema do empreendedorismo e dos empreendedores na literatura de

---

[3] Ver Bresser Pereira (1994), para o caso de São Paulo, e Lobo (2001) e Freitas Filho (2002), para o caso do Rio de Janeiro.

história, de economia, de administração e de estudos migratórios visitados pelo autor. Recentemente, um dos poucos textos, que, como o presente, se debruça sobre o assunto denuncia, muito apropriadamente, que o empreendedor é tão desconhecido como o índio no país.[4]

Vale ainda registrar que, no plano das crenças e dos valores da sociedade do período em análise na pesquisa, a figura do empreendedor era desvalorizada ou quase desconhecida, ou sua ação era feita sem alarde e com discrição, diferentemente dos dias de hoje,[5] nos quais qualquer jovem abre um restaurante e em menos de um ano já é *chef de cuisine* de renome e, naturalmente, foi empreendedor desde a infância...

Na sociedade gerencialista e empreendedora contemporânea,[6] a economia, o sucesso e a vitória das realizações ocupam uma centralização avassaladora na cultura das pessoas, comportamento esse que não se encontrava tão presente, explicitamente, à altura daquela fase.

Como asseveram Wood e De Paula (2002), citando Deeks, a cultura hodierna está se transformando em uma cultura de negócios, pois:

> (1) As instituições e organizações empresariais vêm exercendo grande influência na vida social; (2) as posições de mais alto status social e prestígio estão sendo ocupadas por homens e mulheres de negócios; (3) as empresas vêm desempenhando um papel dominante no processo de socialização dos indivíduos, tanto no que se refere à educação, como na aquisição de habilidades e experiências; (4) as mídias vêm transmitindo e reforçando os valores que estão sob a esfera de influência do mundo dos

---

4 Ver Marcovitch (2005).
5 Desde a década de noventa, o Brasil vive uma febre de empreendedorismo, tanto no ambiente acadêmico como nas políticas do Sebrae – Serviço Brasileiro de Apoio às Pequenas e Médias Empresas, voltadas ao estímulo a ações empreendedoras.
6 Ver Wood e De Paula (2002, p. 2).

negócios; e (5) *os símbolos, a linguagem, as crenças e ideologias do mundo dos negócios estão invadindo a cultura, tanto do ponto de vista material, como intelectual e espiritual.* (Deeks *apud* Wood e De Paula, 2002, p. 2, grifo nosso)

Por esta razão, o empreendedor seria, por assim dizer, menos elaborado tecnicamente porque se revelava até contra os padrões comportamentais dos empresários predominante na época,[7] que adotavam, em larga extensão, uma cultura de negócios marcadamente empírica.

A inexistência de dados oficiais[8] tanto absolutos como desagregados sobre imigrantes na cidade e a resistência de pessoas para concederem entrevistas surgiram como novos percalços do caminho.

Ademais, no que diz respeito aos dados oficiais dos censos do período – 1920, 1940 e 1950 do Instituto Brasileiro de Geografia e Estatística (IBGE) –, como tem sido salientado por Melo e Marques (2007), eles não indicam os descendentes dos imigrantes.

Adicionalmente, como se verá dos dados do capítulo III, a presença dos portugueses no Recife, no período, foi abaixo de 1% da população, tornando a relevância da sua presença estatisticamente desprezível.

Por outro lado, a preocupação do cidadão português de se integrar e se identificar com a sociedade e cultura locais também o levou a não deixar rastros evidentes de sua presença como grupo distinto de imigrantes, sem esquecer que, nessa tentativa de inclusão social, os nomes, sobrenomes e a própria língua ajudaram bastante.

---

7 Ver Curado (2001), que caracteriza a cultura empresarial do período como amadora e empírica.

8 O Ministério da Justiça, através do Arquivo Nacional, informou não ter condições de disponibilizar dados de entrada de portugueses em vários intervalos do período da tese. A Capitania do Porto do Recife também informou não dispor; a Associação Comercial de Pernambuco estava fechada para reforma, e a Delegacia da Polícia Federal e a Delegacia de Polícia do Estado também informaram não ter esses dados. Da mesma forma, a biblioteca do Gabinete Português de Leitura e o Real Hospital Português não detinham as informações.

Outra dificuldade decorreu das entrevistas, em virtude da ausência de discursos elaborados dos entrevistados sobre eles próprios na condição de imigrantes.

O acesso a fontes documentais das empresas foi também algo quase impossível, dado que muitas das pessoas entrevistadas e empresas referidas no período como de propriedade dos lusos ou já não existiam mais, literalmente falando, ou o estado de conservação dos documentos era precaríssimo.

Esse desprezo pela história e seus registros não apenas dos portugueses no Brasil, mas dos próprios nativos é um dos sérios problemas para aqueles que, como o autor, se dedicam à história da administração no Brasil.[9] Um sinal, aparentemente singelo, porém revelador dessa atitude, é que o pesquisador tentou obter de todos os entrevistados exemplar de uma Carta de Chamada, instrumento importantíssimo de suas vidas, e não logrou êxito.

Por fim, outro problema decorreu do fato de que o Recife, diferentemente de outras regiões do país, teria sido, durante o período colonial, uma cidade que recebera muitos portugueses, conforme assevera Rezende no capítulo III, daí porque grande parte da influência estrangeira sobre a cultura do Nordeste, no plano mais profundo, foi ibérica, mais precisamente galega e, dessa forma, cristalizou-se no tempo, até mesmo na esfera dos negócios, consoante será abordado mais adiante.

Ignorância ou desprezo pelos empreendedores, quase inexistência ou pobreza de dados estatísticos sobre imigrantes, resistência dos descendentes em concederem depoimentos, ou mesmo limitações dos discursos dos entrevistados sobre suas ações, ausência de fontes documentais, empresariais e pessoais, busca de inserção do luso na cidade e tradição milenar da transmissão da cultura galega na região compuseram o rol das dificuldades objetivas enfrentadas, mais aparentes sob o ponto de vista acadêmico.

---

9   Ver Curado (2001) e Campelo (2005).

1.3.1. Olhar de ourives e pelo retrovisor

Não obstante essas restrições, o trabalho desenvolve-se com o olhar de ourives a procurar, a enxergar e a espiar nos textos, livros, discursos visitados e entrevistas realizadas eventos ou sinais que conduzam à compreensão e interpretação do comportamento do ator econômico, o imigrante português, na história empresarial da cidade do Recife, na condição de empreendedor. Será, por assim dizer, uma pesquisa de postura quase arqueológica a procurar achados, materiais e imateriais, que denunciem e permitam a discussão e análise do empreendedorismo dos portugueses nesse intervalo de tempo.

Para encerrar, é bom ressaltar que, diferentemente de pesquisas recentes[10] na área de empreendedorismo, que exploram o comportamento e a etnia no cenário dos dias de hoje, o ensaio olha pelo retrovisor para quase um século atrás e tenta reconstruir na história de vida do imigrante português conteúdos dessa natureza.

No item seguinte serão apresentados os capítulos por meio dos quais a investigação se desenvolve.

1.4. Apresentação dos demais capítulos

Os resultados do estudo estão expostos em mais oito capítulos, sendo o próximo destinado a uma breve apresentação da cidade do Recife e à discussão dos referenciais conceituais e metodológicos que o nortearam, com destaque para o eixo principal do empreendedorismo nas duas vertentes, étnica e do comportamento empreendedor.

O terceiro, sob o título de "Migração no mundo e dos portugueses para o Brasil", faz uma revisão da literatura da imigração dos povos europeus para o país, com realce para os portugueses. Discutem-se, aqui, as causas de repulsão da terra natal

---

10 Este tema será discutido no capítulo II desta pesquisa.

e os fatores de atração do Brasil, bem como sua distribuição no território nacional, aprofundando a análise da sua inserção social nas cidades do Rio de Janeiro e São Paulo, destinos de mais de 90% dos lusos no país.

O capítulo IV, "História do Recife e imigração portuguesa para a cidade", apresenta uma revisão da literatura histórica da cidade do Recife, focada na dimensão negocial, e, nesse ambiente, a presença do português.

Já o capítulo V, não por acaso intitulado "O sangue luso que corre na cultura empresarial do Recife", resgata o tema da herança lusa deixada no Recife. São expostas as conclusões a que o autor chegou com relação a esse legado que, em certa medida, reata os laços com o marco paradigmático da vivência mascatal que os portugueses introduziram na cidade desde o início do século XVIII.

O capítulo VI, denominado "*O baile da modernidade*", tem seu conteúdo dedicado às transformações econômicas experimentadas pela cidade, ressaltando ora a vocação industrial, ora o papel de empório comercial para todo o Nordeste. Aborda, da mesma forma, os sinais visíveis da atmosfera dessa onda na cidade, engendrando mudanças de hábitos e comportamentos em diversas esferas da vida urbana. É feita uma reconstituição geográfica e simbólica dos bairros mais importantes e suas respectivas funções comerciais, e questiona-se o quase desconhecimento da contribuição dos comerciantes no contexto das mudanças da modernidade e, ao mesmo tempo, procura-se corrigir esse erro histórico acentuando-se suas contribuições.

Prosseguindo, o capítulo VII, intitulado "O elemento português no Recife até os anos 60 do século XX", dedica-se a narrar longitudinalmente as principais características da presença lusa no período referido.

Já o capítulo VIII, denominado "Ação empreendedora lusa", discute o empreendedorismo nesse ambiente de modernidade e mudança. Seu conteúdo, tendo como cenário a dinâmica dos negócios no período, investiga sua postura empreendedora à luz do referencial conceitual trabalhado no capítulo II e apresenta as conclusões e achados revelados ao longo do estudo.

No capítulo II, a seguir, a apresentação do *lócus* territorial da pesquisa, os referenciais conceituais e a metodologia adotada.

Capítulo II
Território da pesquisa, conceitos-chave e metodologia

> *O Recife era um empório comercial, e não apenas praça de açúcar.* (Souza Barros 1972, p. 45, grifo nosso)
>
> *A cultura brasileira tem uma habilidade ímpar de neutralizar empreendedores.* (Carbone, 1996, p. 196)
>
> *Devemos reconstituir por meio de pesquisa sistemática, a história dos negócios no Brasil. E também a história do comércio, da indústria, do sistema financeiro, do habitacional, das empresas, empresários e órgãos estatais. Esse estudo permitirá desenvolver nosso conhecimento do Brasil e de suas empresas, levando-nos a descobrir coisas bem feitas e coisas malfeitas em nosso passado.* (Bethlem, 1999, p. 127)
>
> *As ações econômicas dos agentes estão inseridas em redes de relações sociais* (embeddedness). *As redes sociais são potencialmente criadoras de capital social, podendo contribuir na redução de comportamentos oportunistas e na promoção da confiança mútua entre os agentes econômicos.* (Granovetter *apud* Milani, 2005, p. 08)

Este capítulo faz uma apresentação física, administrativa, econômica e social da cidade *lócus* do estudo e situa o referencial conceitual de análise da investigação.

2.1. Território da pesquisa: cidade do Recife

Recife, capital do Estado de Pernambuco, situa-se no litoral nordestino e ocupa uma posição central, a 800 km das outras duas metrópoles regionais, Salvador, ao Sul, e Fortaleza, ao Norte, disputando com elas o espaço estratégico de influência na região.

Seus dados oficiais[11] são:

I - localização: 8°04'03"de latitude Sul, 34°53'00" de longitude Oeste, na faixa próxima à Linha do Equador;

II - limites: morros com altitudes variadas que se prolongam desde Olinda, ao Norte, até Jaboatão dos Guararapes, ao Sul. A Leste, o litoral é guarnecido por extensos cordões de arenito (arrecifes); a Oeste, os municípios de Camaragibe e São Lourenço da Mata;

III - percentual de território: referente ao Estado de Pernambuco: 0,22 %;

IV - área territorial: cerca de 218,7 km², sendo 67,43 % morros, 23,26% planícies e 9,31 % aquáticas;

V - áreas verdes (Zonas Especiais de Proteção Ambiental - Zepa): 5,5 %;

VI - extensão da praia: aproximadamente 7,0 km;

VII - média pluviométrica anual: 1.500 mm (nas proximidades do litoral);

VIII - clima: tropical quente e úmido, com chuvas de outono-inverno. Alternam-se estações chuvosas e secas;

IX - temperatura média: 25° C. O regime térmico possui relativa uniformidade devido à proximidade do mar, com variação na ordem aproximada de 4° C;

X - população: 1.549.980 habitantes;

XI - composição setorial de emprego:

- indústria de transformação: 8,58%;
- comércio 18,99%;
- serviços 57,22%;
- outras atividades: 9,56%.(Dados de 2003);

---

11 Disponíveis nos *sites* http://www.condepefidem.pe.gov.br, http://www.recife.pe.gov.br e http://ibge.gov.br. Acesso às informações em 2 abr. 2009.

XII - valor do rendimento nominal médio mensal dos responsáveis por domicílios: R$ 1.024,96;
XIII - valor do rendimento nominal mediano mensal dos responsáveis por domicílios: R$ 350,00;
XIV - Índice de Desenvolvimento Humano (IDH): 0,797;
XV - divisão territorial: 94 bairros: 6 Regiões Político-Administrativas - RPA 1 - Centro: 11 bairros; RPA 2 - Norte: 18 bairros; RPA 3 - Noroeste: 29 bairros; RPA 4 - Oeste: 12 bairros; RPA 5 - Sudoeste: 16 bairros; RPA 6 - Sul: 8 bairros. 66 Zonas Especiais de Interesse Social (Zeis).

O PIB da economia de Pernambuco (dados 2003) é de 36 bilhões de reais, correspondendo a 19% do Nordeste e a 2,7% do PIB nacional. A área dos agronegócios participa com 12%, o comércio com mais 12%, os serviços com 57%, cabendo às indústrias os restantes 19%. Cerca de 70% dessa economia estão na chamada Zona da Mata e na Região Metropolitana do Recife e são bastante diversificados.

A cidade do Recife responde por 11,4 bilhões de reais, equivalentes a 31% da economia do estado. A Região Metropolitana do Recife alberga vários grandes *shoppings centers* e há grande concentração de comércio. Pessoas dos estados vizinhos vêm ao Recife com grande frequência, em excursões até organizadas coletivamente, para comprar nesses estabelecimentos.

Recife é ainda a sede de quatro universidades, que oferecem, em conjunto, mais de 10 mil vagas por ano em cursos de graduação e cerca de três mil vagas/ano em cursos de pós-graduação em todas as áreas do conhecimento. O número de estudantes de nível superior no estado, atualmente, é da ordem de 60 mil. O corpo docente do ensino superior é altamente qualificado, no qual a presença de doutores e mestres soma mais de 1.800 especialistas. Além disso, seus institutos e centros de estudos contam com cerca de 300 profissionais, também com formação em níveis de mestrado e doutorado, conforme as fontes referidas na nota de rodapé 15.

Os rios que cortam o território do Recife conferem-lhe características peculiares. A cidade está situada sobre uma planície aluvional (fluviomarinha), constituída por ilhas, penínsulas, alagados e manguezais envolvidos pelos braços dos rios Beberibe, Capibaribe, Tejipió, Jaboatão e Pirapama. Esta planície é circundada por colinas em arco que vão de Olinda, ao Norte, até Prazeres, ao Sul. O Recife é, também, uma cidade singular por ser cortada por pontes.

A historiadora Virgínia P. de Mello faz a narrativa:

> Dois elementos geográficos marcantes decifram a Paisagem do Recife: uma linha natural de pedra que serviu de ancoradouro para os navegadores europeus e deu o nome à cidade. O outro, os rios: o Capibaribe, cuja várzea possibilitou a implantação da economia do açúcar em Pernambuco e o Beberibe, donde vinha a água de beber. [...] Assim, com duas ilhas, oito pontes e um continente se inventou o desenho do Recife matricial, formado pelos territórios tradicionais que compreende os atuais bairros do Recife, de Santo Antônio e São José e o da Boa Vista. [...] No Recife, os rios são pontos balizadores para a leitura urbana. Eles identificam o meio ambiente e serviram, desde os tempos coloniais, como caminhos. [...] E os rios ganharam maior visibilidade ainda com a inclusão de um equipamento: as pontes. As pontes constituem referências fundamentais na paisagem recifense. Como uma linha melódica contínua, que dá unidade, integra as partes da cidade e constitui elemento essencial da simbologia urbana, conferiram fisionomia única ao Recife, entre todas as cidades brasileiras. [...] Como obras de engenharia e arte hoje elas integram um circuito formado pelas Pontes Limoeiro, Buarque de Macedo, Maurício de Nassau, 12 de Setembro, 6 de Março, Boa Vista, Duarte Coelho e Princesa Isabel, que enchem a vista de quem passa pela cidade, quando são olhadas com olhos de quem quer ver. (Mello, 2005, p. 3)

Sob o ponto de vista social, ao lado das reflexões citadas no capítulo V, dos economistas que estudaram as transformações da cidade no período estudado, cabendo destacar Singer (1974), Perruci (1978) e Lubambo (1991), economistas contemporâneos, como os citados abaixo, denunciam a persistência dos graves problemas da cidade nos seguintes termos:

> Assim a forte desigualdade social e a grande dimensão da pobreza são as marcas principais da sociedade recifense. A moderna e cosmopolita Boa Viagem — que abriga uma minoria rica contrasta com o Coque, abrigo dos pobres esquecidos do poder público. (Araújo e Araújo in: *Atlas de Desenvolvimento Humano do Recife*, 2005[12])

A seguir, os conceitos básicos do *corpus* da pesquisa.

2.2. Conceitos-chave

A investigação de natureza histórica sobre empreendedorismo no Brasil em geral, e no Recife em particular, não é uma tarefa fácil. Há uma omissão histórica sobre o papel do empreendedor na cultura e na historiografia nacional. A propósito, um dos mais prestigiados historiadores de Pernambuco, Pereira da Costa,[13] simplesmente omite, na sua vasta bibliografia, referência a empresários e/ou empreendedores. Para ele, a história parece se fazer apenas por meio da política, da cultura e da ação do Estado.

Mais ainda, se o âmbito da ação empreendedora for o comércio, como é o caso predominante da investigação, o desprezo é grande. Trata-se, portanto, de uma omissão histórica no que concerne ao papel do empreendedor na vida do país e da cidade.

---

12 Disponível em http:// www.recife.pe.org.br. Acesso em 30 abr.2009.
13 Francisco Augusto Pereira da Costa é considerado o mais importante historiador pernambucano. Nasceu e criou-se no Recife. Viveu de 1851 a 1923. Era bacharel em direito e escreveu, além dos *Anais pernambucanos*, em 10 volumes, os livros *Folclore pernambucano* e o *Dicionário biográfico de pernambucanos célebres*. Disponível em http://www.fundaj.gov.br. Acesso em 30 mar. 2009.

Há, pelo menos, cinco formas de se tentar compreender as causas da omissão porque, como assinalou Marcovitch (2003) "Os empreendedores brasileiros são mais desconhecidos do que os índios" (p. 15).

Em primeiro lugar, pode-se afirmar que os historiadores não dão destaque às firmas, salvo firmas ou empresas industriais, e, mesmo quando as analisam, a tradição da historiografia os leva a hipervalorizar o Estado e a não dar destaque para as empresas e os empreendedores, menos ainda para aquelas de natureza comercial.

Com efeito, na história do Brasil, não há referências significativas sobre a contribuição das empresas para a construção da Nação. Quando a empresa se torna industrial, há alguma menção não apenas à empresa, mas até ao empreendedor. Quando ela é unicamente comercial, então parece existir um verdadeiro desprezo pelo papel do comerciante empreendedor e pelo seu negócio propriamente dito.[14]

É fácil identificar, em segundo lugar, na formação cultural da elite brasileira, o preconceito ou desdém pelo labor comercial, como revela Azevedo (1958). A atividade comercial, o labor comercial, não seria atividade digna do homem da elite. Na tradição cultural nacional, sem dúvida, esse preconceito sempre existiu e ainda se manifesta na atualidade, por grande parcela da intelectualidade nacional, haja vista mesmo o desprezo sobre o tema ora em discussão.

Com efeito, tudo faz crer que existe ainda uma espécie de postura intelectual contra aquelas pessoas, empreendedoras ou não, que se dedicam a atividades ligadas, direta ou indiretamente, à geração de capital através de empresas. Tais empreendimentos e seus atores seriam enxergados tão somente como simples agentes

---

14 Em sentido contrário, o ensaio de Caldeira, *A nação mercantilista*, advoga que o comércio foi, durante o século XIX, a coluna vertebral do Brasil, mesmo contra a visão de irrelevância da atividade proclamada por Caio Prado Júnior e Raymundo Faoro, autores de renome, o primeiro de confissão marxista, é o segundo de matriz weberiana.

do capital, e como tal não mereceriam ser analisados, salvo sob a perspectiva macro da dinâmica do capitalismo. A fábrica, a empresa ou, pobre dela, a firma comercial não deveriam merecer atenção. Na verdade, no espaço dessas organizações, não são percebidas produção cultural simbólica, inovação, relações humanas ou afetividade. A venda ideológica de muitos cientistas sociais não deixa luz para enxergar o protagonismo desses atores, suas histórias e contribuições sociais.

Em terceiro, a pesquisa revela uma grande e decisiva presença do Estado em todas as esferas da economia e da sociedade, característica, aliás, derivada da tradição portuguesa. Ora, quanto mais governo, menos empreendedorismo, logo, a cultura nacional não seria um ambiente propício ao empreendedorismo, como denuncia com propriedade Carbone, mencionado na epígrafe deste capítulo.

Por fim, uma possível interpretação para essa omissão do nome do proprietário do estabelecimento comercial, responsável em última instância pela manutenção do que hoje se chama de qualidade de serviços, poderia ser feita considerando o que Gilberto Freyre chamou de discrição e plasticidade do português, quando tiver sido o caso de o lusitano ser o dono da casa do comércio. Ou seja, o português não quer evidência, não deseja aparecer. O português trabalha quase que se misturando com os outros, sem desejo de atrair para si os méritos deste ou daquele empreendimento.

Não obstante o nevoeiro que tem obliterado em grande medida a discussão sobre o assunto, a suposição básica do ensaio é de que os comerciantes empreendedores jogaram um papel de relevância nesse meio século na cidade do Recife. Houve como que uma sinergia entre a ansiedade da elite para consumir e a resposta dos empreendedores comerciantes. Daí porque o foco realça, a partir do referencial conceitual, as diversas inovações realizadas pelo ator social, o imigrante português, dentre as quais algumas requalificaram espaços e vias e redefiniram comportamentos.

2.2.1. Origem e evolução do conceito

Para dar início à discussão dos conceitos-chave, pode-se dizer que os temas do empreendedorismo e do empreendedor não gozam de consenso na literatura científica que versa sobre o assunto. Fillion (1999) já disse que "há muita confusão sobre o termo empreendedor". Na verdade, há diversas acepções e enfoques a conceituá-lo e a defini-lo, cada qual vinculado a visões e interpretações distintas, tratando-se, portanto, de um termo que encerra uma fluidez polissêmica apreciável.

Apesar de tanta controvérsia, há algumas convergências, tais como aquelas relativas ao caráter etimológico das expressões, quem primeiro as empregou, seu país de origem, a evolução do conceito e os autores que primeiramente a empregaram.

Assim, pode-se afirmar que a paternidade do uso da expressão se deva a Jean Baptiste Say, economista francês que viveu no século XIX e a usou no texto intitulado *Tratado de economia política*. Explica-se, assim, porque a expressão *entrepreneur* é um galicismo na língua portuguesa.

Ao longo do tempo, no entanto, a ideia logo se propagou, e os ingleses se apropriaram do galicismo e inventaram um anglicismo, denominado *entrepreneurship*, para se referirem à ação empreendedora na sociedade. Contemporaneamente, um terceiro conceito, chamado de *intrapreneur*, é aplicado para se referir àquela pessoa que, mesmo sendo empregada de uma organização, assume postura empreendedora.

Retomando a sua trajetória, há ainda outro consenso a respeito de quem a introduziu definitivamente na literatura científica. Foi o economista austríaco Josef Schumpeter, por meio do seu livro, hoje clássico, intitulado *Teoria do desenvolvimento econômico*

(1961). Nesta obra, ele analisa a evolução do capitalismo e introduz a ideia de que tal sistema econômico atravessa crises cíclicas e que, nesses momentos de crises, há pessoas que, nesse ambiente de dificuldades, enxergam oportunidades para, fundamentalmente, inovar através do lançamento de novos produtos, novos mercados e novos processos de produção. A partir dessa obra, o conceito passou a ser difundido e aplicado nos ambientes acadêmicos, em especial na área da economia.

Na visão da trajetória dos usos das expressões, merece ser destacada ainda outra contribuição relevante. É o caso da abordagem psicológica de David McClelland (1961), que, a partir da sua teoria das necessidades de poder e de realização (*need of power and need of achievement*), ampliou o escopo da matéria para esse âmbito na medida em que chamou a atenção para traços comportamentais de poder e de realização encontrados, segundo sua percepção, na psicologia das pessoas empreendedoras.

Posteriormente, nos anos sessenta nos Estados Unidos, Peter Drucker (1986) agregou aos conceitos a dimensão comportamentalista, ao advogar que o empreendedor não seria apenas aquele homem introdutor de paradigmas, defendido por Schumpeter, mas qualquer pessoa que tivesse condições de desenvolver suas aptidões empreendedoras latentes no seu íntimo. Dessa forma, ao conceito econômico de Schumpeter e aos dos traços de personalidade de McClelland, Drucker aditou a ideia de que o empreendedorismo é um comportamento e, como tal, pode ser, até, desenvolvido nas pessoas.

Uma vez feita esta breve revisão sobre a contribuição dos grandes nomes relacionados com o assunto, vale a pena ver o estado da arte sobre a questão no Brasil, que, como já referido anteriormente, vem atravessando uma febre de empreendedorismo.

2.2.2. Estado da arte no Brasil

Em primeiro lugar, no entanto, convém referir que as expressões *empreendedor*, *empreendedorismo* e *empreendedor interno* são incorporadas à língua portuguesa desde aquelas referidas respectivamente *entrepreneur, entrepreneurship e intrapreneur.*

No ambiente da economia, essas expressões vêm sendo usadas desde a década de 50, mas apenas no final dos anos oitenta e início dos noventa é que elas começaram a se expandir para outros campos das ciências sociais, como administração, sociologia e psicologia.

No âmbito acadêmico de administração, pesquisa de Paiva (2002) indica que, no intervalo de 1998 a 2001, um total de 42 (quarenta e dois) *papers* foram apresentados nos encontros da Enanpad (Encontro Nacional de Pós-graduação em Administração), versando sobre os seguintes assuntos: estratégia e crescimento da empresa empreendedora; características comportamentais de empreendedores; sistema de redes; características gerenciais dos empreendedores; empresas familiares; políticas governamentais e criação de novos empreendimentos; fatores influenciando criação e desenvolvimento de novos empreendimentos; mulheres, minorias, grupos étnicos e empreendedorismo; estudos culturais comparativos; oportunidades de negócio; capital de risco e financiamento de pequenos negócios; alianças estratégicas; incubadoras e sistema de apoio ao empreendedorismo; educação empreendedora e firmas de alta tecnologia.

Por outro lado, lá pelo início dos anos 90, as Nações Unidas resolveram, através da UNCTAD (United Nations Conference on Trade and Development), disseminar a ideia junto a países e comunidades interessadas em vivenciar esse novo comportamento. Logo muitos países assimilaram a ideia, inclusive o Brasil, que a adotou através do Serviço Brasileiro de Apoio às Micros e Pequenas Empresas (Sebrae), daí nascendo o programa Empretec – sigla em inglês –, destinado a fomentar o desabrochar do comportamento empreendedor nas pessoas. Ao mesmo tempo, houve ainda uma popularização desses conceitos como resultado de um esforço do governo, dos patrões e das universidades para prepararem a população em relação a dois fenômenos que, àquela altura, se percebiam como importantes, a saber, a reestruturação produtiva das empresas, atrelada à terceira revolução tecnológica, e o chamado fim do emprego.

Já na órbita teórica, as revisões visitadas (Longen, 1997; Fillion, 1999; Dolabela, 1999; Siqueira e Guimarães, 2002; Dinis e Ussman, 2006) indicam diversidade de definições e acepções sobre o assunto, conforme o Quadro 01 aponta. Da mesma forma, na esfera das linhas de pesquisa, informa Fillion (1999), há em torno de 26 (vinte e seis) subtemas, cobrindo desde o assunto do empreendedorismo e pequenos negócios em países em desenvolvimento, características gerenciais dos empreendedores, passando por temas do autoemprego, educação empreendedora, até a questões relacionadas com minorias e grupos étnicos e empreendedorismo. Por sinal, é a esta última linha de pesquisa que o presente estudo se vincula.

QUADRO 01
VISÕES MAIS IMPORTANTES SOBRE EMPREENDEDORES E RESPECTIVAS CONCEITUAÇÕES

ABORDAGENS	AUTORES	IDEIAS	CONCEITUAÇÃO
ECONÔMICA	Say (1983), e Schumpeter (1961)	Racionalidade e inserção na economia.	Vê o empreendedor como um organizador bem-sucedido dos fatores de produção. É responsável pela inovação no sistema econômico.
PESSOAL	McClelland (1961) Gartner (1989)	Características pessoais do empreendedor	Identifica traços da personalidade do empreendedor. Explicação do seu sucesso com base na sua personalidade e suas motivações.
COMPORTA-MENTAL	Weber e Drucker (1986)	Comportamento do empreendedor	Defende que os empreendedores assumem habilidades e destrezas ao longo da vida e tais comportamentos podem ser aprendidos e desenvolvidos.
SOCIO-CULTURAL	Weber, Gibbie e Rictchie (1982) Ketz de Vries (1987) Young (1971)	Fatores socioculturais	Ressalta aspectos como a forma da reação do empreendedor à influência do ambiente de sua formação; modelos de pessoas que o influenciam e valores éticos e culturais desse mesmo ambiente.

FONTE: Adaptado a partir a revisão de Siqueira e Guimarães (2002) e Dinis e Ussman (2006).

Há, de fato, uma diversidade polissêmica sobre o tema. No entanto, como defendem Dinis e Ussman (2006), "todas as abordagens são necessárias, o que permitirá um conhecimento do empresário como pessoa real e completa".

Partindo-se desse ponto de vista, a presente pesquisa utilizar-se-á de todas as acepções, em especial daquelas ligadas ao comportamento empreendedor e aos fatores socioculturais do ambiente.

A seguir, em primeiro lugar, a exploração do tema do comportamento empreendedor será feita e, em segundo, a aplicação dos fatores ambientais se destinará à discussão do empreendedorismo étnico.

2.2.3. O comportamento empreendedor

Antes, porém, serão repassados alguns conceitos-chave. Nesse sentido, salta à vista, em primeiro lugar, a expressão clássica do economista Schumpeter (1961), que define o empreendedor:

> O empreendedor é o impulso fundamental que aciona e mantém em marcha o motor capitalista, constantemente criando *novos produtos, novos métodos de produção, novos mercados* e, implacavelmente, sobrepondo-se aos antigos métodos menos eficientes e mais caros. (p. 27, grifo nosso)

Por outro, explorando melhor a contribuição de Schumpeter, Fillion argumenta que ele não só associou os empreendedores à inovação, mas também mostrou em sua obra a importância deles na explicação do desenvolvimento econômico.

Na verdade, como explicita Lima (2002), de acordo com a visão schumpeteriana, o desenvolvimento econômico processa-se auxiliado por três fatores fundamentais: inovações tecnológicas, crédito bancário e empresário inovador, e que:

> O empresário inovador é o agente capaz de realizar com eficiência *as novas combinações, mobilizar crédito bancário e empreender um novo negócio*. O empreendedor não necessariamente é o dono do capital (capitalista), mas um agente capaz de mobilizá-lo. Da mesma forma, o empreendedor não é necessariamente alguém que conheça as novas combinações, mas aquele que consegue identificá-las e usá-las eficientemente no processo produtivo. (p. 02, grifo nosso).

E conclui: "A existência de empresários inovadores e de novas combinações produtivas é, segundo Schumpeter, condição necessária para o processo de desenvolvimento econômico" (2002, p. 2).

Sem dúvida, como enfatiza Leite (2000), o traço fundamental do capitalismo, seria, segundo Schumpeter, a destruição criativa, que incessantemente revoluciona a estrutura econômica, destruindo a velha e criando a nova. Ora, o empreendedor seria o agente dessa mudança, aquele que a enxerga e introduz a inovação destruindo a velha estrutura.

Por outro lado, a teoria do empreendedorismo, com base em McClelland, adita as seguintes dimensões comportamentais ao perfil do empreendedor: busca de oportunidade e iniciativa; persistência; correr risco calculado; exigência de qualidade e eficiência; comprometimento; busca de informações; estabelecimento de metas; planejamento e monitoramento sistemático; persuasão e rede de contato; independência e autoconfiança, conforme divulga o Empretec, programa de fomento ao empreendedorismo das Nações Unidas implementado no Brasil.

Ao lado de inovação, oportunidade e mudança, o empreendedor ou, melhor dizendo, o espírito empreendedor não seria algo encontrado apenas na cabeça dos grandes homens ou visionários. As pessoas que enxergam oportunidades e ousam satisfazer as necessidades vislumbradas nessas oportunidades, qualquer que seja o tamanho ou a natureza da organização, seriam pessoas dotadas do espírito empreendedor. Em síntese, empreendedor não é ter um dom dos gênios, mas sim um comportamento que pode até ser desenvolvido. São tais lições extraídas de Drucker[15] que nunca foram contestadas.

---

15 Coincidentemente, no mesmo rumo, e reforçando a interdisciplinaridade defendida nesta pesquisa, identifica-se uma convergência de visão da nova história, que defende a concessão de voz aos atores anônimos da história, em contraponto à corrente do paradigma da história clássica, que via nos grandes homens os únicos construtores da história. Adiante, na metodologia, este assunto será abordado.

De fato, nos termos do já salientado várias vezes nesta revisão, há diversos enfoques a respeito do conceito de empreendedor, mas, na linha da ótica integrada de Dinis e Ussman e Drucker, pode-se destacar que três atributos não podem deixar de existir na compreensão do que seria empreendedor: I) inovação; II) visão de oportunidade; e III) mudança.

Sobre este último atributo, Drucker (1986) argumenta: "O empreendedor está sempre buscando a mudança, reage a ela, e a explora como sendo uma oportunidade". (p. 36)

Além do mais, as mudanças impulsionadas pela ação empreendedora não se restringiriam ao campo da economia. Mais uma vez, Drucker defende que empreendedores da educação, da saúde, da política e de outros campos encontram as mesmas dificuldades e soluções que os empreendedores da economia. Dentro dessa sua visão ampliada, a história de qualquer país está cheia de empreendedores, que enxergaram mudanças, perceberam oportunidades e ofereceram à sociedade novos processos, novos produtos e em especial novas soluções organizacionais e institucionais.

Ao longo da história de Pernambuco, por exemplo, Duarte Coelho, Maurício de Nassau, o Conde da Boa Vista e, mais proximamente, o governador Sérgio Loreto, contemporâneo da fase em estudo, se enquadrariam no modelo conceitual acima. Na mesma linha, a prolífica ação de Gilberto Freyre, tanto na área científica quanto na institucional, criando o Instituto Joaquim Nabuco de Pesquisas Sociais. Idem quanto às ações de Dom Hélder Câmara, por meio da sua militância pastoral, sempre inovando nas mudanças e propondo ideias novas aos cristãos. Essas pessoas seriam mesmo fundadoras do espírito empreendedor pernambucano.

Retornando, todavia, ao campo estrito da economia, Pernambuco teria, entre outros, grandes pioneiros, como, no caso da industrialização no Nordeste, Delmiro Gouveia[16] e também o português Luís Fonseca de Oliveira e sua Biscoutaria Pillar, da mesma forma, pioneiro na industrialização de biscoitos. Por meio de sua Biscoutaria, o Recife conheceu biscoitos semelhantes àqueles importados da Inglaterra. O genro de Oliveira, engenheiro inglês Joseph Tourton, tornou-se um grande líder empresarial e fundou a Federação das Indústrias do Estado de Pernambuco, em 1939.

Mas, como já afirmado acima, as mudanças na economia não são feitas apenas por grandes empreendedores. Houve, na história do Recife, centenas e talvez milhares de pessoas que, nos seus respectivos setores econômicos ou outros da sociedade, souberam fazer diferente e inovaram, tornando-se impulsionadoras das mudanças pelo espírito empreendedor que os animava. Oportunidade, inovação, mudança *vis-à-vis* novos mercados, novos métodos, novos produtos e novas organizações ou instituições compõem o universo da dinâmica empreendedora. Tem-se, assim, um breve resumo da base conceitual do ator, o empreendedor.

A essa ideia central, os pesquisadores juntaram o conceito recente de empreendedorismo étnico. A seguir, sua definição e aplicações.

2.2.4. Empreendedorismo étnico

É uma expressão multidisciplinar que pretende explicar, de forma abrangente, o comportamento das pessoas em estado de relação social de grupo. Diversos estudos abordam o assunto (Fazito 2002; Martes e Rodriguez, 2004; Milani, 2005; Martinelli, 2007; Sacomano e Truzzi, 2007), no caso de nacionais vivendo em outros países. Aliás, este é um tema desafiante que tem preocupado, hodiernamente, governos e nações. No Brasil, há

---

16 Ver *A saga empreendedora de Delmiro Gouveia* (Silva, 2007).

ainda pesquisas explicando o comportamento de imigrantes nacionais no estrangeiro e de nordestinos que vivem no Sul em situações de rede social, tal como aqueles que residem fora. Machado (2008) explora a vivência de brasileiros migrantes na cidade do Porto, Portugal, e oferece vasta bibliografia de casos brasileiros no exterior.

É um conceito que tem sido aplicado para explicar delinquência juvenil, mobilidade acadêmica, desenvolvimento local e iniciativas empreendedoras de imigrantes. Na essência, a ideia se constrói a partir da articulação de um estoque de capital social, que se formaria em grupos, e de uma rede de relacionamento que circula em torno do grupo e do estoque de capital.

Trata-se de um campo novo, que reúne teoria de rede do capital social, migração e iniciativas econômicas, micro e macro. Sua base fundamental é o capital social[17] instalado em uma comunidade pertencente a um mesmo grupo étnico.

Tanto sob o ponto de vista sociológico como sob o ponto de vista econômico, uma sustentação consistente da justificativa desses estudos inspirados no capital social decorre da constatação de que, nem as leis do mercado, nem tampouco as regras do Estado planejador e concentrador são capazes de explicar plenamente a conduta das pessoas na hora da tomada de decisões econômicas. Existem instâncias culturais lastreadas em normas, valores e crenças que interferem, decisivamente, na motivação dessas decisões, de cunho, aparentemente, apenas econômico. Essa instância cultural é exatamente de que se ocupam os estudos do capital social.

A filiação ideológica dessa perspectiva é claramente weberiana, dado que foi o sociólogo alemão Max Weber quem

---

17 Sobre o conceito de capital social, consultar quadro de referência apresentado por Milani (2005, p. 18), no qual constam diversas correntes e a indicação de pioneirismo de emprego da expressão atribuída ao sociólogo francês Pierre Bourdieu.

percebeu e pôs em realce a importância dos valores – no caso, a crença protestante calvinista – na formação do capitalismo em seu estudo clássico intitulado *A ética protestante e o espírito do capitalismo* (1967).

De acordo com Siqueira e Guimarães (2002), as determinações culturais são decisivas para se analisar o empreendedorismo de base étnica, as quais remontam as ideias de Weber.

> Ao analisar a constituição e o funcionamento da sociedade norte-americana, WEBER (1982, 1996) constata que a vida privada e o trabalho de cunho empresarial viviam de maneira integrada e até dependente da filiação religiosa. Em sua análise, a sociedade americana foi moldada dentro desses princípios e dessas exigências, o que permitiu e facilitou a reprodução de comportamentos que valorizavam, além do trabalho, a prosperidade econômica e a acumulação de riqueza. (p. 4)

De fato, prosseguindo nesta linha, Young, de acordo com Siqueira e Guimarães, acentua a influência decisiva do grupo de referência para pautar o comportamento das pessoas. Para esse autor, acrescentam Siqueira e Guimarães (2004):

> Qualquer tipo de manifestação do comportamento reflete valores, crenças e atitudes compartilhadas pelos membros dos grupos aos quais a pessoa pertence. Seu objeto de análise, portanto, se encontra nas etnias, grupos ocupacionais ou facções politicamente orientadas. (p. 6)

Dentro da mesma ênfase, do contexto ambiental como determinante do comportamento da pessoa em grupo, autores como Busenitz e Ming Lau (1996) e Bygrave (1997, *apud* Siqueira e Guimarães, 2004, p. 6), reconhecem que a rede de relações estabelecida em determinadas comunidades étnicas pode significar diferencial estratégico positivo para empreendedores.

Na verdade, destacam Siqueira e Guimarães (2004):

Essa abordagem social adiciona variáveis relevantes para a compreensão do empreendedorismo, tais como a experiência prévia no negócio, a crença religiosa, o background familiar e existência de referências, modelos e rede de relacionamentos, a história de vida (imigrantes e demissões dentre outras experiências consideradas de deslocamento ou desajuste social) para citar as mais evidentes e discutidas dentro da moldura social ou sociológica. (p. 7)

O suposto básico é que um grupo étnico[18] comprometido com sua cultura nacional, uma vez no novo ambiente, opere uma rede de estabilidade e de confiança para o imigrante recém-chegado, cuja vida até então é marcada pela incerteza, pela expectativa em relação a oportunidades de trabalho e quanto a diferenças culturais do novo país.

Uma variável relevante para a compreensão do conceito é que, além dos vínculos de conterraneidade, devem-se levar em conta as habilidades que o imigrante disponibiliza para o grupo social que o acolhe. Nesta área específica das habilidades, há países, hoje em dia, por exemplo, que fomentam a imigração especializada e, logo, se beneficiam das competências e habilidades que o estrangeiro pode juntar ao novo país. O Canadá é um exemplo nesse rumo.

Na hipótese dos lusos no Brasil, Pescatello, mencionado por Sacomani Neto e Truzzi (2007), comenta que eles trouxeram a habilidade para contatos pessoais, condizente com a índole lusitana, daí a razão por que eles teriam se dedicado em sua maioria ao comércio. Leite (1994, p. 565), igualmente, salienta que os jovens imigrantes que se dirigiam ao Brasil já detinham habilidades de poupança e negociação, adquiridas nas feiras das cidades.

---

18 No Brasil, a cidade de São Paulo, como um mosaico cultural que abriga várias etnias – portuguesa, italiana, japonesa, judaica, chinesa, coreana, árabe, entre outras – pode ser encarada, sob esse ponto de vista, como um grande laboratório na área do que se chama economia étnica.

Na mesma linha, um dos entrevistados disse que foi convidado para vir para o Recife a fim de trabalhar em nova casa de lanche porque detinha o conhecimento de pasteleiro, adquirido quando se engajou para servir o exército em Portugal.

Como reflexão em cima dessas três colocações, pode-se inferir que o imigrante luso agregou ao capital social da sua comunidade o valor de suas habilidades, fazendo, portanto, a diferença.

No plano macro, o tema do capital social tem sido usado como uma ferramenta para estimular o desenvolvimento local.

Na linha da investigação a que o ensaio se propôs, não há dúvida de que as motivações culturais de base weberiana, o conceito de grupo de referência e o de rede de relações, todos concorrem para reforçar a ideia de que o empreendedor em grupo dispõe do capital social que pode lhe ajudar. Ademais, se o foco for de grupo de imigrantes, que é a hipótese aqui apresentada, a assertiva básica é de que o *"imigrante não se faz sozinho"*. Assevera Fazito (2002): "O contexto social dominado pela coletividade seria regido por estruturas, instituições, normas e interação cotidiana e assim definiria a condição de imigrante do indivíduo" (p. 2).

Haveria, ao lado dos condicionamentos econômicos, dimensões culturais que concorreriam, também, para formatar sua conduta. Nesta esfera cultural, o dado mais rico seria exatamente um conjunto de informações, disponível tal como um estoque de capital,[19] que podem ser socializadas entre os participantes desse grupo.

Assim, os componentes do grupo acessariam os dados para seus processos de adaptação e ajustamento interno no grupo e,

---

19 Os autores consultados distinguem este capital do capital humano, aquele detido pela própria pessoa no plano de suas competências e habilidades e aquele outro, o capital financeiro, realizável em operações patrimoniais e econômicas. Diz Portes (2000): "enquanto o capital econômico se encontra nas contas bancárias e o capital humano dentro das cabeças das pessoas, o capital social reside na estrutura das suas relações. Para possuir capital social, um indivíduo precisa de se relacionar com outros, e são estes – não o próprio – a verdadeira fonte dos seus benefícios" (p. 138).

fundamentalmente, para inserção no novo ambiente, o ambiente estrangeiro. A expressão que dá a mais fiel representação do conceito do que se quer expressar é a de imersão, traduzida de *embeddedness*, formulada por Granovetter, referido como uma das epígrafes do capítulo.

No mesmo rumo, traduzindo operacionalmente a ideia, Sacomano Neto e Truzzi (2007) informam:

> Algumas das características de uma economia étnica apontadas pela literatura incluem *integração e cooperação* étnica, fontes étnicas de capital, *trabalho e informação*, restrições a competição intragrupo, especialização ocupacional, concentração geográfica, *solidariedade* étnica e *confiança* em redes internacionais de base étnica. (p. 41, grifo nosso)

Além desses fatores, é importante destacar outra variável muito importante. Trata-se da geração de demanda do grupo, pelos produtos oferecidos por seus próprios conterrâneos, como acentuam ainda Sacomani Neto e Truzzi (2007).

> Uma economia étnica emerge quando as atividades empresariais étnicas são valorizadas pelo mercado. Isso pode ocorrer nos casos em que o mercado incentiva as ofertas de serviços de consumo especiais para conterrâneo. (p. 42)

Os chamados g*uettos* de diversas cidades, desde a *Chinatown*, em Londres, e o *Little Brazil*, em Nova Iorque, a bairros de judeus, árabes, italianos, irlandeses e portugueses nas Américas, ilustram claramente o que Sacomani e Truzzi exploraram no estudo aqui referido.

Os conceitos mais importantes nesta corrente são os de grupo de referência, de rede de capital social e de imersão (*embeddedness)*, laços fortes (*strong ties*) e laços fracos (*weak ties*), e rede de capital social.

Com efeito, é baseado na imersão no acervo de informações

confiáveis do capital social do grupo que ele, o empreendedor, saca e valida ideias para suas iniciativas. Seu comportamento será tanto ou mais empreendedor quanto mais ou menos o grupo de referência lhe repassar desse capital intangível de informação.

Por fim, para melhor compreensão do emprego dos dois conceitos – empreendedor e empreendedorismo étnico –, vale lembrar que as expressões não são excludentes, nem contraditórias. Pelo contrário, a compreensão da ideia de rede social e, nela, a existência de imersão é, por assim dizer, o invólucro intangível no qual o imigrante circula e o local aonde ele vai buscar e trocar informações sobre sua visão, sua prática empreendedora e dados a respeito de oportunidades, concorrentes e outras informações relevantes do ambiente.

A seguir, o detalhamento da metodologia adotada.

2.3. Metodologia

Como se trata de um ensaio fortemente vinculado à história empresarial, o padrão da pesquisa segue, em grandes linhas, as sugestões de Vergara (2005), que, ao explanar a respeito de pesquisa histórica em administração, sinaliza para a necessidade do olhar sensível e holístico do pesquisador acerca da história da administração, e pontua como baliza de conduta a feliz expressão de Fustel de Coulanges, a seguir: "Onde o homem passou e deixou marca de sua vida e inteligência, aí está a História". (p. 133)

Na verdade, a abordagem metodológica adotada deriva da nova história, que, como lembra Curado (2001, p. 2), enfatiza a micro-história e a história da vida cotidiana, associadas com a expansão do pluralismo histórico e o crescente interesse na chamada antropologia histórica. Para demonstrar a diversidade dos recursos permitidos por esta nova metodologia, Curado apresenta o Quadro 02, que compara a nova história *versus* a história tradicional.

QUADRO 02
COMPARAÇÃO HISTÓRIA TRADICIONAL E A NOVA HISTÓRIA

HISTÓRIA TRADICIONAL	NOVA HISTÓRIA
O estudo da História diz respeito, essencialmente, à política, os outros tipos de história são marginalizados.	História diz respeito a toda atividade humana. Propõe uma história total, baseada numa realidade social ou culturalmente constituída (relativismo cultural).
A história é uma narrativa dos acontecimentos.	A história é uma análise das estruturas.
É concentrada nos grandes feitos dos grandes homens, apresentando uma "visão de cima".	Está preocupada com as opiniões das pessoas comuns e com suas experiências de mudança social, a "história vista de baixo".
Baseada em documentos oficiais, escritos.	Apresenta diversas evidências históricas e diversas abordagens metodológicas.
Preocupação com ações individuais.	Preocupação com movimentos coletivos, ações individuais, tendências e acontecimentos.
Cabe ao historiador apresentar os fatos, a narrativa deve ser objetiva e imparcial.	Relativismo cultural aplica-se tanto à escrita da história quanto aos seus objetos.

Fonte: Adaptado de Curado (2001, p. 3).

No mesmo rumo, Marques (2007) acentua o caráter revolucionário desse novo paradigma, e comenta:

> A empresa foi tomada por um novo objeto de análise, buscando superar a visão da teoria econômica ortodoxa sobre a empresa, tomada como mera unidade de coordenação dos fatores de produção na economia capitalista. Ou mesmo superar a visão marxista da empresa como um lócus de conflito social, decorrente dos interesses opostos entre os empresários e os operários. A escola européia da Nova História buscou inserir na investigação do *objeto a dimensão simbólica*, tornando a empresa também como uma unidade de produção de bens e serviços, mas principalmente, como uma *unidade de produção de significados sociais*. (p. 3, grifo nosso)

Como se pode perceber, além dos documentos oficiais e textos escritos, a nova abordagem valoriza diversas evidências históricas e emprega variedade de metodologias. Dada, portanto, essa abertura de visão de objetos e campos de pesquisa, o rebatimento na área da metodologia também se fez sentir, no dizer de Marques, ao salientar que, ao lado das fontes documentais, a nova história abre um canal para a reconstrução de temas como o da cultura na esfera das organizações. Lobo (1997), no mesmo rumo, identifica a cultura como um tema novo na história empresarial.

Foi a partir dessa perspectiva ampla e compreensiva que o estudo examinou as seguintes fontes primárias:

I) entrevistas abertas com portugueses ou descendentes pertencentes à colônia na cidade do Recife;

No plano dos dados secundários foram trabalhadas:

II) acervo iconográfico de mapas e ruas de estabelecimentos de propriedade de portugueses ou luso-brasileiros;

III) acervo de contratos e marcas de firmas pertencentes à mesma comunidade;

V) imagens de estabelecimentos, seja de vista exterior, seja de vista interior de lojas e fábricas de portugueses e de outros proprietários do período;

V) dados e informações estatísticas oficiais do governo do estado e do Instituto Brasileiro de Geografia e Estatística (IBGE) relativos à economia e demografia, com ênfase para atividades dos lusos na cidade e sua presença como imigrantes, demograficamente falando;

VI) publicações oficiais ou comemorativas de instituições públicas e privadas que direta ou indiretamente tenham registrado ações do ator social imigrante português. Nesse sentido, publicações da Associação Comercial de Pernambuco, o prestigiado *Livro do Nordeste*, publicado na década de 1930, publicações do Gabinete Português de Leitura e do Real Hospital

Português de Beneficência de Pernambuco foram consultadas. Da mesma forma, o Álbum da Colônia Portuguesa no Brasil, editado na década de 1920, foi consultado;

VII) outras publicações do mesmo gênero, como almanaques, álbuns e revistas, a mídia de época, tão em uso nessa fase histórica, forneceram preciosas informações através de imagens de propagandas ou reclames, dados de relevância das ações do imigrante, alvo da indagação; da mesma forma, publicações do período, como a *Revista do Arquivo Público* e assemelhadas, foram também visitadas.

Ademais, em três grandes eixos, a bibliografia levantada foi trabalhada, a saber:

A) em primeiro, textos sobre a imigração europeia para o Brasil, e portuguesa em particular, desde os estudos de Klein (1989) e Lobo (2001), por parte do Brasil, e Alves (1999, 2001 e 2002) e Leite (1994, 1999, 2003) do lado de Portugal;

B) em segundo, a diversificada literatura sobre o que se pode chamar de economia e sociedade dos anos 1900 a 1950, a respeito da cidade do Recife. Autores como Souza Barros (1972), Singer (1974), Lubambo (1991) e Perruci (1978) tiveram suas obras discutidas;

C) ainda sobre o período em tela, livros de cronistas da época, como Mário Sette (1978) e Mário Melo (1985), foram consultados, sem esquecer as obras de memorialistas contemporâneos como Paraíso (2004), Fragoso (1971) e Guerra (1972), com textos devotadas à análise dos costumes da época citada.

Foram analisados, ainda, dados secundários a partir da temática da modernidade na cidade do Recife. Nesta esfera, menção especial deve ser feita ao professor Antônio Paulo Rezende e demais pesquisadores do mestrado e doutorado em História da Universidade Federal de Pernambuco (UFPE), que produziram um rico e interessante cabedal de reflexões dentro dessa linha da modernidade. Muitas delas foram importantes, tais como as obras de Rezende (1997), Teixeira (1995), Oliveira (2007) e Couceiro (2007), também já mencionados. Textos como os de Rita de Cássia Barbosa de Araújo (2007) foram ainda consultados e contribuíram para a reconstrução do ambiente da fase histórica objeto da investigação.

Desde as reflexões de Rezende, passando pelos olhares com base na nova história de Teixeira e os novos ângulos de análise apresentados por Oliveira, atribuindo valor e sentido cultural às ruas do Recife, todos facilitaram muito a interdisciplinaridade adotada.

Outra faixa da pesquisa seguiu a estrada do empreendedorismo, *mainstream* do *corpus* da pesquisa, ora na linha clássica de Schumpeter e seguidores, ora na linha do empreendedorismo étnico.

Contatos pessoais com pesquisadores e professores de economia, história e administração foram realizados pelo doutorando, sem, obviamente, deixar de registrar os profícuos contatos havidos com o orientador da investigação, o professor doutor Joaquim da Costa Leite.

Por fim, *sites* e bibliotecas virtuais disponíveis na Internet foram navegados, e vários *papers,* teses e dissertações pertinentes e valiosos foram, da mesma forma, consultados e baixados.

As instituições Fundação Joaquim Nabuco de Pesquisas Sociais (Fundaj), Junta Comercial do Estado de Pernambuco (Jucepe), Museu da Cidade do Recife (MCR), Biblioteca da Universidade Católica de Pernambuco, Biblioteca do Doutorado e Mestrado de História da UFPE, Real Hospital Português de Beneficência de Pernambuco (RHPBP) e o Gabinete Português de Leitura de Pernambuco (GPL), em especial este último, foram por assim dizer o *lócus* onde os dados e informações foram coletados e trabalhados.

Prosseguindo, o Capítulo III explora a saga da migração dos europeus, com destaque para os portugueses, com destino ao Brasil, no período de 1850 a 1950.

Capítulo III
Migração no mundo e dos portugueses para o Brasil

A imigração é o resultado histórico de um encontro entre o sonho individual e uma atitude coletiva.[20] (Pereira, 1981, p. 9)
Apesar da importância econômica, social e política da emigração portuguesa para o Brasil, [...] a bibliografia sobre este tema é escassa se comparada à relativa à imigração de italianos, alemães e de outras nacionalidades. (Lobo, 2001, p. 11)
No Novo Mundo metropolitano, ventos arejam o espírito luso. O português camponês, com uma curiosidade domesticada pelos hábitos, pelas disciplinas e pela religião, ao emigrar deixa de girar em sua cápsula de rotina. Ao sair do casulo rural para a grande cidade dinâmica, é estimulado ao processo criativo pela nova aventura. (Lessa, 2002, p. 2)

3.1. Do fluxo dos homens[21]

O fenômeno dos deslocamentos dos europeus para as Américas e dos portugueses para o Brasil é crucial para compreensão do presente ensaio, por esta razão será narrado a seguir. O cenário no qual tal movimento de europeus ocorreu é o período das Grandes Migrações, marco histórico que se deu entre a segunda metade do século XIX e a Primeira Grande Guerra, em 1914. Nele, será

---

20 Diversos autores pesquisados citam esta passagem de Miriam Halpern Pereira para ilustrar a imagem da ideia da imigração lusitana. Vale para todo o processo migratório, e por esta razão foi incluída como epígrafe deste capítulo.
21 Extraído do título do capítulo das *Grandes Migrações*, de Schnerb (1966).

abordado um panorama do movimento de pessoas no contexto mundial e europeu; a questão da política brasileira de imigração; o tema da exclusão do então Norte Agrário como alvo desse fluxo de pessoas; a demanda pelas cidades do Rio de Janeiro e de São Paulo; e, finalmente, uma avaliação da política brasileira dessa mesma época.

Causas repulsivas e atrativas, como ressalta Diegues Junior (1964, p. 22), juntaram-se num instante histórico e provocaram o surto imigrantista, tornando a emigração do europeu mais fácil, mais atraente e menos perigosa. Seriam, tais causas, o regime de propriedade de terras vigente à época na Europa, o crescimento da sua população, a expansão do domínio político dos Estados europeus protegendo seus súditos, a invenção do telégrafo, a introdução do transporte marítimo a vapor, além de fatores considerados conjunturais, como crises agrícolas e políticas. Na mesma linha de raciocínio, o pesquisador Côrtes (1958, p. 23) salienta, ainda, o desemprego parcial ocasionado pelas transformações industriais que surgiram naquele continente.

Por todas essas razões é que o historiador Schmerb (1996), no capítulo de sua *História geral*, dirigida por Crouzet, denominou esta fase da humanidade de *fluxo dos homens* e a caracterizou assim:

> *O mais abundante dos fluxos migratórios registrado pela história* [...]. Os deserdados das duas penínsulas ibérica e italiana dirigem-se em massa para o Brasil e a Argentina, que recebem mais de três milhões deles, entre 1901 e 1913, [...]. O efetivo dos italianos, eslavos e judeus desembarcados nos Estados Unidos é de 14,6 milhões num total de 20,7 imigrantes. (p. 245, grifo nosso)

Nesse contexto internacional, o Brasil se vê inserido e delineia sua política de imigração, à qual, segundo Diegues Junior (1964), se desenvolveu em três fases.

De modo geral, portanto, podemos distribuir a história da imigração no Brasil em três grandes períodos: *um, primeiro, de 1808 a 1850*, em que a existência da escravidão perturba o desenvolvimento da imigração, tornando esta incipiente, incerta ou mesmo esporádica; *um segundo, de 1850 a 1888*, em que, com as medidas visando a abolir o trabalho escravo, melhoram as possibilidades da imigração, que realmente começa a crescer, intensificando-se, sobretudo naquelas áreas em que é maior a reação contra a escravidão; *e um terceiro, de 1888 aos nossos dias*, com suas possíveis subdivisões, e durante o qual, abolido o regime servil, a imigração encontra campo aberto para desenvolver-se, como realmente se desenvolveu, em que pesem os altos e baixos de entradas, em diferentes épocas, seja por causas internas, seja por causas externas. (p. 25-26, grifo nosso)

Na fase primeira, que se inicia com a Abertura dos Portos, a 28 de janeiro de 1808, o governo cria condições em prol da imigração fomentando a entrada de estrangeiros no Brasil. Verificam-se ainda as primeiras experiências para o estabelecimento de núcleos coloniais formados com imigrantes estrangeiros, surgindo a fundação da colônia de Nova Friburgo, com a introdução de dois mil suíços na Província do Rio de Janeiro. Ao mesmo tempo, duas tentativas de imigração e colonização em Pernambuco e Bahia, ambas com alemães, não lograram êxito, como informa o mesmo Diegues Junior (1964, p. 3).

Já o último período, compreendido entre os anos de 1888 e 1960, na verdade a fase mais relevante, deu-se sob o signo explícito do que se convencionou denominar de *necessidade de braços*, sendo este um fator determinante no influxo de imigrantes para o país. À luz do que ressalta Celso Furtado (2003), buscou-se reproduzir, aqui, a migração que se dava na América do Norte.

Como solução alternativa do problema da mão-de-obra sugeria-se fomentar uma corrente de imigração européia. O espetáculo do enorme fluxo de população que espontaneamente se dirigia da Europa para os EUA parecia indicar a direção que cabia tomar. (p. 33)

Na oportunidade, São Paulo torna-se o principal e mais importante centro imigrantista do Brasil, devido à pressão de vários fatores:

> *O financiamento pelo Governo Estadual, o trabalho remunerado, as grandes possibilidades* da exploração do café, *a colonização de iniciativa privada, o desenvolvimento do seu parque industrial.* Fatores – acentue-se – que iriam intensificar-se com o correr dos anos, e, sobretudo, alguns deles, após a primeira Grande Guerra. (Diegues Junior, 1964, p. 3, grifo nosso).

Mas, quais as principais nacionalidades que integraram esse contingente de pessoas? Mais uma vez, Diegues Junior (1964) informa:

> As principais nacionalidades contribuintes foram os *portugueses*, os italianos, os espanhóis, os alemães, os japoneses e os russos; juntos estes seis grupos representam *83,69% do total da imigração* em 140 anos (1819/1959). Se examinarmos a participação de cada um deles, vamos encontrar quase nos mesmos limites numéricos os dois primeiros grupos, e distanciando-se bastante os quatros restantes. (p. 24, grifo nosso)

No mesmo sentido, a Tabela I reforça a análise, ao desagregar por períodos, desde 1851 até 1960, as nacionalidades das pessoas que se mudaram para o Brasil.

TABELA I
DISTRIBUIÇÃO DOS CONTINGENTES IMIGRATÓRIOS POR PERÍODOS DE ENTRADA NO BRASIL (1851/ 1960) EM MILHARES

PERÍODOS	PORTUGUESES	ITALIANOS	ESPANHÓIS	JAPONESES	ALEMÃES	TOTAIS
1851-1885	237	128	17	-	59	441
1886-1900	278	911	187	-	23	1.398
1901-1915	462	323	258	14	39	1.096
1916-1930	365	128	118	85	81	777
1931-1945	105	19	10	88	25	247
1946-1960	285	110	104	42	23	564
TOTAIS	1.732	1.619	694	229	250	4.523

Fonte: Adaptado de Oliveira, 2002.

3.1.1. Distribuição no território nacional

Por outro lado, para se compreender o resultado da participação estrangeira como um todo no país, e em particular o dos portugueses, vale a pena se conhecer o processo de distribuição dessa massa de imigrantes. Tomando-se como referência o censo de 1950, as estatísticas revelavam o seguinte cenário:

> O grosso da população alienígena, incluídos os brasileiros naturalizados, concentrava-se na região Sul do país, com um total de 867.118 pessoas, das quais 771.725 estrangeiros; representavam, portanto, *71,4% do total os que se encontravam na região Sul*. Segue-se a região Leste, onde foram recenseados 296-870 estrangeiros e brasileiros naturalizados, correspondendo a *24,5% do total*. Nas demais regiões do Brasil, a presença dos grupos estrangeiros é bastante inferior, somando-se 23.420 pessoas no Centro-Oeste, 17.361 no Norte e *9.415 no Nordeste*. (Diegues Junior, 1964, p. 296, grifo nosso)

Pode-se inferir, em primeiro lugar, que as regiões do Sul e do Sudeste mereceram a preferência, ao passo que o

Nordeste foi a última região procurada, e, em segundo, que esta participação de estrangeiros, na ordem de um milhão e duzentas mil pessoas, correspondia a 2,30% da população total do país, na casa de 51 milhões.[22] Razões climáticas são alegadas para tal desbalanceamento, além, naturalmente, do processo de desenvolvimento que se moveu[23] para o Sudeste – províncias do Rio de Janeiro e de São Paulo, por causa da nova lavoura do café em fins de século XIX e início do XX. Graças a esse ciclo virtuoso desenvolvimentista, marcado pela lavoura, pela industrialização e pela urbanização, as regiões citadas experimentaram um surto crescente de geração de emprego, como informa Lopes (2003):

> A riqueza gerada pelo café acelera o processo de industrialização e urbanização nas regiões produtoras: São Paulo e Rio de Janeiro, principalmente. Com a chegada dos imigrantes de várias nacionalidades, aumentam a população e as necessidades de consumo. Com o aumento das atividades comerciais e financeiras amplia-se o mercado de trabalho. No Brasil, os imigrantes tinham ofertas de trabalho nas lavouras de café e no comércio varejista, nas maiores cidades do país. Poderiam, ainda, estabelecer-se nas colônias ou nos núcleos coloniais, como pequenos proprietários de lotes. (p. 9)

Já quanto à região Sul propriamente dita – integrada pelas províncias do Rio Grande do Sul, Paraná e Santa Catarina –, é muito provável que o clima temperado, mais assemelhado àquele da Europa, tenha desempenhado algum papel na atração desses migrantes. Não se pode esquecer, todavia, que tal área foi também alvo de maior atenção de verba para a colonização do que outras do país, questão abordada no próximo item.

---

22 Conforme dados do Instituto Brasileiro de Geografia e Estatística (IBGE).
23 Até final do século XIX, as províncias do chamado Norte Agrário integravam a região mais próspera do Brasil, com a lavoura do açúcar e do algodão, conforme tratado no capítulo anterior.

Por fim, é possível ainda se alegar, como faz Diegues Junior, que o regime fundiário, nas antigas áreas de lavoura do açúcar e do algodão, fora de monocultura extensiva e escravocrata, e a região Sul desconhecia tal experiência. Dado esse desconhecimento, a nova região seria mais propícia ao parcelamento para novos colonos. Ao levar em consideração todos esses fatores, Diegues Junior (1964) concluiu que a política de colonização teria tido algum êxito apenas no Sul.

> O Sul – Rio Grande, Santa Catarina, Paraná – e, em parte, o Espírito Santo beneficiaram-se, sobretudo com o sistema de colonização. Deste modo, na região sul desenvolve-se o processo de colonização, com a expansão dos núcleos coloniais, em virtude das condições que facilitam e mesmo estimulam a atividade imigratória. (p. 64)

O crescimento econômico no Sul levou até as autoridades brasileiras a manifestarem receio de lá estarem sendo criados enclaves e *guettos* culturais europeus, associados com alegações de superioridade de raça ariana, na contramão da miscigenação luso-tropical herdada do português e que tanto orgulhava aos brasileiros. Daí, o pesquisador Côrtes (1958) ter feito a seguinte reflexão: Como sabemos a vinda de imigrantes para o Sul constituiu um reforço tal que lhe aumentou o desenvolvimento extraordinariamente e já agora (1958) está criando desequilíbrio econômico (p. 6).

Mas é o próprio autor acima que, antecipando-se a uma tendência que veio a se concretizar nos anos 50 e 60 no país, lembra que a migração interna cresceria em direção ao Sul e tal desequilíbrio inter-regional tenderia a desaparecer. No mesmo rumo, cuidando da ameaça à unidade da língua portuguesa no vasto território nacional, saúda a radiodifusão como um eficiente canal capaz de romper o isolamento das comunidades fechadas de imigrantes. Como uma revisão da literatura da imigração no país não pode deixar de tratar, ainda, da questão do abandono da região Norte e Nordeste pelo governo imperial, o assunto será tratado a seguir.

3.1.2. O Norte Agrário abandonado

A maior ênfase da política de colonização estrangeira no Sul e sua quase ausência no Norte e Nordeste são um tema polêmico nos estudos das migrações para o país. Há estudiosos da história e da economia do Brasil que a denunciam como fruto de uma política deliberada de governo. Nesta linha de pensamento, os historiadores José Antônio Gonsalves de Mello (1966) e Evaldo Cabral de Mello (1984) proclamam:

> O Nordeste brasileiro não se beneficiou com o fluxo de imigrantes que, no Segundo Reinado, sobretudo *por ação direta e indireta do governo*, se dirigiu ao Brasil: refiro-me em particular ao procedente do Norte da Europa e, a partir dos anos 1870, da área do Mediterrâneo. A política de imigração então praticada, se conseguiu com imensa despesa para os cofres do Império – para os quais *contribuíam largamente as províncias do Nordeste e, muito em especial, Pernambuco* – estabelecer colônias estrangeiras no Sul, fez também brotar grandes fortunas pessoais entre contratadores do recrutamento e introdução de imigrantes, sobretudo de contratadores estabelecidos no Rio de Janeiro, sede do governo imperial. (p. 37, grifo nosso)

> O que se designava simplificadoramente como o Clima do Norte serviu freqüentemente de álibi às autoridades imperiais para justificar a inexistência de uma política de imigração para aquela parte do país. (p. 71)

O economista Eisenberg (1977) também analisa o fiasco da política de colonização para o Nordeste, mais especificamente para Pernambuco, e argumenta que o clima não deveria ser um pretexto sério em virtude de que esta mesma região já teria alcançado progresso no passado como resultado da colonização portuguesa e holandesa. Na verdade, não é errado o argumento, sobretudo quando se sabe que o Recife, que vivera no século XVI uma marcante experiência de urbanização de matriz flamenga, recebeu, no século XIX, novo influxo de franceses, alemães e belgas, que aqui deixaram contribuições marcantes na urbanização da cidade como profissionais de engenharia, arquitetura e de fabricação de móveis.

É mais uma vez Diegues Junior (1964) quem chama de *Francesismo* este período da história do Recife, liderado pelo então governador da Província, Francisco do Rego Barros, que estudara em Paris. Mas, independentemente da menor presença dos estrangeiros no Norte e no Nordeste, o país recebeu bastante influência desses novos brasileiros, haja vista o caso de São Paulo, reconhecidamente uma cidade de forte presença de italianos, espanhóis e japoneses, na própria composição étnica de sua população. Além do mais, é indispensável que se reconheça a influência desses imigrantes nos hábitos e costumes da população das grandes cidades brasileiras, principalmente em razão da sua nova atitude em relação ao trabalho, superando tradições lusas. Veja-se o que diz Diegues Junior:

> Nas capitais, de modo geral, o imigrante foi introdutor *de novos hábitos e de costumes novos*, que, grande parte, vieram modificar a estrutura luso-brasileira, baseada quase sempre em hábitos ou costume sob certos aspectos rurais tendo em vista transferência de populações desses meios para os novos núcleos urbanos. Foi oportunidade – diga-se de passagem – para certos empregos, até então considerados menos dignos pelos nacionais, em face de suas relações com o trabalho escravo, pudessem ser exercidos com facilidades e mesmo desembaraço. (1964, p. 245, grifo nosso)

Para encerrar esse conciso panorama da imigração para o Brasil, um balanço geral, não há porque não se endossar a posição de autores como Celso Furtado, um dos mais respeitados economistas do país, a professora Eulália Lobo, prestigiada historiadora de empresas e da imigração portuguesa no Brasil, e o sociólogo Diegues Junior, que não veem saldo positivo expressivo, conforme abaixo proclamam:

As colônias criadas em distintas partes do Brasil pelo governo imperial careciam totalmente de fundamento econômico; tinham como razão de ser a crença na superioridade inata do trabalhador europeu, particularmente daqueles cuja "raça" era distinta da dos europeus que haviam colonizado o país. Era essa uma colonização amplamente subsidiada. Pagavam-se transporte e gastos de instalação e promoviam-se obras públicas artificiais para dar trabalho aos colonos, obras que se prolongavam algumas vezes de forma absurda. E, quase sempre, quando, após os vultosos gastos, se deixava a colônia entregue a suas próprias forças, ela tendia a definhar involuindo em simples economia de subsistência. (Furtado, 2003, p. 129)

De fato, as concessões de terra nas colônias do Brasil eram precárias, havia demora nas demarcações dos terrenos e nos registros dos títulos de propriedade e proibição de cultivos de exportação em certos casos. [...] Na realidade, o projeto de colonização, de criar uma categoria de camponeses independentes produtores de gêneros alimentícios destinados aos centros urbanos, em termos gerais, fracassou, restringindo-se seu sucesso a algumas regiões no sul. (Lobo, 2001, p. 20)

De 1819, quando chegaram ao Brasil os primeiros imigrantes – os suíços, encaminhados para Nova Friburgo – até 1959, entraram 5.536.035 pessoas naquela qualidade. Número, evidentemente, ínfimo; bastante baixo, se compararmos o volume da imigração para outros Países, que, nas mesmas condições do nosso, ofereceram, todavia, maiores facilidades ao movimento imigratório. (Diegues Junior, 1964, p. 27)[24]

---

24 Compare-se com a massa de estrangeiros que entrou nos EUA, na casa de 14 milhões, conforme citado por Schnerb, referido na abertura deste capítulo.

No tópico seguinte, aprofunda-se o tema da imigração dos portugueses para o Rio de Janeiro e São Paulo.

3.2. O Brasil nossa melhor colônia depois de ter sido colônia nossa[25]

Durante todo o período das grandes migrações, o Brasil continuou sendo o mais importante e o mais procurado destino para os portugueses dos Açores, da Madeira e da região nortenha continental de Portugal. Houve, portanto, traços singulares que marcaram e distinguiram essa preferência pelo Brasil. Dada esta constatação, o tema da imigração portuguesa deveria ser um assunto bastante explorado na historiografia brasileira. Acontece, todavia, quase justamente o contrário, comparando-se com a profusão de estudos já realizados sobre os demais contingentes de migrantes, como colocam alguns autores, incluindo-se Lobo (2001), citado na epígrafe.

Já Scott (2001) faz constatação semelhante e tenta encontrar razões. Aliás, Scott menciona que a preocupação não seria recente, vez que, já em 1984, a pesquisadora Maria Beatriz Nizza da Silva apontara a ausência desses estudos tanto cá, no Brasil, como em Portugal. Para explicar o evento, ela o atribui a pelo menos três causas: a rede de apoio que os lusos aqui encontravam; sua posterior absorção pela comunidade e a semelhança de nomes próprios e de família com os dos brasileiros. Tudo concorreu para os imigrantes portugueses não deixarem rastros significativos a serem recuperados *a posteriori*, alega a pesquisadora. Fundamentando seu argumento, alega a pouca expressão dos registros de entrada de portugueses no porto de Santos.

Assim, no relatório da Inspetoria do Porto de Santos, órgão instalado em finais de 1907, que dava conta de que dos 1.152

---

25 Trocadilho atribuído ao escritor Alexandre Herculano, conforme Alves (2002).

portugueses que desembarcaram em Santos, apenas 199 dirigiram-se à Hospedaria dos Imigrantes (17%). Por outro lado, dos 1.173 espanhóis desembarcados no mesmo período, 77% foram enviados à Hospedaria. (Scott, 2001, p. 2)

O volume de estudos tem sido incrementado mais recentemente e, sem dúvida, as comemorações dos 500 anos do descobrimento do Brasil, no ano 2000, contribuíram para tanto.

Como se verá, já existem estudos pós-imigração, conforme menciona Oliveira (2002), os quais tratam de vários aspectos da presença lusa no Rio de Janeiro, em São Paulo, focos maiores de presença, e de capitais como Belo Horizonte e até em cidades não capitais, como é o caso de Pelotas. Há também pesquisas sobre agremiações de beneficência e culturais existentes no país. O caso da cidade do Recife é um exemplo. O Real Hospital Português de Beneficência de Pernambuco editou, recentemente (2006), um livro comemorativo dos seus 155 anos, por sinal o mais recente sobre portugueses na região.

Mesmo considerando-se esse incremento no volume de estudos, o tema pede investigações para responder a perguntas como: que fatores concorreram para tamanho fluxo migratório em demanda para o Brasil? Quais as características diferenciadoras da presença lusa em relação a outras nacionalidades? Por que o Brasil, e não a próspera América do Norte? Por que esse povo respondeu por mais de 30% dos imigrantes do Brasil?

Preliminarmente, seria conveniente ressaltar que, apesar do assunto ser bastante extenso e com alguns aspectos ainda não suficientemente esclarecidos, a questão da migração portuguesa para o Brasil repousa, na atualidade, sobre conteúdos não controvertidos ou polêmicos. No passado, a polêmica e a controvérsia marcaram o movimento de migração, envolvendo jornalistas e intelectuais portugueses de Lisboa e, muitas vezes, vozes de brasileiros. Na atualidade, há, de fato, vários consensos de análise dentro de uma perspectiva histórica, como se verá adiante.

Para iniciar a análise, pode-se afirmar ser feliz a metáfora de Alexandre Herculano,[26] que intitula este item. Situa a precisa dimensão, importância e alcance do Brasil pós-independência no contexto da economia de Portugal, entre meados do século XIX e as primeiras décadas do século seguinte. Como ressaltam os estudiosos do fenômeno da imigração lusa, vários fatores de expulsão concorreram para ensejar esta importante corrente migratória dirigida ao Brasil.

Klein (1989), Leite (1994; 1999), Lobo (2001), Rocha-Trindade e Caiero (2000), Scott (2001), Alves (2002), Lopes (2003) e Pascal (2005), entre outros, afirmam, em consenso, ter sido a dificuldade de acesso à terra, os baixos salários, as dificuldades do desenvolvimento industrial, as precárias condições de vida e de saúde pública, associados ao risco do serviço militar, então vigentes em Portugal, que levaram quase dois milhões de pessoas, no dizer de Rocha-Trindade e Caiero (2000), a lançarem-se ao mar buscando uma nova terra.

A bibliografia acima aprofunda cada um desses fatores detalhadamente. No que diz respeito ao panorama de dificuldade que Portugal atravessava, os textos de Leite (1994; 1999) e de Lobo (2001) são bastante detalhados. Nos seus trabalhos, Leite analisa exaustivamente a crise da economia lusa e também explora e refuta a reação oficial e da *intelligentzia* portuguesa à grande perda de braços.

Na presente pesquisa, um ou outro desses fatores poderá ser invocado, na medida em que contribua para lançar luzes sobre a presença dos imigrantes no Brasil. Num certo sentido, pode-se mesmo afirmar que o viés adotado aqui procura enxergar o fenômeno desde o ponto de vista dos fatores de atração, vale dizer, do polo brasileiro do fenômeno.

---

26 Referência encontrada no artigo do autor Jorge Fernando Alves (2002).

Com efeito, juntando-se o número estimado de emigrantes clandestinos com os demais que viajaram para o Brasil sem estarem incluídos na categoria de emigrantes e que se radicaram, é de esperar que o número total de portugueses de primeira geração que se fixaram no Brasil após 1822 se aproxime dos milhões de pessoas (Rocha-Trindade e Caeiro, 2000:06).

Sem saída para superar óbices no próprio país, a ex-colônia passa a ser idealizada como uma miragem, uma terra de oportunidades com grandes possibilidades de enriquecimento e liberdade, enfim, a terra onde estaria plantada a *árvore das patacas*.

Com efeito, no dizer poético de Francisco Câncio, havia uma miragem sobre o Brasil:

> Um modesto balcão, uma pequena fazenda arranjada em terras de lá como então se dizia, uns anos de trabalho e a fortuna sorria, dando o descanso, a abastança e as honras numa velhice sossegada, serena e feliz. *De modesto caixeiro chegava-se a patrão; de simples servo do campo, a dono de grandes quintas e herdades.* O ouro era abundante; as libras ganhavam-se as mãos-cheias; os diamantes e as esmeraldas quase que se ofereciam a superfície dessa nova Terra da Promissão onde tudo era belo, grande e fácil. Esta era a miragem. (Cancio *apud* Rocha Trindade e Caiero, 2000, p. 15, grifo nosso)

Mas, se tais fatores de expulsão criavam o impulso de sair e de lutar por nova vida, a eles se associavam os fatores de atração, formando o que Alves (2002) denominou de cultura de imigração.

Klein (1989), por sua vez, ao delinear os fatores de atração, diz que a migração para o Brasil – principal destino do fluxo migratório dos portugueses – deu-se em razão do idioma comum, dos vínculos históricos entre a ex-metrópole e a ex-colônia, dos salários mais altos, das melhores oportunidades econômicas e relações comerciais e econômicas complexas e duradouras, além de uma comunidade local de negociantes dominada pelos lusitanos.

Daí porque o mesmo Klein distingue essa corrente migratória das demais, apesar da ausência de apoio financeiro: "Por estes motivos o fluxo migratório português ocorreu independente dos vários subsídios que explicam a emigração de outros europeus para o Brasil" (1989, p. 19).

A respeito dos salários mais altos oferecidos, especialmente no Rio de Janeiro, Leite (1999) comenta que a diferença ultrapassava a casa de três vezes mais do que o oferecido em Lisboa para profissionais como carpinteiro e pedreiro.

> Mesmo considerando os gastos acrescidos de alojamento e alimentação, um trabalhador português que exercesse no Brasil a mesma profissão que tinha em Portugal podia, depois de pagas as suas despesas, obter uma poupança equivalente ao total do salário português. (p. 187)

Quanto aos ganhos decorrentes da diferença de salário, Nizza da Silva (1992) diz:

> A instalação no Brasil permitia a uma porcentagem considerável de emigrantes melhorarem a sua sorte, não necessariamente através de uma acumulação de capital, o que constituía exceção, mas pela mera diferença de salário entre o Brasil e Portugal. Se assim não fosse não teriam ocorrido as contínuas remessas de dinheiro para Portugal entre 1870 e 1930. Se podemos verificar o envio periódico de poupanças, através das casas bancárias brasileiras ou, a partir de 1895, através da Agência Financial do Rio de Janeiro, tal fato prova que o emigrante, mesmo não realizando grandes fortunas, enviava somas consideráveis para a sua família em Portugal. (p. 127)

Retomando a questão dos fatores de atração, Lobo (2001) e Alves (2002) acentuam mais dois: o desenvolvimento econômico do Brasil e sua crescente urbanização, fatores já mencionados acima, quando da abordagem geral da imigração. Associado a eles, o progresso nas áreas de comunicações e de navegação forneceriam as condições necessárias e suficientes para alimentar uma densa e caudalosa rede de informações e solidariedade, responsável em grande medida pela real movimentação de pessoas. Nesse sentido, diz Leite (1999), o período que se estende entre 1855 e 1914 teria sido marcado como: "Uma era migratória caracterizada por uma considerável liberdade de movimento e de progressos fundamentais nas condições de informações e de transporte" (p. 180).

Mas, prosseguindo na revisão da literatura, outro consenso emerge como relevante: a rede informal de acolhimento.

3.2.1. Rede informal de solidariedade

Tal consenso seria, de acordo com Klein (1989), um forte vetor de facilitação na integração do imigrante lusitano na economia brasileira. Já Alves (2001) o percebe como algo que se ajusta como uma *"luva"* à emigração lusa para o Brasil. Não é, portanto, sem sentido a descrição que Alves (2001) faz da dinâmica da referida rede:[27]

> Mais do que acto individual, a emigração insere-se numa vasta trama de tensões, negociações e consensos ao nível de vários círculos de sociabilidade, em que avultavam *a família e a comunidade local (a paróquia)*, consenso indispensável principalmente quando a corrente migratória era composta por jovens adolescentes (com a moda etária nos 13 ou 14 anos), como era o caso da emigração nortenha. (p. 2, grifo nosso)

Por outro lado, reforçando a relevância da rede, Leite (1999) chama a atenção para um importante aspecto da circulação dessas informações. Elas seriam veiculadas pelas cartas e correspondências privadas entre os dois países, significando dizer que, antes da tomada de decisão de uma família mudar-se ou de

---

[27] Alves (2001), todavia, não está isolado. Trata-se, evidentemente, de mais um consenso na historiografia portuguesa e brasileira. Rocha-Trindade e Caiero (2000, p. 11) e Scott (2001, p. 3) também pensam da mesma forma.

um pai enviar seu filho, haveria uma carta sincera e confiável de um parente, de um amigo ou de um conterrâneo dando conta das condições de vida e oportunidades ofertadas no novo país. Dando conta do volume de informações trocadas, ele informa:

> Na segunda metade dos anos oitenta a correspondência com a América do Sul movimentava em cada um dos dois sentidos, entre quatrocentos a oitocentos mil artigos de correio. Considerando apenas cartas e postais, os movimentos envolviam cerca de trezentos a mais de seiscentos mil artigos. (Leite, 1999, p. 186)

Ainda no processo de deslocamento, uma peça chave era exigida pela burocracia dos dois países. Trata-se da Carta de Chamada,[28] o quarto consenso na bibliografia analisada. Ao trazê-la, o jovem imigrante teria sua porta aberta no Brasil, motivo pelo qual os autores lhe conferem destaque especial.

> A Carta de Chamada está presente nas memórias de todos os depoentes. Como a emigração espontânea não contava com apoio e subsídios do governo, necessitava da estrutura das redes sociais. Em todos os casos, os homens vinham na frente e posteriormente, quando já podiam garantir moradia e trabalho, traziam a família. (Pascal, 2005, p. 4)

Para arrematar, o escritor Alexandre Herculano exprime com vigor literário a importância das recomendações:

> Por via de regra, o emigrante espontâneo, aquele que a miséria não atira cegamente, brutalmente, para fora da pátria, sabe o que quer, sabe como vai e para onde vai. Conta com o parente, com o amigo da família, com o protector que lhe hão-de dar as recomendações que leva. (*apud* Alves, 2001, p. 4)

---

[28] Carta de Chamada era um documento chancelado pelo governo português, exigido nessa fase das migrações, contendo necessariamente a convocação de alguém, no Brasil, que assumia responsabilidade por um português que desejasse emigrar. Este instrumento, uma vez exibido na alfândega, liberava a pessoa dos programas oficiais de colonização fixados a critério do governo.

Outro fator de atração, nem sempre considerado como tal, teria sido a preocupação das autoridades brasileiras em europeizar seu povo e, sobretudo, em vê-lo embranquecido. Diz Nogueira (1998):

> Os portugueses no início do século tiveram de fato a preferência das autoridades brasileiras como mão de obra imigrante devido à facilidade de adaptação linguística, à semelhança dos costumes religiosos e principalmente por serem "brancos" numa sociedade ávida por se "europeizar" [...] a burocracia imperial exigia características étnicas e culturais compatíveis com a ideologia civilizatória do embranquecimento. (p. 32)

Até o momento, foram analisados cinco consensos, a saber:
- os fatores de expulsão de Portugal;
- os fatores de atração;
- a rede informal de solidariedade e apoio no país de destino;
- a busca do embranquecimento da raça e, por último,
- a questão da Carta de Chamada para o Brasil.

Os textos revistos dão, entretanto, destaque a outros aspectos não mencionados ainda explicitamente aqui, mas que merecem ser evidenciados. Assim, prosseguindo, convém reiterar outro consenso. É o ponto que destaca as migrações de portugueses para o Brasil não apenas neste período das grandes migrações. Elas teriam sido seculares e de fluxo contínuo, no dizer dos historiadores Florentino e Machado (2002).

> A imigração de lusitanos em direção a esta parte da América nunca cessou. Confundiu-se com a conquista e a colonização, intensificou-se após a independência e adentrou o século XX. [...] Uma primeira e óbvia conclusão emerge destes números: a emigração portuguesa para o Brasil constituiu-se em um fluxo contínuo e de natureza multissecular. (2002, p. 1)

Idêntica posição é assumida por Alves (2001), ao declarar que de há muito tempo já se processava este movimento:

O fim da colonização e a independência do Brasil alteraram, de facto, as condições institucionais no movimento de portugueses para o Brasil, embora os trilhos das passagens estivessem há muito sulcados e a transferência de pessoas não só tenha mantido as tendências anteriores como ganho incremento e novos matizes. (p. 23)

Chama, ainda, a atenção outro consenso, desta feita o sétimo, bastante dramático para os olhos de hoje. Trata-se da vinda de jovens que entravam muito precocemente nesse fluxo. Eles saíam para o Brasil com a idade inferior a 14 anos de idade.

Mas por que acontecia isto? Que fatores levavam à saída com tamanha precocidade? O que justificaria pessoas nessa idade abandonarem seus ambientes domésticos e pais para se destinarem a uma terra quase desconhecida?

Segundo os historiadores, há uma interpretação bastante convincente, relacionada com o serviço militar exigido em Portugal, cuja convocação ocorreria aos 14 anos e seria algo muito demorado, isto é, de seis anos. Além do mais, quem desejasse evitá-lo ao atingir esta idade deveria então indenizar o Estado português com valores muito altos. Em face deste dilema, uma saída mais do que plausível seria emigrar antes de atingir a idade. Com a palavra Leite[29] e Alves (1999):

> O requisito que maior preocupação revelava por parte do Estado português estava ligado à questão militar: os homens adultos deviam provar que tinha cumprido as suas obrigações militares [...] os mancebos dos 14 aos 21 anos só poderiam obter passaporte mediante um depósito de uma pesada fiança, ou apresentação de um fiador idôneo. (p. 79)

Mas, como esses jovens chegavam ao Brasil? Que conhecimentos detinham? Aonde iriam se empregar?

---

[29] Ver no mesmo sentido Lobo (2001, p. 16) e Alves (2001, p. 7).

Vinham sempre com Carta de Chamada e detinham alguma noção de contabilidade comercial e eram sempre absorvidos no mercado de trabalho como caixeiros de casas comerciais, frequentemente de propriedade do patrício cujo nome assinara a carta.

Alves (2001) destaca que tais moços não partiam ignorantes. Antes de zarparem, passavam por uma espécie de estágio em cidades mais importantes, adquiriam algum tirocínio nas artes comerciais, ou aprendiam algum ofício:

> Ensinar as primeiras letras aos rapazes destinados à partida, mandá-los tirocinar no comércio do Porto e outras cidades e vilas (Guimarães, Braga, Vila do Conde, Póvoa de Varzim) ou, em alternativa, ensinar-lhes um ofício tradicional vulgarmente ligado à construção (pedreiro, carpinteiro, estucador, marceneiro, etc.), eis preocupações genéricas nas famílias do Noroeste português, numa acção preparatória e selectiva da emigração. [...] Preocupações desenvolvidas na esperança de uma melhor inserção do emigrante na sociedade brasileira e nos eventuais refluxos monetários que viessem, de algum modo, ajudar a família remanescente em Portugal. (Alves, 2001, p. 7)

3.2.2. Tipos de imigrantes

Na verdade, essas reflexões colocam na mesa um outro tema, relativo ao perfil desse imigrante. Nesse sentido, o mesmo Alves (2001) avança uma tipologia, ao falar em dois destinos:

> Durante o século XIX verificaram-se, assim, em paralelo dois destinos da nossa emigração para o Brasil, social e economicamente distintos. Um de forte enraizamento tradicional, ligado [...] ao facto de os portugueses dominarem na realidade certos sectores do mercado de trabalho, como era o caso do grande comércio, do pequeno comércio de retalho e [...] na construção civil, na organização bancária e seguradora, nos transportes. (p. 9)

E acrescenta:

> Situação que leva à fixação urbana dos portugueses que para ali se dirigiam e/ou eram atraídos por compatriotas que lhes ofereciam trabalho e neles recrutavam os futuros sócios ou continuadores dos seus investimentos, como forma de garantirem as verbas convenientes por altura da retirada dos negócios, neles selecionando muitas vezes os genros para casar as suas filhas. (Alves, 2001, p. 9)

Já quanto ao segundo tipo, Alves (2001) aduz:

> Diverso era, porém, o destino dos trabalhadores angariados para os trabalhos das fazendas rurais, que evoluíam [...] numa relação salarial de baixo nível [...]. É certo que muitos acabavam por desembocar nas cidades, [...] numa situação de desprotecção, quando não de marginalidade, de caso policial mesmo, e o destino profissional, sem o apoio da tradicional "arrumação". (p. 9)

De maneira mais analítica, Leite (1999) elaborou uma tipologia, aceita por outros autores analisados,[30] na qual contempla três categorias de imigrantes, classificados como: "os que emigravam com a finalidade de obter uma carreira profissional, os que emigravam para adquirir uma poupança e os que emigravam para fugir de uma situação de crise" (p. 193).

Num certo sentido, os dois primeiros tipos são parecidos tanto na classificação de Leite (1999) como na de Alves (2001). Sobre o tipo que tirocinava na cidade antes da viagem, Leite o caracteriza assim:[31]

> Para esses emigrantes, que começavam cedo e com alguma preparação e apoio a decisão de partir seria tomada em família

---

30 Ver Fiss (2001, p. 2) e Lopes (2003, p. 21), que adotaram a classificação de Leite.
31 Uma visão semelhante é ainda oferecida por Nogueira (1998, p. 25) e Scott (2001, p. 24), mesmo sem atribuírem crédito a Leite, ao ressaltarem os atributos dos imigrantes durante a primeira metade do século XIX.

como parte de uma escolha profissional [...]. O protótipo deste tipo de imigrante era o rapaz que começava como ajudante de ou guarda-livros, aprendia o negócio, ganhava a confiança do patrão, casava com a herdeira, ou tomava conta do negócio quando o patrão regressava a Portugal. (1999, p. 195)

Continuando, há também uma visão uníssona hoje a respeito dos benefícios para governos gerados pelo referido processo de migração, seja do lado do país emissor do emigrante, seja do lado da nação receptora do fluxo. No que diz respeito ao Brasil, não padece dúvida de que o influxo da mão de obra portuguesa tanto ajudou a oferta de mão de obra para as atividades urbanas – foco de interesse do lusitano – e industriais de um país que se desenvolvia, quanto propiciou ganhos de atividades comerciais e indústrias devido ao espírito empreendedor do imigrante luso.

No tocante, todavia, a ganhos de Portugal no processo, somente recentemente textos como os de Alves e Leite parecem ter sido suficientes para calar a visão, quase trágica e dramática, de drenagem de recursos humanos que a imprensa, os políticos e os intelectuais coevos introduziram na perspectiva da história de Portugal.

Na verdade, Alves, em uma muito interessante interpretação, identifica o paradoxo vivenciado pelas autoridades portuguesas, que denunciavam a transferência de braços para o Brasil e, ao mesmo tempo, calavam porque os imigrantes remetiam recursos financeiros de volta à pátria e isto trazia vantagens ao país no âmbito da sua balança de pagamentos.[32]

> *These relations were based on the paradox that, on the one hand, a small country (the former coloniser) needed the money that was sent back by the emigrants to stabilise its balance of payments, but on the other, it was unable to defend its policy of emigration*

---

[32] Outros autores advogam a mesma interpretação do assunto. Ver Silva (1992, p. 135), Nogueira (1998, p. 40), Leite (1999, p. 200) e Lobo (2001, p. 19).

before public opinion, since the country itself was facing a demographic revolution and economic underdevelopment, given the incipient industrialisation and subsequent lack of employment. (Alves, 2002, p. 199)

Dentro desse panorama, fica fácil compreender, como asseveram Silva (1992), Leite (1994), Scott (2002) e Nogueira (1998), a influência da figura de vencedor do "*brasileiro de torna viagem*" como um modelo de sucesso para a imaginação e o sonho dos futuros emigrantes nas décadas seguintes e no século XX. De acordo com Silva (1992):

> O próprio emigrante português contribuiu para alimentar o mito da fortuna rapidamente amealhada no Brasil. A saída do país natal, sempre encarada como temporária, permitiria uma promoção social através de uma acumulação de capital. Caso essa fortuna não fosse conseguida, melhor seria não regressar a Portugal, pois o fracasso de um emigrante seria atribuído, por ele próprio e pelos seus conterrâneos, à sua incapacidade. *Regressavam apenas aqueles que, de algum modo, podiam ostentar uma melhoria de vida*, enquanto aqueles que ficavam em terras brasileiras eram esquecidos, ignorando-se completamente as suas agruras. Lemos num ofício do consulado geral no Rio, escrito em 1921, que estava fortemente arraigada em Portugal a idéia de que só *o mandrião não faz fortuna no Brasil*. (p. 135, grifo nosso)

É preciso, todavia, saber de que partes de Portugal vieram e para que lugares, no vasto Brasil, eles se dirigiram, bem como quais atividades laborais iriam exercer. Inicia-se, a seguir, o item denominado de *Os rapazes para a Rua da Quitanda*, cuja enunciação já está a revelar muito da natureza do engajamento dos imigrantes no novo país.

3.3. Os rapazes para a Rua da Quitanda[33]

O movimento imigratório português para o Brasil, além de ter sido multissecular e de fluxo contínuo, como asseveram Florentino e Machado (2002), não teve origem em um único lugar ou região. Demandaram o Brasil, portugueses da Ilha da Madeira, do Arquipélago dos Açores e do Portugal continental. Durante o período ora estudado, no entanto, as estatísticas coletadas, tanto em Portugal como no Brasil, dão conta de que a mais expressiva quantidade de pessoas foi natural do Norte do país, consoante o que comenta Lobo (2001):

> O perfil do emigrante português era o do camponês das aldeias do norte, sobretudo das regiões de Aveiro, Braga, Porto, Coimbra, Guarda, Viana do Castelo, Vila Real, Viseu, Minho, Douro, Beira Alta, Beira Litoral). O Porto ocupava o primeiro lugar na origem dos emigrantes, entre 1866 e 1898; de 1911 a 1913 este lugar coube a Viseu, seguido de Bragança [...]. A província do Minho, que compreendia os distritos de Braga e Viana do Castelo, considerada o centro da nacionalidade, era a mais importante área de emigração, seguida pela da Beira Litoral, distrito do Porto. A emigração da Ilha da Madeira foi particularmente importante no porto de Santos. (p. 21)

De maneira detalhada, Leite (1999, p. 191) desagrega e analisa as taxas de migração das diversas regiões acima citadas e atribui, em 1864, à região de um núcleo centrado no Porto e adjacências como Viana, Braga, Vila Real e Aveiro a prevalência da mais alta taxa (1,29 por mil).

Em seguida, por volta de 1890, aditam-se a essas localidades distritos como os de Viseu, Coimbra, Leiria, Bragança e Guarda,

---

[33] O título é extraído de Alves (2001): "Camilo Castelo Branco, sempre perspicaz na sua ironia, traduzia melhor que ninguém o sentido desses destinos familiares: 'Em geral à grande fecundidade dos casais minhotos presidia a ideia de *gerar rapazes para a Rua da Quitanda* como outrora no tálamo dos lavradores abastados se pensava muito em fazer frades beneditinos'" (p. 7, grifo nosso).

com taxas altíssimas de 8,0 por mil habitantes, e, finalmente, em 1911, os distritos de Castelo Branco, Santarém, Beja e Faro atingem taxas altas para os padrões do continente. Por outro lado, muitos emigrantes não eram contabilizados pelas estatísticas. Saíam, ora de forma clandestina a partir dos próprios portos de Portugal, ora pelo muito próximo porto espanhol de Vigo. Rocha-Trindade e Caeiro (2000) fazem uma realista descrição das alternativas de viagem clandestina:

> Com a convivência das autoridades locais espanhola, eram os candidatos a emigração clandestina aí encaminhados pelos engajadores e, mediante mera declaração, escrita por estes, de que os interessados tinham nacionalidade espanhola por naturalização, era-lhes fornecido o correspondente passaporte, que os habilitava a contar do manifesto de passageiros do navio que os iria transportar a portos, transatlânticos. Mais arriscado era o embarque a sorrelfa enquanto o navio encontrava acostado ao cais ou ancorado nos portos nacionais, iniciando a viagem dissimulados entre a carga dos portões e na esperança de que, uma vez descobertos pela tripulação, um capitão benevolente lhes aceitasse dinheiro e trabalho em troca do custo da passagem e não denunciasse a situação às autoridades do porto de chegada. (p. 18-19)

Já para os embarcados no estrangeiro, "Para esses a principal porta para a emigração clandestina era o porto de Vigo. Na Galiza, convenientemente vizinho das terras de Entre Douro e Minho, de onde provinha grande parte da emigração portuguesa (Rocha-Trindade e Caeiro, 2000, p. 19)

Se, como foi exposto, os emigrantes saíram de diversas regiões de Portugal, é interessante, consignar, também, quais, no intervalo de tempo estudado, os maiores volumes de saídas. De acordo com publicação do Memorial do Imigrante (*Imigração portuguesa no Brasil*, 1986), transcrita a seguir na Tabela II, que considera intervalos temporais a cada dez anos, a estimativa de entrada de portugueses no Brasil entre 1872 e 1972 é de 1.662.180 pessoas, correspondendo a 31% do total de imigrantes que o país recebeu nesse período.

TABELA II
ENTRADAS DE IMIGRANTES PORTUGUESES NO BRASIL, 1872 – 1972.

PERÍODO	NÚMERO DE PESSOAS
1872 – 1879	55.027
1880 – 1889	104.690
1890 – 1899	219.353
1900 – 1909	195.585
1910 – 1919	318.481
1920 – 1929	301.915
1930 – 1939	102.743
1940 – 1949	45.604
1950 – 1959	241.579
1960 – 1969	74.129
1070 – 1972	3.073
TOTAL	1.662.180

Fonte: Bassanezi *apud* Fiss (2001, p. 2).

Daí porque, com base nesses dados, Fiss (2001) assinala o pico de saída mais importante:

> *O auge da emigração portuguesa para o Brasil ocorreu efetivamente entre 1910 a 1919.* No período de 1910 a 1919, entraram no país um total de 318.481 pessoas, logo depois houve um decréscimo devido à crise econômica mundial de 1929, quando a emigração se reduz em todas as partes do mundo. (p. 2, grifo nosso)

No momento, convém explorar para quais destinos se dirigiram no país; o porquê dessa decisão; as atividades a que se mais se dedicaram; a face do sucesso e o outro lado, a face dos considerados "sobra do arranjo social".

Em primeiro lugar, as estatísticas revelam que, em 1930, o Brasil tinha uma população de 30 milhões de habitantes, dos quais em torno de cinco milhões seriam de imigrantes e, desses, na casa de um milhão e setecentos mil seriam, sem contabilização dos clandestinos, considerados de nacionalidade portuguesa.

A distribuição no território brasileiro fixou-se basicamente nas regiões do Rio Janeiro e São Paulo. Este é um ponto incontroverso, pois todos os autores – de Klein (1984) a Lobo (2001) e deste a Alves (2001) – mencionam tal constatação.

A seguir, a Tabela III, produzida por Lobo (2001), espelha a distribuição da população portuguesa no Brasil no ano de 1929, e demonstra a constatação acima. As duas regiões responderam por quase 90% do destino desse contingente de estrangeiros, posição essa que não foi diferente daquela das demais etnias que imigraram para o Brasil.

TABELA III
DISTRIBUIÇÃO DA POPULAÇÃO PORTUGUESA NO BRASIL POR ESTADOS (1929).

São Paulo	281.418	Pernambuco	5.289	Goiás	334
Distrito Federal*	272.338	Bahia	3.679	Ceará	325
Rio de Janeiro	31.527	Paraná	1.998	Alagoas	260
Minas Gerais	20.050	Espírito Santo	1.900	Paraíba	144
Pará	15.631	Mato Grosso	1.572	Sergipe	137
Rio Grande do Sul	9.324	Maranhão	687	Rio Grande do Norte	89
Amazonas	8.376	Santa Catarina	556	Piauí	72

Fonte: Simões *apud* Lobo (2001).

---

* O Distrito Federal foi criado na República, em 1889, para abrigar a capital da Nação. Foi sediado no território do Rio de Janeiro até a transferência da capital para Brasília. Durante um curto lapso de tempo, foi considerado Estado da Guanabara, em virtude dessa transferência, mas, hoje, o Rio de Janeiro voltou a albergar tanto o ex-estado como o antigo Estado do Rio de Janeiro.

Quais, porém, as razões que motivaram tão significativa opção por essas regiões? Como é sabido, por detrás da decisão de deslocamento humano, há um móvel de natureza econômica e, neste caso, o enquadramento é mais do que compreensível, haja vista a expansão da economia do café, a urbanização, inicialmente do Rio e depois de São Paulo, e, finalmente, a expansão da industrialização das duas cidades. Faz sentido, então, a expressão de Camilo Castelo Branco que dá nome ao item, porque reconhece a vocação comercial do imigrante luso e indica estar o Rio de Janeiro (Rua da Quitanda) a experimentar um momento de desenvolvimento, com oferta crescente de emprego.

Mas, quais as atividades econômicas a que os portugueses se engajaram?

Sobre este assunto, uma interessante investigação da pesquisadora Beatriz Nizza da Silva (1991), baseada no estatuto profissional dos primeiros sócios de duas associações filantrópicas, uma de São Paulo, a Sociedade Portuguesa de Beneficência, fundada em 1859, e outra do Rio de Janeiro, a Caixa de Socorros D. Pedro V, criada em 1863, oferece um panorama diversificado de ocupações – com predominância do comércio como proprietário ou empregado – dos portugueses nessas duas cidades:

> Na primeira (cidade de São Paulo), dos 123 sócios fundadores, *44,7% eram negociantes e 29,2%, caixeiros*. Mas, além deste forte contingente proveniente da área mercantil, a qual incluía ainda um gerente de casa comercial, havia guarda-livros, farmacêuticos, alfaiates, artistas, atores dramáticos, barbeiros, charuteiros, doutores, latoeiros, leiloeiros, padeiros, pedreiros, professores, sapateiros, seleiros, tamanqueiros, tropeiros. Alguns indivíduos eram classificados genericamente como *capitalistas e proprietários*, e deparamos ainda com um dono de casa lotérica e um vendedor ambulante de loteria, além de um empregado municipal. (Silva, 1991, p. 27, grifo nosso)

E, quanto ao Rio, acrescenta:

> No Rio de Janeiro, pela lista dos associados da Caixa de Socorros D. Pedro V datada de 1867, verificamos igualmente que o grupo social mais representado trabalhava no comércio: *de 768 associados, 255, ou seja, 33,2%, eram negociantes e 192, portanto 25%, caixeiros*. Eram 10 os guarda-livros. *O leque profissional era, contudo, bastante amplo*. Contam-se, além de 84 trabalhadores, provavelmente jornaleiros entregues a todo o tipo de tarefas braçais, abridores, alfaiates, artistas, barbeiros, canteiros, capineiros, carpinteiros, carroceiros, chapeleiros, charuteiros, cigarreiros, cobradores, cocheiros, cozinheiros, domésticos, encadernadores, enfermeiros, fabricantes, ferreiros, foguistas, fundidores, hortelões, jardineiros, jornalistas, marceneiros, maquinistas, marmoristas, médicos, mestres-escolas, operários, ourives, padeiros, pedreiros, pintores, professores, sacristães, serradores, serralheiros, tanoeiros, tipógrafos e tratantes, além de alguns poucos ligados à agricultura como fazendeiros, feitores ou lavradores. (p. 27, grifo nosso)

Por outro lado, denotando a índole de urbanita do lusitano, Silva (1991) complementa:

> Há que chamar ainda a atenção para um *fato importante*: mesmo aqueles que eram lavradores na sua terra natal e chegavam ao Brasil para se dedicarem à agricultura, *sempre que podiam, procuravam os grandes centros* onde encontravam melhores salários para o seu trabalho. (p. 28, grifo nosso)

No que diz respeito à cultura de negócios do comércio, Lobo (2001), dá um quadro bem realista, com base de dados do Rio, e invoca a denúncia de um lusófobo para ilustrar o quase hegemônico domínio português no comércio.

> Antônio Torres, jornalista, lusófobo, *acusava os portugueses de serem proprietários de 85% das empresas comerciais do*

Distrito Federal em 1923, de darem preferência aos artigos importados da pátria, tanto para o abastecimento das suas lojas, como para seu consumo pessoal; de empregarem exclusivamente pessoal conterrâneo, de remeterem os lucros para o seu país e de fecharem os negócios e regressarem à pátria quando já estavam enriquecidos. (p. 35, grifo nosso)

No mesmo sentido, Oliveira (2002) afirma como algo fora de discussão:

Mais que dominar o comércio no Rio de Janeiro, em 1920 cerca de 39,75% dos portugueses residentes no Brasil moravam naquela cidade: de uma população total de 1.157.873 habitantes na Capital Federal, 172.338 eram de origem lusitana. (p. 35)

A opção pelo comércio parece ser inquestionável. Dr. Nuno Simões, que, em 1935, estudou as ocupações dos portugueses residentes no Brasil, distribuiu-as da seguinte forma[34]:

TABELA IV
OCUPAÇÕES DOS PORTUGUESES NO BRASIL.

SETORES	QUANTITATIVO
Comércio	71.496
Indústria	55.288
Agricultura	28.231
Marítimos	64
Diversos	327.624
TOTAL	482.703

Fonte: Adaptada de Lobo (2001).

Mais adiante, Rocha Trindade e Caeiro (2000) asseveram que, além do comércio, os portugueses participaram decisivamente dos setores industriais: "Os têxteis, a par da panificação, foram

---

34 Dados trabalhados por Rocha-Trindade e Caeiro oferecem, por um lado, um painel bem diversificado da participação no pequeno comércio e revelam, por outro, como se dava a mobilidade intersetores no comércio. "Do negócio da venda a retalho de secos e molhados passou-se assim a compra e venda por atacado, as actividades de construção e a indústria de panificação, na sua esmagadora maioria em mão de portugueses" (Rocha-Trindade e Caeiro, 2000, p. 9).

no Brasil, domínios inteiramente geridos por português" (p. 40). Outras informações acrescentam ainda que os investimentos de portugueses se dirigiram para a área de construção civil – em especial na fase de urbanização das cidades –, sendo eles proprietários de empresas de construção.

No caso do Rio de Janeiro, o presidente do Centro de Comércio e Indústria avaliou a participação e exaltou-a desta forma: "Sei e todos sabem que *uma grande área da mais bela capital do mundo – o Rio* – foi por eles edificada, afirmação de João Augusto Alves, presidente do Centro de Comércio e Industria do Rio de Janeiro (Trindade-Rocha e Caeiro, 2000, p. 42, grifo nosso).

Foram, ademais, proprietários de bancos e indústrias de bebidas, de alimentos, de saboaria, de cigarros e charutos, de torrefação de café e de destilação de álcool, entre outras.

A seguir, Lopes (2003) coloca detalhamento.

> No século XIX, foi expressiva a presença de portugueses na economia brasileira, na qual sempre ocupavam uma posição destacada na indústria, no comércio e na área financeira. Mesmo no comércio de café, eles se sobressaíam. Distinguiam-se como proprietários de agências exportadoras e como ensacadores. [...] Os portugueses ainda investiram no ramo de importação/exportação, comércio varejista de secos e molhados, vestuário, peças de ferro, louça, jóias, fabricação de vinhos e construção civil. Eram proprietários de farmácias, padarias, confeitarias, pastelarias, bares e gráficas, lavanderias, hotéis, restaurantes, açougues, mercearias, lojas de roupas. (Lopes, 2003, p. 27-28)

Ainda sobre o Rio de Janeiro, não há melhor depoimento a favor da grande presença lusa na cidade do que o depoimento do mais famoso empreendedor estrangeiro italiano no Brasil, Francesco Matarazzo,[35] que se notabilizou pelas Indústrias

---
35 Ver Costa Couto (2004).

Reunidas Matarazzo, presentes em muitos estados do país e que, certa feita, disse: "São Paulo é italiano assim como o Rio de Janeiro é português".

A despeito dessa visão, a vida da colônia em São Paulo não foi muito diferente, como assevera Freitas (2006, p. 85), ao compilar a Tabela V abaixo, extraída do *Álbum da Colônia*:

TABELA V
RAMOS DOS ESTABELECIMENTOS COMERCIAIS DE PORTUGUESES NA CIDADE DE SÃO PAULO EM 1929.

RAMO DO ESTABELECIMENTO	QUANTIDADE
Secos e molhados	26
Ferragens e tintas	19
Fazendas por atacado	13
Padaria e confeitaria	11
Papelaria – artes gráficas – tipografia	9
Armarinho	8
Couros	6
Comissões e consignações	6
Alfaiataria	5
Venda de terras	5
Drogarias e produtos químicos	5
Casimiras	5
Serraria	4
Calçados	4
Sedas e moda feminina	4
Brinquedos	3
Importação e representação	3
Móveis – tapeçaria – colchões	4
Vidros	3
Pianos	3
Louças – ferragens e cristais	3

Fonte: Adaptada de Freitas (2006).

Não apenas nos setores da elite empresarial os lusitanos se destacaram. Não há como negar sua inserção, igualmente, em segmentos menos importantes do desenvolvimento, tanto do

Rio como de São Paulo, na condição de força de trabalho. Pode-se, então, observar que, na escala social de oportunidades, os portugueses se incorporaram na qualidade de mão de obra no setor de transporte, nas oportunidades de empregos fabris e em serviços domésticos, estes últimos para as mulheres em especial. No que tange à área de transporte, Lobo (2001) detalha o seguinte:

> A mão-de-obra portuguesa era ainda importante no setor de transportes no Rio de Janeiro, tanto na fase de tração animal como na de tração elétrica e a vapor. Na pesquisa realizada por Ana Maria da Silva Moura, 80% das licenças de carroças de frete entre 1848 e 1853 são concedidas a portugueses. Após 1853 aumentam os brasileiros proprietários de carroças ao lado dos portugueses até predominarem os primeiros. A autora só encontrou três referências até 1903 de outros estrangeiros. As carroças de tração animal eram amplamente utilizadas para mudanças, venda de trastes, pipa d'água, transporte de café para o porto, material de construção, produtos da indústria e artesanato locais. Os carroceiros eram autônomos e viviam na área portuária. (p. 38)

As vidas de vários desses protagonistas anônimos da história, como dizem os estudiosos da nova história, vêm sendo hoje objeto de estudos de memória e de casos de histórias de vida.

A seguir, pequena narrativa de Lobo (2001) dá o panorama da vida de caixeiro, personagem tão presente na imigração portuguesa, com base em Eduardo Navarro Stotz, que reproduz e analisa as reminiscências dos caixeiros do Rio de Janeiro da geração de 1874, publicadas em 1925 no *Boletim da Associação dos Empregados no Comércio do Rio de Janeiro*:

> Há sessenta ou setenta anos passados, a condição do caixeiro só se distinguia da do escravo pelo fato de perceber um mísero ordenado, cinco mil réis por mês para começar. Tinha duas tardes livres por ano: dia de Nossa Senhora da Glória e Natal. "Havia

hora para fechar as portas – 10 horas – mas não havia para abri-las. Os caixeiros eram numerados: o primeiro administrava os outros e o último era da vassoura. Quando as portas se fechavam, dormiam sobre os balcões. (Lobo, 2001, p. 39)

Revelando as formas de esses jovens conviverem com tal realidade, a autora traz o testemunho de um deles, ao contornar a restrição.

> Cartas de um empregado do comércio do Rio de Janeiro revelam que ele tinha de pedir *consentimento ao dono da loja para se casar*. [...] O comércio grosso fez concessões aos caixeiros de saírem depois do jantar (geralmente às 4 ou 5 horas da tarde) e aos domingos, de quinze em quinze dias, por volta de 1876-1877. (Lobo, 2001, p. 39, grifo nosso)

Causa espécie, sem dúvida, a natureza da relação não apenas comercial e trabalhista, tão diferente daquela dos dias de hoje, haja vista a dependência que se estabelecia em relação ao dono do estabelecimento para momentos como este do casamento. Mas, num certo sentido, este seria o outro lado da moeda da aceitação do jovem que houvera sido abrigado, por meio das Cartas de Chamada já referidas anteriormente, às quais muitas vezes resultavam, também, em acertos de casamento do jovem caixeiro com a filha do proprietário da casa de comércio.

Oportunidades em outras funções urbanas não qualificadas existiriam ainda, como já referidas acima. Com a palavra Silva (1992):

> Quanto às mulheres que não acompanhavam maridos ou parentes no trabalho da lavoura, era nas grandes cidades como o Rio de Janeiro que mais facilmente conseguiam um contrato como empregadas domésticas, capazes de todo o serviço, ou então, nos anos 30 deste século, com uma atividade mais especializada como copeira, arrumadeira, dama de companhia, governante, ou roupeira. (p. 48)

Para a professora Maria Aparecida Pascal (2005), que recuperou histórias de vida na trajetória de mulheres imigrantes em São Paulo, os depoimentos obtidos dispensam comentários. Ao fazer a oitiva de D. Maria Joaquina, a senhora recordou: "Fui trabalhar de babá, de empregada (...). Eu precisava pôr um banquinho para ajudar a lavar a louça" (p. 17*)*.

Outra operária, Dona Carminda, foi bordadeira e, depois que seu pai se estabeleceu com um armazém na Barra Funda, ajudava-o no balcão. Algumas delas tiveram, no entanto, oportunidades de viajar pelo mundo, como o foi o caso de D. Maria Augusta.

Com efeito, afirma Pascal (2005): "A preferência pelas criadas portuguesas nas famílias da elite paulista era justificada por apresentarem qualidades tais como serem de confiança, trabalhadeiras e caprichosas, além de terem melhores padrões de higiene" (p. 17*)*.

Atingir essa condição de doméstica não fora a *árvore das patacas* com que sonharam. Houve também os excluídos. Aqueles que vieram ao Brasil na condição de não qualificados certamente conseguiram alguma colocação ou mesmo emprego, mas as oportunidades não foram nem nos misteres de ofícios, nem nas indústrias emergentes, nem no comércio.

Viriam a se enquadrar no que se convencionou chamar de *lumpemproletariado urbano* ou no que a linguagem institucional da época chamava de as *"sobras do arranjo social"*, referido por Scott (2001).

No texto de Scott está ainda revelado, entre outros fatos, que esta categoria social, não necessariamente exclusiva dos imigrantes portugueses, viria a ser a clientela das Associações de Beneficência e de Caridade, no caso dos lusitanos. Essas associações exerceriam, em grande medida, o papel de receber, acolher, ajudar e encaminhar seus patrícios ao mercado de trabalho.[36]

---

[36] Scott (2001), no mesmo texto, informa fazer parte de um grupo de pesquisadores binacional

Depois desse panorama da presença dos imigrantes europeus e não europeus no país, e dos portugueses em todo o Brasil e em particular no Rio de Janeiro e São Paulo, a investigação será focada no *lócus* do trabalho, a cidade do Recife. Para tanto, o capítulo IV, a seguir, avança uma retrospectiva do evolver histórico da cidade do Recife, desde o período colonial até a instalação do Império no Brasil, e sua repercussão em Pernambuco.

---

que está investigando a matéria. A bem da verdade, é o outro lado da moeda da imigração, desta feita de derrotas, de exclusão, de marginalização, prisões e deportações, em contraste com aquela dos "brasileiros de torna viagem", dos bem-sucedidos.

Capítulo IV
História do Recife e da imigração portuguesa para a cidade

Marcado como nenhum outro (a Guerra dos Mascates), pelo choque entre os princípios organizadores de uma sociedade de ordens – o nascimento, a honra, a estima – e os de uma sociedade de classes – o mérito individual, a riqueza, o sucesso. Senhores de engenho opunham-se a mercadores, filhos da terra opunham-se a portugueses, a aristocrática vila de Olinda se levantava contra o Recife dos mascates. (Souza, Laura e Bicalho *apud* Almeida Carlos, 2001, p. 49)

A Barca Portuguesa Bela Pernambucana, vinda do Porto, entrada em 22 do corrente sob comando do Capitão Manuel Francisco Ramalho, consignado a Tomás Aquino Fonseca. Manifestou o seguinte: 5 barris com carne, 12 caixas com fazendas, 1 fole de ferreiro, 1 safra de ferro, 24 quartolas com vinho, 124 feixes de arcos de pau, 26 cômodas, 947 cadeiras, 114 canapés, 1 lavatório, 1 santuário, 4 caixas com vinhos, 6 ditas com chapéus, 1 dita com castanhas, 50 barris com vinho, 15 pipas com dito, 2 feixes de folhas de louro, 1 fardinho com fazendas, 10 caixas com tamancos, 1 embrulho com meias, 1 dito com retrós, 1 dito com impressos, 1 panela com peixinhos, 2 ditas com plantas, 38 réstias de cebolas, 1 condessa com calçados, 48 arcos de pau. (Mello, 1985, p. 120)

Na minha recente (em 1929) viagem ao Brasil tive ocasião de verificar que algumas das mais progressivas indústrias estão em mão de portugueses. Visitei organizações industriais admiráveis, pertencentes a portugueses, no Rio, em Santos,

S. Paulo, na Bahia e em Pernambuco. [...] No Rio e nas demais cidades que visitei, pude informar-me de que muitas das principais casas de comércio são portuguesas. (Simões *apud* Trindade e Caiero, 2000, p. 65)

4.1. Da Oh! Linda cidade de Olinda[37] até o Império

Neste capítulo será feita uma viagem no tempo de quatro séculos sobre a história da cidade do Recife, devendo tal conjunto de informações funcionar como pano de fundo dos futuros capítulos. Os pontos relevantes dessa história começam com a cidade de Olinda.

Se não forem levados em conta os primeiros habitantes silvícolas do local,[38] a ocupação da região tem início com a colonização portuguesa por meio do sistema de capitanias hereditárias. D. João III fez, em 1534, a doação de 60 léguas de terra entre os rios São Francisco e Igarassu ao donatário Duarte Coelho Pereira. Como é sabido, a colonização portuguesa nesta fase foi de raro sucesso. Já no ano de 1584, documentos registram a existência de 66 engenhos na capitania, e, no ano de 1631, Pernambuco duplicou a quantidade de engenhos para 131 unidades.[39]

---

37 O nome Olinda, segundo o beneditino Dom Domingos Loreto Couto, decorreu de uma exclamação de Duarte Coelho, primeiro donatário da Capitania de Pernambuco, nos seguintes termos: "Ó linda situação para se fundar uma vila" e, então, assevera Freyre (1968, p. 3): "Oh linda teria se aquietado em Olinda".

38 A participação do indígena nativo não foi desprezível para a formação do Brasil, chamado pelos índios de Pindorama. Ver análise do antropólogo Darcy Ribeiro (2005) no livro *O povo brasileiro*, capítulos "Matrizes étnicas" e "O enfrentamento dos mundos" (p. 31-45). De acordo, todavia, com os objetivos da investigação em foco, a contribuição do nativo indígena não foi considerada relevante.

39 Quanto ao consumo do açúcar na Europa, escreve João Lúcio de Azevedo: "Nessa época o gasto do açúcar tinha-se generalizado, assim como o da pimenta, e ambos os gêneros de objetos de luxo que tinham sido, passavam à classe de condimentos por assim dizer indispensáveis. Deitava-se açúcar na água e no vinho, e com ele se adubava até a carne e o peixe". Em relação aos preços, informa-nos Roberto Simonsen que na Inglaterra, 1440, uma arroba de açúcar valia 18,30 gramas de ouro, que representavam 1:120$000 em poder aquisitivo de hoje, ou seja, 75$000 o quilo, em 1470, este preço havia abaixado para 45$000 e, em 1501, valia apenas 8$500 o quilo (*op. cit.*, p. 145). "No período de 1501 a 1520 – acrescentava-se ao dobro do que tinha sido na década anterior, e daí por diante prossegue a escala ascendente, só com transitórias flexões até meados do século XVII" (F. Lima, 1961, p. 98).

Reflexões do historiador econômico Ferreira Lima (1961) destacam, em toda a sua inteireza, a relevância da exploração do açúcar para o colonizador português, e em especial para o país em formação.

Tomando-se a palavra indústria no sentido da elaboração da matéria-prima e apresentação no mercado de um produto já acabado, pronto para o consumo imediato, o açúcar é o primeiro ramo industrial que existiu entre nós, não somente do ponto de vista cronológico, como também pela expansão que adquiriu e importância que ocupou no passado, chegando a ser artigo básico, tanto na produção quanto na exportação. Era ele que caracterizava o país; à sua sombra se desenvolveram outras atividades e se operou a criação das riquezas. Foi ele que deu poderio e dinheiro aos primitivos exploradores, originando-se daí a nossa primeira aristocracia rural: os senhores de engenho. Para incrementar sua produção iniciou-se a importação de negros escravizados da África, que ocupariam papel de relevo na formação do trabalhador brasileiro e em nossa constituição étnica, influindo poderosamente na formação do espírito nacional. (p. 94)

No mesmo sentido, outros autores afirmam que a região foi sede de um dos mais bem-sucedidos empreendimentos econômicos de colonização nos trópicos, através da exploração do açúcar, segundo autores como Darcy Ribeiro (2005) e Celso Furtado, que afirmou: "Pernambuco tenha sido, talvez, a mais lucrativa empresa colonial de todos os tempos" (Furtado *apud* Levine, 1980, p. 57).

Em virtude de as cidades e vilas mais importantes, como Olinda, Recife, Itamaracá, Igarassu, Cabo de Santo Agostinho, Serinhahém entre outras da Capitania de Pernambuco, terem sido sítios que abrigaram, durante os séculos XVII e XVIII até meados do século XIX, engenhos que receberam uma grande contribuição da força de trabalho negra escrava, correspondente em todo o Nordeste a três milhões de pessoas, provenientes do continente africano, operou-se na região, à semelhança da Bahia e do Rio de Janeiro, uma decisiva contribuição ao processo da formação de raças no Brasil.

Informa o historiador Bueno (1997):

> No porão dos navios negreiros que por mais de três séculos cruzaram o Atlântico, desde a costa oeste da África até a costa nordeste do Brasil, mais de três milhões de africanos fizeram uma viagem sem volta, cujos horrores geraram fortunas fabulosas, ergueram impérios familiares e construíram uma Nação. (p. 73)

Na verdade, criou-se mesmo, aqui, uma exitosa civilização do açúcar, expressão muito cara ao antropólogo Gilberto Freyre (1989), que assim se expressou: "A civilização do açúcar funda-se nesse massapê que puxa para dentro de si as pontas de cana, os pés dos homens, as patas dos bois, os alicerces das casas-grandes e das igrejas" (p. 72).

No que tange à figura do senhor de engenho, peça-chave na economia agrícola de então, nada melhor do que a observação do Padre Antonil, como o cita Ferreira Lima:

> O ser senhor de engenho é título a que muitos aspiram, porque traz consigo o ser servido, obedecido, e respeitado de muitos. E se for, qual deve ser, homem de cabedal, e governo: bem se pode estimar no Brasil o ser senhor de engenho, quanto proporcionadamente se estimam os títulos entre os fidalgos no Reino. (Ferreira Lima, 1961, p. 102)

E prossegue Antonil:

> Os senhores de engenho dependem os lavradores, que têm partidos arrendados em terras do mesmo engenho, como os cidadãos dos fidalgos: e quanto os senhores são mais possantes, e bem aparelhados de todo o necessário, afáveis e verdadeiros, tanto mais são procurados, ainda dos que não tem a cana cativa, ou por antiga obrigação, ou por preço que para isso receberão. Servem ao

senhor de engenho em vários ofícios, além dos escravos de enxada, e foice, que tem nas fazendas, e na moenda, e fora os mulatos e mulatas, negros e negras de casa, ou ocupados em outras partes; barqueiros, canoeiros, calafates, carapinas, alfaiates, carreiros, oleiros, vaqueiros, pastores e pescadores. Tem mais cada senhor destes necessariamente um mestre de açúcar, um banqueiro, e um contra banqueiro, um purgador, um caixeiro no engenho, e outro na cidade, feitores nos partidos, e roças, um feitor-mor do engenho; e cada qual desses oficiais tem soldado. (Ferreira Lima, 1961, p. 102)

É ainda a respeito de Olinda e Recife que foram escritas algumas das primeiras produções literárias em língua portuguesa versando sobre o Brasil. Bento Teixeira Pinto, na sua *Prosopopéia*,[40] cunhou a expressão "Nova Lusitânia" para referir-se a Olinda, e Antonil[41] registra a ostentação de Olinda, ao lado da economia e da vida social dos engenhos em Pernambuco.

Recife foi, também, alvo da cobiça dos batavos que, após terem invadido e incendiado Olinda (cidade sede da capitania hereditária de Pernambuco), resolveram transformar o arruado do porto do Recife na sede do domínio holandês (1630-1654) de então. A presença holandesa no Recife, especialmente durante o governo do conde João Maurício de Nassau (1637-1644), futuro príncipe de Nassau Siegen, exerceu um forte impacto na formação do burgo em gestação.

4.2. Cidade Maurícia

Em 1631, os holandeses desembarcaram na praia de Pau Amarelo, invadiram Olinda, incendiaram-na e se estabeleceram no porto do Recife, que até aquela oportunidade servira simplesmente

---

[40] Bento Teixeira Pinto, autor português radicado no Brasil cuja obra, *Prosopopéia*, foi escrita em homenagem ao então donatário da capitania de Pernambuco, Jorge de Albuquerque Coelho, e publicada em 1611.

[41] André João Antonil, jesuíta, publica, em 1711, na cidade de Lisboa, a obra *Cultura e opulência do Brasil por suas drogas e minas*.

como escoadouro da produção de açúcar. Em 1637, chega o novo governador holandês, Conde João Maurício de Nassau, visto por Bueno como um governante: "Tolerante, competente, dedicado e ágil, Nassau fez um governo brilhante. (...) O povo o comparava a Santo Antônio, a quem ninguém recorria sem se ver atendido" (Bueno, 1977, p. 59).

Sua opção por Recife é narrada pelo geógrafo Josué de Castro nos seguintes termos:

> Começou o novo governador por ir habitar a ilha de Antônio Vaz, sendo, sob sua orientação, traçado iniciado um plano da ilha, para levantamento da cidade, que os conselhos políticos decidiram chamar de Mauritzstadt, em homenagem ao seu fundador. Essa área passou a ser o centro cívico do núcleo urbano, situação que hoje ocupa na estruturação funcional da cidade do Recife. Antônio Vaz era uma ilha colocada estrategicamente entre os dois rios – o Capibaribe e o Beberibe – em cujos vales prosperava maravilhosamente a indústria do açúcar, cujo produto descia em barcaças por seus leitos navegáveis e situada em frente ao porto natural, abrigado a curta distancia dos arrecifes – numa situação verdadeiramente ideal. (Castro *apud* Singer, 1978, p. 282)

A análise de Castro apresenta, ainda, outras razões:

> O sistema defensivo da cidade Maurícia, composto do lado que olha para o continente, em alimento quebrado, com fossos e paliçadas e com seus batiões a distâncias regulares, é absolutamente idêntico ao que se apresentava cercando Amsterdã, bem mais ampla, de 1667... do lado de fora desta muralha, na parte norte da ilha, fez Nassau levantar o seu famoso castelo de Vrijburg (Cidade da Liberdade), com suas duas altas torres, servindo uma de farol, que era avistado do mar, numa distância de 5 a 6 milhas. Ao lado do palácio, uma ampla área do terreno... plantou Nassau o Jardim Botânico da cidade... foi para esse parque que Nassau transportou 700 coqueiros adultos, os quais, já no ano

seguinte frutificavam com abundância. Do lado oeste da cidade, voltado para o continente, levanta Nassau seu outro palácio (o de verão), chamado castelo da Boa Vista. Ligou também esse notável administrador à cidade Maurícia ao Recife e ao continente, por meio de duas pontes, procurando destarte solidarizar as diferentes vias de comunicação que convergiam para o porto. As linhas de orientação dessas pontes marcavam a direção da expansão da cidade e, quando depois, com a expulsão dos holandeses, o plano nassoviano foi abandonado e voltou-se ao desarranjo e à vontade do crescimento à portuguesa, sempre uma diretriz nesse crescimento, do qual resultou ser o Recife ainda hoje uma cidade radioconcêntrica, como a planejaram tornar no futuro os grandes urbanistas dos países baixos. (Castro *apud* Singer, 1978, p. 282)

A escolha do território do Recife como sede do governo denunciou uma visão distinta da portuguesa, que preferira situar a sede de seu governo nas colinas de Olinda, como uma estratégia de defesa. Os holandeses, ao decidirem por Recife, indicaram, em primeiro lugar, domínio de tecnologia de edificações de cidades em áreas de baixios e rios, como é o caso das cidades holandesas, e, em segundo, uma opção de racionalidade econômica nova, voltada decisivamente para a exportação, sem preocupações de se estabelecerem em definitivo no sítio, como fizera o colono português.

De acordo com Gonsalves de Mello, autor do livro clássico *Tempo dos flamengos*, os holandeses moveram-se unicamente pelo propósito de explorar a riqueza: "Os holandeses não se tinham apoderado do Brasil com a intenção de colonizá-lo (...) para aqui se transferir com as famílias e estabelecer um renovo de pátria: movia-os, sobretudo o interesse mercantil" (Mello *apud* Bueno, 1997, p. 64).

O futuro príncipe governou a capitania apenas sete anos (1637-1644), mas introduziu grandes inovações, além da mencionada acima, no âmbito urbanístico. Trouxe, na sua corte, profissionais, cientistas, artistas e pintores, os quais revelaram e divulgaram para a Europa de então o conhecimento da geografia, da flora, da fauna e dos costumes e hábitos dos indígenas, habitantes deste novo mundo, o mundo das Américas.

Sobre esses eruditos, diz Rezende (2005):

> O grupo de sábios e letrados trazidos por Nassau deu contribuições até hoje importantes. Guilherme Piso escreveu a *História Natural e Médica da Índia Ocidental* e Marcgrave, *História Naturalis Brasilae*, que revelou aspectos desconhecidos da natureza do Brasil. Estudos sobre a fauna e a flora existentes foram desenvolvidos, além de análises das doenças tropicais e suas possíveis curas. Dois pintores, Frans Post e Albert Eckhout, retrataram as paisagens e os tipos humanos brasileiros. Além disso, Nassau estimulou a produção em outras áreas do conhecimento, chegando a construir o primeiro observatório astronômico aqui existente. (p. 46-47)

Em 1654, os holandeses[42] são expulsos da capitania, e este evento criou no imaginário do povo pernambucano a ideia de nação brasileira formada da luta contra esses estrangeiros, devido aos esforços das quatro raças presentes na capitania: o mazombo nascido no Brasil, de nome André Vidal de Negreiros; o índio Antônio Felipe Camarão, o branco João Fernandes Vieira, nascido na ilha da Madeira, e Henrique Dias, de origem negra.

Com a derrota dos batavos,[43] o Recife já abrigava 6.000 habitantes e despontava como a segunda cidade brasileira, e uma das mais

---

42 No tocante à presença holandesa e sua influência em Pernambuco, existe uma grande produção de estudos e pesquisas nos mais diversos campos. Da bibliografia sugerida por Rezende (2005), destacamos as seguintes obras: BARLÉU, Gaspar. *História dos feitos recentemente praticados durante oitos anos no Brasil*. Belo Horizonte/São Paulo: Itatiaia/Edusp, 1974; CASTRO, Josué de. *A cidade do Recife* – ensaio de geografia urbana. Rio de Janeiro: Casa do Estudante do Brasil; MELLO, Evaldo Cabral de. *Olinda restaurada*: guerra e açúcar no Nordeste (1639-1654). São Paulo/Rio de Janeiro: Edusp/Forense, 1975; *Rubro veio*. 2ª ed. Rio de Janeiro: Topbooks, 1997; Mello, José Antônio Gonsalves de. *Tempo dos flamengos*. 3ª ed. Recife: Massangana, 1987; SILVA, Luiz Geraldo da. *O Brasil dos holandeses*. São Paulo: Atual, 1997.

43 A despeito da derrota, quase um século depois, as diplomacias portuguesa e holandesa firmaram um acordo do qual resulta uma indenização para o país baixo. Assim, informa Bueno: "Em 1611, a Holanda recebe quatro milhões de cruzados de Portugal e retira-se definitivamente do Brasil" (1977, p. 314).

modernas sob o ponto de vista urbanístico. Durante o próximo século, a emergente burguesia[44] comercial recifense, de origem portuguesa, substitui os holandeses no financiamento das safras de cana para o açúcar, e enriquece às custas da chamada nobreza açucareira e, assim, altera-se, da mesma forma, o cenário político, social e econômico da nascente cidade, como informa Rezende (2005):

> Houve uma marcante imigração de portugueses para o Brasil com o fim da União Ibérica, desligando Portugal da Espanha. Muitos vieram em busca de riqueza, com objetivos de fixar-se na colônia e nela investir suas economias. Outros, como funcionários da administração colonial, burocratas encarregados de melhorar os lucros da metrópole, ou militares, com a finalidade de manter a ordem ou combater os possíveis invasores. Mudava, portanto, a população colonial e em alguns lugares tornava-se mais densa. É visível o crescimento do Recife na primeira metade do século XVIII. Em 1711, estima-se que 16 mil pessoas moravam no Recife, enquanto em 1745, a população chegava a 25 mil habitantes. Não é de se estranhar o crescimento. O porto mantinha sua importância e o comércio prosperava. Muitos desses portugueses vindos para o Brasil, estabeleceram-se nas terras recifenses, substituindo os holandeses no financiamento da produção do açúcar e no tráfico de escravos. (p. 52)

O Recife conheceu, nas décadas seguintes, o protagonista comercial tratado como mascate, o qual tomará parte ativa no progresso da cidade.

Graças à prosperidade da cidade, em 19 de novembro de 1709, em Carta Régia,[45] outorga-se privilégio de Vila ao

---

44 A expressão burguês usada aqui deriva da conceituação de Florestan Fernandes, segundo o qual o burguês no Brasil surge como típico morador das cidades (burgo), desempenhando dois papéis: "seja como agente artesanal inserido na rede de mercantilização da produção interna, seja como negociante não importando muito seu gênero de negócio: se vendia mercadorias importadas, especulava com valores ou com o próprio dinheiro" (Fernandes, 1975, p. 18).

45 Carta Régia de 19 de novembro eleva a condição de vila o povoado do Recife, onde dominavam os portugueses (Melo, 1985).

povoado do Recife, reforçando a expressão política dos reinóis, moradores do então povoado, e assim irrompe, em 1710, a Guerra dos Mascates, que significou o recurso à via bélica para resolver o conflito de interesse entre o engenho e a loja, vale dizer, entre a classe dominante portuguesa abrasileirada, já estabelecida na economia da cana, e o novo imigrante português burguês em gestação, oriundo daquele fluxo migratório acima referido. A respeito do conflito, o historiador Evaldo Cabral de Mello (1995) declara:

> A confrontação entre a loja e o engenho tendeu principalmente a assumir a forma de uma contenda municipal, de escopo jurídico-institucional, entre um Recife florescente que aspirava à emancipação e uma Olinda decadente que procurava mantê-lo numa sujeição irrealista. Essa ingênua fachada municipalista não podia, contudo resistir ao embate dos interesses em choque. Logo se revelou o que realmente era, o jogo de cena a esconder numa luta pelo poder entre o credor urbano e o devedor rural, oposição mais intensa entre nós do que em qualquer outro rincão da América portuguesa. (p. 123)

Como resultado desse papel de intermediário no financiamento da produção da lavoura da cana associado ao fato de ser o Recife um centro importador de produtos do reino, em Pernambuco, os reinóis viverão em estado latente de conflito com a açurcarocracia (expressão empregada por Mello para referir-se à classe dominante do açúcar) e tal tensão perpassará todo o período colonial e se manifestará, aqui e acolá, sob outros pretextos, somente encerrando-se no período da República. Retornando à atmosfera da Guerra dos Mascates, é interessante fazer-se dois registros.

Em primeiro, definir o que era considerado mascate nesta fase da economia das cidades rivais e, em segundo, revelar o grau de tensão existente entre as duas cidades, ou classes.

A caracterização da figura mascate está bem elaborada no texto abaixo, publicado em 1914, na cidade de Lisboa, de autoria de Dr. Vicente Ferrer (1914):[46]

> Nas sociedades atrasadas, que ainda não gosão todos os benefícios da civilização; quando os habitantes estão espalhados em vastas propriedades distantes dos poucos centros populosos, sem fácies comunicação, o commercio ambulante, a mascateação necessariamente sobreleva. [...]
>
> Sob esta alcunha entrarão na história e com ella devem ficar os habitantes do Recife, em 1710, que na defesa de sua justa causa, tanto e tão dignamente lutarão contra a nobreza de Olinda. [...]
>
> Na própria cidade, o commercio sedentário, ou fixo era mais o de grosso e importador do que o retalhista, porque a vida quasi reclusa da família não permittia que as senhoras, mesmo de avançada idade, saíssem a fazer compras. [...] Nos tempos coloniaies, o mais freqüente, o usual, era o mercador ir a casa do nobre, na cidade ou no campo, vender-lhe tudo... Desde os víveres até aos custosos pannos. Por isso a mascateação era a forma comum de comerciar. (p. 43)

Já quanto à animosidade, a peça abaixo, embora de autoria de um padre, retrata, com tintas fortes, o ambiente:

> Posto que alguns portugueses para Pernambuco viessem que, já pela sua educação, já pelo seu nascimento e já pela índole de que eram dotados faziam justiça aos naturais do país e fraternalmente os tratavam, eram um número tão limitado que se perdiam no meio do turbilhão de aventureiros aurissedentos, que, todos os anos, nus e miseráveis, aportavam no hospitaleiro Pernambuco. Desta gente, pois, a mais abjeta de Portugal, ignorante e sobremaneira mal-educada, abundava esta província, chegando a Pernambuco,

---

46 O próprio autor se intitula como Doutor e, na citação, foi mantida a grafia original do texto, do ano de 1914.

esses forasteiros conseguiam, a troco de algum trabalho pessoal adquirir quatro ou seis mil-réis; com este fundo, compravam cebola, alho, etc.; e carregados destes gêneros saiam a vender pelas ruas e freguesias do interior. Deste giro mesquinho se procediam bem e não se embriagavam continuamente, os seus patrícios (que tinham como ele principiado) os livravam, fiando-lhes fazendas para venderem aos moradores do campo e, assim, arvorados em mascates, em breve aqueles estúpidos, que em Portugal nem para criados serviam, tornavam-se capitalistas e, esquecendo-se dos seus princípios, julgavam-se superiores à nobreza do país que tão benignamente o acolhera e que, entregue ao honorífico trabalho agrícola, os honrava e favorecia liberalmente em todas as ocasiões.
(Leitão *apud* Mello, 1995, p. 130)

Apesar das pressões políticas, a açucarocracia não consegue vencer, e a Coroa portuguesa apoia o Recife, que verá sua economia e seu comércio expandirem-se durante todo o século XVIII, objeto do item seguinte. Em meados do século XVIII, Pernambuco já possuía mais de 250 engenhos. O cenário econômico era tão favorável que, em virtude desta situação, a Companhia Geral de Pernambuco e Paraíba foi instalada.[47]

Segundo Almeida Carlos (2001), "Pernambuco, em 1751, possuía 276 engenhos e após a instituição da companhia, já em 1761 possuía 268. O grande número de engenhos reflete a importância do açúcar para a região e para o comércio colonial" (p. 29).

Na verdade, em torno da decisão de instalação da Companhia em Pernambuco, é relevante consignar que ela não foi uma medida tomada unilateralmente na Corte em Lisboa. Foi fruto, também, de

---

[47] Diz Érica Almeida Carlos (2001): "No reinado de D. José I foram criadas seis companhias portuguesas nos moldes das companhias européias: Companhia do Comércio Oriental e Companhia do Comércio de Moçambique, para o comércio Indico; Companhia da Agricultura das Vinhas do Alto Douro e Companhia das Pescas do Algarve, atuando na metrópole; Companhia Geral do Grão Pará e Maranhão e Companhia Geral de Pernambuco e Paraíba, destinados ao comércio atlântico" (p. 39).

demandas dos comerciantes e produtores locais, que enxergavam a medida como uma forma de melhor se relacionarem com o comércio internacional. O resultado foi, entretanto, frustrante nesse aspecto.

A Companhia foi criada e funcionou de fato entre os anos de 1759 a 1780, mas, ao invés de conceder maior liberdade à colônia, reforçou os controles tanto da exportação do açúcar, como da importação de escravos da África, gêneros alimentícios e produtos manufaturados da Europa. As resistências da elite local não foram, todavia, pequenas, de tal maneira que a instituição não chegou a completar vinte anos de existência. Além do mais, vários empreendedores locais não conseguiram honrar seus compromissos com a Companhia e assumiram débitos futuros. De fato, como acentua Almeida Carlos (2001), não se pode olvidar que a criação da Companhia se deu no contexto da política mercantilista do Marquês de Pombal, cujo objetivo era o de reforçar o domínio da Coroa portuguesa sobre as colônias.[48]

Para efeito da atuação do empreendedor lusitano nos negócios, foco da pesquisa, é muito importante assinalar que esta iniciativa é mais uma, que vai se juntar a outras, de controle e de severidade de tributação, de privilégio e proteção para seus súditos, conforme assinala Caldeira (1997), e mesmo de abusos do reino português. Todos esses fatores juntos ajudaram a criar e reforçar o crescente espírito anticolonialista e, por via de consequência, antilusitano, que, na capitania, se forjava, fenômeno esse, aliás, muito importante para se entender a atmosfera que o empreendedor

---

48 A política colonialista de Portugal para o Brasil foi bastante danosa, cabendo aqui destacar o celebre Alvará de 1785, que fechou as fábricas e oficinas existentes no Brasil e proibiu seu funcionamento. A respeito da Companhia de Pernambuco e Paraíba, ver texto de Almeida Carlos (2001). Por outro lado, vale a pena destacar que, neste século, se dá, também, a descoberta das minas de ouro em Minas Gerais e, assim, muito dos interesses dos colonizadores deslocam-se para essa nova área de exploração, iniciando-se assim o ciclo do ouro, terceiro ciclo da economia colonial do Brasil, sucedendo o ciclo do pau-brasil e o da cana-de-açúcar, objeto de interesse do presente estudo.

português encontrava quando aqui chegava a partir da expulsão dos holandeses.

No que tange à dinâmica da economia açucareira, quatro aspectos que a caracterizaram merecem ser discutidos para uma melhor compreensão do papel do imigrante português, nesse processo, durante os séculos XVI, XVII, XVIII e XIX.

Em primeiro lugar, convém sublinhar que o açúcar foi, desde o início, uma *commodity* voltada a suprir o mercado externo e, como tal, exposta às flutuações tanto do lado da demanda, como foi o caso da baixa procura em razão da concorrência da plantação de açúcar no Haiti quando os holandeses levaram a cultura da cana para lá, e, como foi, ainda, o caso da extração em larga escala do açúcar de beterraba, no início do século XIX, na Europa. Ao longo do ciclo, houve, da mesma forma, vários episódios, de demanda em alta, haja vista o caso da expansão do consumo do açúcar no início da Revolução Industrial na Europa, fenômeno assinalado por Singer (1984).

Em segundo, é interessante destacar, como fizeram Furtado (2003) e Alencar (1979), que, diferentemente do futuro plantador de café de São Paulo, que dominava todo o processo produtivo, até mesmo o mercado do ciclo do café, o produtor do açúcar, ou senhor de engenho, foi simplesmente o elo inicial do processo da produção da matéria-prima e, durante a fase colonial, o mercado, ou melhor, o conhecimento das necessidades do mercado esteve sempre nas mãos dos comissários ou trapicheiros do açúcar, na verdade portugueses habilitados pelo reino para fazerem essa mediação.

Em terceiro, Furtado (2003) ressalta ainda que o colonizador não necessariamente enfeixava em suas mãos o ciclo produtivo do açúcar. Daí porque, mesmo antes do período holandês no Brasil, Portugal já levava o açúcar bruto ou mascavo para a Europa, e na Holanda é que lhe era adicionado valor agregado, através de técnicas mais aprimoradas de processamento, gerando, como produto final, o açúcar refinado.

Por fim, um quarto ponto demanda esclarecimento. Furtado (2003) assinala que, apesar de tais restrições, a produção açucareira foi altamente lucrativa para todos, e, com certeza, o maior beneficiário do excedente gerado não foi o produtor, mas, sim, no âmbito local, o intermediário lusitano. Diz o autor:

> Se a plena capacidade de autofinanciamento da indústria não era utilizada, que destino tomavam os recursos financeiros sobrantes? É óbvio que não eram utilizados dentro da colônia, onde a atividade econômica não-açucareira absorvia ínfimos capitais. Tampouco consta que os senhores de engenho invertessem capitais em outras regiões. *A explicação mais plausível para esse fato talvez seja que parte substancial dos capitais aplicados na produção açucareira pertencesse aos comerciantes.* (Furtado, 2003, p. 52, grifo nosso)

Com efeito, o comissário foi, como se diz hoje, um *player* fundamental na economia colonial do Brasil. A despeito de ser um texto dedicado às ações do comissário na área do café, as reflexões de Faoro (1975) cabem, em grande medida, no contexto da economia açucareira, como se verá a seguir:

> Existe um grande capítulo na história econômica do Brasil, o que circula em torno do comissário, turvado, ensombrecido, esquecido. Dele, comerciante urbano, se irradiara a energia, o sangue e a vibração que vivificam a fazenda, ditando a quantidade e a qualidade do plantio. Senhor do crédito será o senhor da safra, decretando a grandeza ou a ruína do fazendeiro. Congregando e reunindo na cidade, junto ao exportador, ligado ao ensacador, comércio essencialmente nacional, constitui interesses nem sempre coincidentes ao do fazendeiro. O agricultor encomendava ao comissário, por conta da safra futura, as ferramentas, o sal e a pólvora, os gêneros alimentícios, o mobiliário, incumbindo-o

de adquirir escravos e mulas. Se infiel o comissário perdia o bom nome entre os produtores, preparando sua ruína. Perdulário o fazendeiro, ousado no empreendimento, seria reduzido à modicidade pelas advertências e conselhos. O fazendeiro, quando visita o Rio de Janeiro, recebe as atenções pessoais do comerciante, que lhe aluga alojamentos, fornece-lhe meios para a pompa transitória, atenções dispensadas ao filho do agricultor, na escola ou nas suntuosas férias. [...] Não seria exagerado afirmar que a grande lavoura do Brasil – escreve Afonso de E. Taunay – fora feita, em magna pars, pelo comissariado do Rio e de Santos. Num país sem crédito agrícola, não podiam os banqueiros financiar a produção do interior, fornecendo aos fazendeiros os recursos que, inspirados, as mais das vezes, pelas circunstâncias pessoais, lhes davam os comissários. Fora, pois, o comissariado verdadeira alavanca do progresso e o maior contribuidor da zona fluminense, figurando entre os vanguardeiros da civilização brasileira. (p. 413)

Há, todavia, uma diferença relevante. Na economia cafeeira, o comissário era um homem da economia local e brasileiro, que dominava todo o processo produtivo, ao passo que, na economia do açúcar, o comissário era um lusitano. A afirmativa abaixo lança luzes sobre o assunto:

Havia, também, outra diferença fundamental entre a lavoura açucareira e a do café. Enquanto na primeira a produção e a comercialização eram fases isoladas, na segunda havia uma interação entre as duas etapas: Desde o começo, os primeiros líderes da marcha pioneira não se limitavam a organizar e dirigir as plantações de café. Eles eram também compradores da produção do conjunto de proprietários de terras. Eles exerciam as funções de um banco, financiando o estabelecimento de novas plantações ou a modernização de seu equipamento, emprestando aos fazendeiros em dificuldades. (Silva *apud* Alencar et al., 1979, p. 158)

E conclui Alencar et al. (1979): "Como comissários (comerciantes), os produtores desempenharam uma função importante até o final do século, quando as casas comissárias e os bancos assumiram seu papel" (p. 158).

Dentro deste enfoque, Eisenberg (1977) revela o contexto de Pernambuco:

> No ocaso do século XIX, o número de correspondentes variava com a safra de açúcar: nos anos magros havia menos de 30 correspondentes nas listas de almanaques do Recife e nos anos fartos chegavam a uma centena. Com 1.500 a 2 mil engenhos na província, um correspondente mediano poderia prestar serviços a 70 clientes. (p. 91)

Prosseguindo na linha do tempo, os historiadores informam que, nesse mesmo período do século XVIII, o Recife consolidou definitivamente sua posição relevante no *hinterland* que o cerca, passando a ser a capital regional do Nordeste.[49]

> É provável que, neste período que deve corresponder à primeira metade do século XVIII, tenha aumentado a importância de Recife como centro de distribuição de artigos importados, ampliando-se sua função por uma área maior que antes, quando seu hinterland se restringia às áreas açucareiras da zona da mata. Recife deve ter começado a assumir, nesta época, o seu papel de capital regional do Nordeste. (Singer, 1974, p. 278)

À sombra do comércio florescente no porto do Recife, assistiu-se, também, à possibilidade de imigrantes enriquecerem e desfrutarem de prestígio social. A trajetória empreendedora narrada a seguir é bem ilustrativa dessa atmosfera. Eis a história, resumida, de Fernandes de Matos e suas realizações:

---

[49] O conceito do Nordeste é uma criação do século XX. No tempo do império, a geografia regional do Brasil era muito mais simples: havia apenas Norte e Sul. O Norte abrangia as áreas de grande lavoura de exportação, do Maranhão à Bahia, especializadas no açúcar e no algodão, com suas *hinterlândias* pastoris; e o que posteriormente viria a ser designado por Amazônia, dependente da extração da borracha (Mello, 2003, p. 10).

Era homem de princípios humildes, mestre pedreiro de ofício em 1671, que ao morrer, trinta anos depois, em 1701, era dos homens mais ricos de Pernambuco, o que equivale a dizer, um dos mais ricos do Brasil. (Mello, 1991, p. 30)

A confirmar essa importância, Evaldo Cabral de Mello escreveu:

> A despeito do nome castiçamente plebeu, Matos deveria merecer na crônica recifense um lugar quase tão eminente quanto o que se atribui ao Conde de Nassau ou, no século XIX, ao Conde da Boa Vista. Iniciando a vida na forma subalterna de pedreiro Fernandes de Matos logo estendeu suas atividades a todos os setores da economia regional. Construção civil, especulação imobiliária, propriedade imóvel rural e urbana, navegação, tráfico de escravos, exportação e importação, comércio em grosso e varejo, arrematação da cobrança de impostos, agiotagem, aprestamento das frotas, criação de gado. O elenco dos monumentos civis, militares e religiosos que construiu, ampliou ou reparou no Recife denota, para além do gosto do empreendimento e da paixão do ganho, um verdadeiro projeto de promoção da cidade que o holandês fundara, mas que a restauração reduzira à condição anterior de mero porto de Olinda. [...] Projetos cujas representações físicas revelam a pujança da comunidade mercantil que ali habitava: Igreja e Convento do Carmo, Hospital do Paraíso, Colégio da Companhia de Jesus e a anexa Igreja de Nossa Senhora do Ó, Igreja e Convento da Madre de Deus, Capela Dourada da Ordem Terceira de São Francisco e ainda o aterro do extremo sul da península do Recife, onde construiu a Fortaleza do Matos, o Quartel do Largo do Paraíso, as obras do porto e das pontes, a Casa da Moeda, a Reforma do antigo Palácio de Nassau, o Palácio das Torres além do Arco e da Capela do Bom Jesus. (MELLO, 1981, p. 31)

Continuando, durante a segunda metade do século XIX, a cidade do Recife experimentou modificações em todas as esferas, desde a política até a de configuração urbana.

No plano internacional, o mundo discutia e vivia novas experiências políticas, desde a Revolução Francesa, em fins do século XVIII, às independências de nações do continente americano e à engenhosidade política da federação experimentada pela América do Norte.

O mundo conheceria, ainda, mudanças na esfera da economia, com a consolidação, ao longo dos séculos XVIII e XIX, da Revolução Industrial, que redefiniria todo o processo de produção, acumulação e distribuição de riqueza no mundo, até então conhecido, e os princípios do capitalismo industrial substituiriam os paradigmas do capitalismo mercantilista até então vigente. Como seria previsível, a expansão dessas novas ideias e práticas econômicas alcançaria o Brasil e repercutiria, profundamente, no país e nos seus centros mais avançados, entre os quais as cidades do Recife e sua vizinha Olinda.

Já no âmbito nacional, o país passava, também, por mudanças expressivas. Em primeiro lugar, o Rio de Janeiro acolhia a presença do rei Dom João VI, e tal acolhida engendrou mudanças em vários aspectos da vida da cidade e a da colônia, cabendo ressaltar a edição do Alvará de 1º de abril de 1808, que revogou o de 1785, que proibira a instalação de manufaturas no Brasil, complementando, desse modo, a Carta Régia de 1808.

4.3. Recife no império

A nação brasileira experimentou a fase imperial durante o intervalo de 1822 a 15 de novembro de 1889, data esta, a partir da qual o país proclamou a República. Tais alterações, ocorridas no contexto político nacional, tiveram a participação direta e indireta dos pernambucanos do Recife ou de Olinda e, na mesma medida, repercutiram na Província.

Mas, e o Recife, como se apresentava? Quais seus indicadores de desenvolvimento? O que se passava na formação da cidade? Como era a atmosfera da cidade? Em 5 de dezembro de 1823, a vila do Recife foi elevada à condição de cidade, e de capital em 1827. As freguesias principais da cidade eram: Recife, Santo Antônio e Boa Vista, e sua população passa da casa de 25 mil para 40 mil habitantes. Em 1866, segundo Singer,[50] teria uma população de aproximadamente 80 mil. Na verdade, Recife era a terceira cidade em importância no país, no dizer de Scully e de Almeida Carlos (2001):

> Os estudos acerca do Brasil colonial permitem apontar quais eram as regiões brasileiras que eram principais fontes de exportação e importação para Portugal. Tais regiões eram o Rio de Janeiro, Bahia e Pernambuco e perfaziam 78,4% de todas as exportações portuguesas para as colônias e exportavam 83,7% para a metrópole. (p. 26)

A cultura do algodão, ao lado da do açúcar, vai desempenhar e também exercer forte papel no dinamismo da economia citada no período, como salientou Singer (1974):

> Com a revolução industrial, no último quartel do século XVIII, o algodão tornou-se a fibra de maior uso na indústria têxtil inglesa, roubando a primazia à lã e ao linho. Desenvolveram-se, em conseqüência, as plantações de algodão nas colônias americanas e também no nordeste brasileiro. (p. 281)

Com efeito, o algodão alcançou, em determinados anos, melhor posicionamento de exportação do que o açúcar.

Diz Singer (1974) que, durante "os anos de 1805, 1815 e 1819, o Recife ocupa o primeiro lugar dos portos do Brasil graças à

---

[50] Scully, escrevendo, em 1866, diz: "Pernambuco – que considera composta por Recife, Boa Vista, Santo Antonio e Olinda – é a terceira cidade em importância no império, sendo a população reunida das quatro cidades de cerca de 80.000. Nesta altura Recife é apenas superada pelo Rio de Janeiro e por Salvador, cujas populações são dadas, por Scully como sendo, respectivamente, de 400.000 e 180.000 habitantes" (Singer, 1974, p. 282).

exportação do açúcar e do algodão" (p. 290) e, posteriormente, no período de 1861 a 1870, o algodão superou o açúcar no rol dos produtos exportados do país, como informa Fausto (1994).

Considerando-se que, durante todo esse século, o algodão passa a ser um novo e importante produto da pauta de exportação de Pernambuco, surgem três consequências relevantes.

Em primeiro lugar, ocorreu o término da dependência econômica e comercial exclusiva do açúcar; em segundo, em virtude da natureza da lavoura do algodão demandar uma diferente estrutura fundiária e social baseada em minifúndios, emergiu, na região do norte da Província, um tipo de proprietário rural bem-sucedido, porém com ar menos superior que o daquele pertencente à aristocracia rural açucareira. Na visão do professor Manoel Correia de Andrade, houve mesmo uma verdadeira revolução agrária (Singer, 1974, p. 282).

Por outro lado, convém ressaltar que, além de *commodity* exportada, o algodão foi muito significativo para o desenvolvimento industrial da região, representando, inicialmente, uma indústria casada de sacaria para o açúcar e, posteriormente, uma atividade econômica de diversificação de atividades produtivas e urbanização de bairros, vilas e cidades, em especial no Recife.

Para reforçar a compreensão da economia da cidade, não se pode deixar de falar no seu porto. Localizado geograficamente em um dos pontos mais avançados da América do Sul, sobre o Oceano Atlântico, desempenhou, na época das navegações a vela e depois a vapor, papel relevante na logística do comércio da Europa, particularmente o português, com a América e o Brasil. Qualquer embarcação com destino à cidade de São Salvador da Bahia, ao Rio de Janeiro, ou mesmo a Buenos Aires, capital da Província espanhola da Argentina, ao sul da América Latina, teria que, inicialmente, aportar no Recife, e, na viagem de retorno, da mesma forma.

Já em 1584, o movimento anual do porto era de 100 navios, registra Singer (1974). Nessa condição, o Recife, além de exportador do açúcar da região, foi, desde a Guerra da Secessão na América do Norte e durante todo o século XIX, porta de saída do algodão cultivado no interior da Província e, em grande parte, da região Nordeste,[51] para a Europa. Da mesma forma, o porto recebia o tecido transformado do algodão proveniente das fábricas inglesas e, assim, o distribuía para todo o seu *hinterland*. Recebia, ainda, as novidades da Europa e escoava-as pelo resto da região.

Importa ainda destacar que a função portuária foi responsável pela importação e distribuição de alimentos – especialmente carne seca – que supriram muito da demanda dos homens que se adentravam sertão acima em busca do ouro das Minas Gerais, via Rio São Francisco, ou mesmo criando fazendas para a cultura do algodão.

É óbvio que a condição de porto foi decisiva, igualmente, para a preservação e introdução de hábitos e gostos culinários europeus tanto dos holandeses, durante o período do seu domínio, como, e sobretudo, dos vinhos, da batata e do bacalhau de sabor português e, posteriormente, dos produtos sofisticados da Inglaterra e da França. Nesse sentido, Graham (1973) comenta:

> Os brasileiros se habituavam a consumir comida estrangeira, a usar remédios patenteados para curar suas moléstias, a perfumar-se com novas essências, a encher suas casas com móveis estranhos, novidades em artigos sanitários, a iluminar as casas sem o uso do óleo, a ir e retornar da cidade mais rapidamente, a vestir-se à moda estrangeira e a adotar novos tipos de divertimentos, tudo porque os europeus davam o exemplo. (p. 117)

---

51 "O Nordeste compreende oficialmente nove estados: Maranhão, Piauí, Ceará, Rio Grande do Norte, Paraíba, Pernambuco, Alagoas, Sergipe e Bahia. Nessa área de 1.660.359 km², correspondente a 19,5 % do território nacional, vivem 47,8 milhões de pessoas, segundo o Censo de 2000, exatamente 27,7% da população do país" (Garcia, 2005 p. 23).

Nos séculos XVIII e XIX, o Brasil recebeu vários pesquisadores ilustres. Da mesma forma, o Recife hospedou visitantes ilustres, que deixaram registros interessantes dos nossos hábitos e costumes, tais como os de Maria Graham e Henry Koster, súditos da Grã-Bretanha, sem esquecer Louis de Tollenare, francês cuja *Notas dominicais* constituem registro forte dos costumes do século XIX na cidade.

A cidade do Recife acolheu, ainda, o cientista Charles Darwin, que estudou os arrecifes naturais do seu porto, em pesquisa publicada sob o título de *A muralha de pedra*, conforme informam Souto Maior e Dantas Silva (1992).

Durante quase três décadas (1837-1865), o Recife teve como presidente da Província Francisco do Rego Barros, futuro Conde da Boa Vista, contraditoriamente pertencente ao partido conservador, mas que realizou notáveis modernizações e melhoramentos na cidade, comparáveis àqueles introduzidos pelo então Conde Maurício de Nassau dois séculos antes.

Rego Barros estudara em Paris e de lá convidou um grupo de engenheiros liderados por Louis Vauthier,[52] que projetou e construiu várias obras que emprestaram dignidade urbana ao Recife. A edificação de vários desses equipamentos arquitetônicos dotou a cidade de ares de reambientação, como ressalta a historiadora Ferraz (2001). Dentre os prédios e equipamentos importantes, cabe ressaltar os seguintes: Palácio do Governo,

---

52 Engenheiro e político francês, nasceu em Bergerac no ano de 1815. Entrou na Escola Politécnica de Paris em 1834, onde recebeu o diploma de engenheiro de pontes e calçadas. Veio para o Brasil em 1839, juntamente com outros engenheiros, matemáticos, construtores de pontes, edifícios públicos, obras hidráulicas e topográficas, trazidos pelo presidente da Província de Pernambuco, Francisco do Rego Barros. Escreveu um diário que foi publicado com o título *Diário íntimo do engenheiro Vauthier, 1840-1844*, publicado pelo Serviço do Patrimônio Histórico e Artístico Nacional. Gilberto Freyre escreveu um livro sobre ele, intitulado *Um engenheiro francês no Brasil*, publicado no Rio de Janeiro, pela editora José Olympio, em 1940. Sobre o assunto, ver: ARRAIS, Isabel Concessa. *Teatro de Santa Isabel*. Recife: Fundação de Cultura Cidade do Recife, 2000; BORGES, Geninha da Rosa. *Teatro de Santa Isabel:* nascedouro & permanência. Recife: Cepe, 2000. Disponível em <htpp:/www.fundaj.gov.br>. Acesso em janeiro 2007.

Teatro Santo Isabel, Hospital de Pernambuco, Penitenciaria Pública e o Ginásio Pernambucano.

Outras ações e providências públicas inauguradas no mesmo período foram: construção de canais, estradas, pontes da Caxangá e Sete de Setembro, cemitério público de Santo Amaro, transferência da faculdade de Direito de Olinda para Recife, escola naval de formação, Torre Malakoff, Biblioteca Pública e o Gasômetro para iluminação pública.

A iluminação pública a gás foi inaugurada, solenemente, no dia 22 de novembro de 1859, quando da visita do imperador Dom Pedro II, acompanhado da imperatriz Tereza Cristina, à cidade do Recife. Os jornais locais e litogravuristas da época registraram, com detalhes, o evento (Duarte, 2005).

Mas, quem eram os atores sociais da época? Como era a pirâmide social de então?

Para começar, vale ressaltar que a cidade dava início à sua experiência de vida urbana complexa, marcada pelos interesses de duas classes espacialmente distribuídas no que Gilberto Freyre denominou de sobrados – reservados à elite – e mocambos – destinados aos pobres –, regra geral, negros, escravos libertos e pardos.

No plano da estratificação, o tecido social do período está registrado pela historiadora Amparo Ferraz (2001).

> Àquela época, sua população era formada pela aristocracia em suas gradações – os senhores de engenho que eram os donos da terra e produtores de açúcar – e entre os quais se distinguiam barões e baronesas, viscondes e viscondessas, comendadores, e outros que gozavam do prestígio e do poder políticos e detinham também os honrosos cargos públicos distribuídos pela nobreza imperial brasileira; pela burguesia – formada pelos comerciantes (importadores e exportadores) e pelos capitalistas (na maioria comerciantes que de tão ricos passavam a condição de banco,

emprestando dinheiro e investindo em empreendimentos lucrativos de terceiros, obtendo remuneração a juros e não raro, comprando títulos de nobreza que lhes rendessem a convivência entre os aristocratas). (p. 37)

E continua autora:

Os religiosos dividiam também o poder e prestígio políticos com a aristocracia. Havia ainda os estrangeiros, entre os quais se distinguiam os ingleses, empreendedores entre nós da modernidade, importando a Revolução Industrial e todo seu contexto tecnológico, urbanístico e dos costumes, e da qual éramos apenas mercado consumidor. Outro setor da população do Recife era formado pelo trabalhador livre (caixeiros, mascates, artesãos, biscateiros); e mais os escravos. Os intelectuais (jornalistas, poetas, bacharéis) estavam sempre inseridos nas classes sociais mais altas, porque a elas pertencessem por nascimento ou porque a elas ascendessem socialmente. (Ferraz, 2001, p. 37)

No ano de 1839, é fundada a Associação Comercial de Pernambuco (ACP), a qual, de acordo com Perruci (1978), terá nos seus quadros 26 fundadores, sendo 13 ingleses ou seus dependentes, o que vem representar, sem dúvida, um avanço de vida gregária muito importante na linha do que modernamente se considera capital social. A missão da agremiação girará em torno da demanda por infraestrutura para a cidade, de questionamentos sobre impostos, de contatos internacionais e arbitramentos de disputas de abalroamentos de navios no porto.

Na verdade, a ACP seria, por assim dizer, uma instituição dedicada a pressionar as autoridades, incrementar o comércio na região e estimular o associativismo empresarial.

E, os portugueses, participavam da Associação?

Sim, como indica Perruci (1978): "Em 1895, a Câmara de Comércio de Pernambuco compõe-se de 82 brasileiros, 78 portugueses, 20 ingleses, 13 alemães, 5 suíços, 4 norte-americanos, 1 sueco, 21 noruegueses e 4 franceses" (p. 145).

Reforçando essa perspectiva, de efetivo interesse dos portugueses na agremiação, Leal e Lopes (1989), autores do livro sobre os 150 anos da ACP, aduzem:

> Aliás, Portugal mesmo já oferecia um modelo para a instituição que se pretendia criar no Recife, com as prestigiosas Câmaras Mercantis [...]. É plenamente compreensível, assim, *fosse marcante a presença também dos portugueses* entre os pioneiros da idéia e os seus continuadores. (p. 11, grifo nosso)

Como se pode perceber, a economia de Pernambuco – na verdade de Olinda e do Recife – está toda centrada no comércio, em especial de exportação da produção de suas *commodities*, açúcar e algodão. Não por acaso, já em 1839, a Associação Comercial fora inaugurada. Ora, não se cria uma instituição dessa natureza por motivos fúteis.

Somente o peso e a importância das trocas comerciais e, em certa medida, a reprodução de padrões associativos portugueses podem justificar tal medida. Mas um detalhe não pode passar desapercebido. Os portugueses eram, ao lado dos sócios nativos, aqueles de maior número de associados.

Uma retrospectiva histórica de Pernambuco ficaria empobrecida se não se falasse do seu veio político. Aliás, é bom se frisar, não existiriam dinamismo e inquietação política em Pernambuco se não existisse uma economia em expansão. Em outras palavras, não existiriam tantas revoluções se a região não dispusesse de recursos para financiá-las. Na verdade, o dinamismo econômico levou a insatisfações políticas, como se verá no próximo tópico.

4.4. Do rubro veio[53] ao vapor maligno dos pernambucanos

"Um jornalista da Corte chegou a falar no vapor maligno dos pernambucanos por ser Pernambuco quem liderava as muitas das revoluções libertárias, primeiro contra Portugal e depois contra D Pedro I e até contra o manso D Pedro II", relata Garcia (2005, p. 18).

De fato, Pernambuco foi a mais nativista[54] das províncias do Brasil. Depois da expulsão dos holandeses, formou-se uma consciência de pátria que se impregnou no imaginário da população, e foi capaz de produzir quatro marcantes episódios da formação do país. O primeiro foi a Guerra dos Mascates, em 1710, e, posteriormente, no século XIX, Recife foi palco da Revolução de 1817, da Confederação do Equador, de 1824, e da Revolução Praieira, de 1854.

Boris Fausto (1994) faz uma síntese da relevância desses movimentos:

> A forma pelo qual se deu a expulsão dos holandeses impulsionou o nativismo pernambucano. Ao longo de duzentos anos, até a Revolução Praieira (1848), Pernambuco tornou-se centro de manifestações de autonomia, de independência e de aberta revolta. Até a Independência, o alvo principal das rebeliões era a Metrópole portuguesa; depois dela, preponderou a afirmação de autonomia da província em relação ao governo central, muitas vezes colorida com tintas de reivindicação social. *O nativismo em Pernambuco teve conteúdos variados ao longo dos anos, de acordo com as situações históricas específicas e os grupos sociais*

---

53 O título do item, ao repetir o nome do livro "*Rubro veio – o imaginário da restauração pernambucana*", de autoria do historiador Evaldo Cabral de Mello, presta homenagem às releituras feitas por ele dos clássicos da bibliografia sobre Pernambuco, às quais têm oferecido criativas interpretações da história de Olinda e do Recife e das contribuições dessas cidades e do estado para a formação da nação brasileira. Um detalhe: a expressão "rubro veio" é retirada de uma estrofe do Hino de Pernambuco (grifo nosso).

54 Durante o século XIX, até à Proclamação da República, o Brasil atravessou dez movimentos nativistas em diversas províncias. Desses, três ocorreram na Província de Pernambuco.

envolvidos, mas manteve-se como referência básica no imaginário pernambucano. (p. 89, grifo nosso)

Idêntica colocação é formulada por Rezende (2005): "A história do Recife no século XIX *está marcada pela luta política.* (...) Criou-se um imaginário de lutas e rebeldias" p. 77, grifo nosso). Mas, o que se formou como *corpus* de conhecimento no imaginário desse povo? Por que essas revoluções foram importantes? Quais seus objetivos, ideário e líderes? Quais as consequências e resultados obtidos? Qual a conexão desses movimentos com a economia e com o empreendedorismo português, foco da pesquisa?

A primeira questão é trabalhada no livro de Mello (1977), a partir do conceito-chave de imaginário, que seria proveniente do pensador francês Castoriadis.[55]

> O imaginário não desempenha o papel de uma superestrutura ideológica, de um epifenômeno, mas corresponde a uma dimensão constitutiva e reprodutiva das relações sociais, isto é, ao processo pelo qual os grupos sociais se instituem como tais. [...] Nesta expressão pode-se incluir *uma ampla faixa de conteúdos ideológicos* que inclui desde a invenção absoluta, como a falsificação histórica, até os simples deslocamentos de significado, mediante os quais o simbólico, linguagem do imaginário, vai criando uma sucessão interminável de conotações. (Mello, 1977, p. 18, grifo nosso)

Municiado dessa ferramenta analítica, o autor se propõe a identificar o que chamou de construção imaginária – que pode ser fruto, até mesmo, de derrapagem de significado e de mistificação histórica – que o nativismo atribuiu ao episódio da restauração pernambucana ocorrido desde a expulsão dos holandeses, lá no século XVII. De acordo com um articulado discurso de vitória, a

---

[55] Ver *L'Institution imaginaire de la societé*, de Castoriadis (1975 *apud* Mello, 1997).

sociedade pernambucana engendrou uma invenção segundo a qual, nas batalhas de expulsão dos holandeses, teria havido o momento primaveril da formação da nacionalidade brasileira.

A fundamentação do discurso é de que, aqui, teriam lutado irmanadas as raças: negra, branca e indígena, bem como, o mazombo.[56] Aqui, os comandantes das tropas dessas raças seriam líderes da nascente nação e, assim, a partir daqui, seus nomes seriam inscritos no panteão da nação como heróis e, finalmente, seus feitos seriam invocados como paradigmas de dedicação e de entrega à Pátria.

Como já referido anteriormente, esses heróis foram: o mazombo nascido no Brasil, de nome André Vidal de Negreiros; o índio, Antônio Felipe Camarão; o branco, João Fernandes Vieira, nascido na ilha da Madeira, e o ex-escravo, Henrique Dias, de origem negra. Com efeito, mesmo fora da área de influência dos historiadores locais, a invenção tornou-se consensual.

A seguir, duas colocações de historiadores nacionais demonstram a disseminação do discurso no país, a partir da Batalha dos Guararapes, local de rendição dos holandeses no grande Recife. Comenta Bueno (1997):

> Apesar de articulada e em parte conduzida por membros da alta burguesia luso brasileira, a guerra contra os holandeses passou à história como o confronto que lançou *as bases do nacionalismo brasileiro* porque o exército que enfrentou o invasor é o amálgama das três raças. (p. 63, grifo nosso)

No mesmo sentido, Caldeira (1997) afirma:

> A expulsão dos holandeses foi, graças à fraqueza de Portugal, tramada no Brasil. Na luta contra os invasores, os grupos militares tinham a cara da colônia. Havia chefes europeus como Fernandes Vieira, Vidal de Negreiros, mas também índios, como Filipe

---

56 Pessoa nascida no Brasil, filha de pais estrangeiros, especialmente portugueses, segundo Buarque de Holanda, Aurélio. *Dicionário da Língua Portuguesa*. Rio de Janeiro: Nova Fronteira, 1980.

Camarão e negros como Henrique Dias. [...] *A luta gerou uma identidade com a própria terra*. (p. 63, grifo nosso)

A reiterada reprodução desse discurso consensual no imaginário do povo pernambucano e também no do brasileiro, até mesmo com apoio do Imperador Dom Pedro II, ao longo dos séculos seguintes dá bem a dimensão do que se quer dizer quando se evoca o Recife como a terra *das revoluções libertárias*, consoante o poema *Evocação do Recife*,[57] do poeta pernambucano Manuel Bandeira, e também dá para compreender por que muitos da Corte de Dom Pedro I enxergavam nos atos de sedição emergentes nessas bandas o subversivo *vapor maligno dos pernambucanos*.

Recuperando, destarte, as ideias já mencionadas, dando conta de que o século XIX foi um período pleno de novos paradigmas em todas as áreas e que Recife e Olinda, cidades carregadas da herança de irredentismo, estavam expostas a essas novas influências, é fácil entender o aparecimento de clima propício a insatisfações. As novas mensagens políticas circulavam, e o convite à sedição era uma tentação, no dizer de Villatta (2003):

> Pernambuco assistia à circulação de livros e idéias que incitavam à sedição: da França, as idéias de Condorcet, Mably, Raynal, Rousseau, Volney, Voltaire, etc., e as constituições revolucionárias de 1791, 1793 e 1795, que eram pregadas em praça pública, em Recife; dos EUA, a Constituição (Mota, 1972, p. 31-2). As idéias de revolta eram reforçadas pelos exemplos de movimentos bem-sucedidos ocorridos em outras terras. (p. 4)

Identificando as origens, o professor Bernardes não titubeia em afirmar: "Dois acontecimentos externos constituíram importante

---

[57] Poema *Evocação ao Recife*, de autoria do poeta pernambucano Manoel Bandeira, na época residente no Rio de Janeiro. Foi feito a pedido do sociólogo Gilberto Freyre e publicado pela primeira vez em 1925, no chamado *Livro do Nordeste*, coordenado pelo mesmo Freyre e editado em comemoração ao centenário do jornal *Diário de Pernambuco*, que ainda hoje se encontra em circulação.

referência e fonte de inspiração: a independência das treze colônias da América Inglesa (1776) e a Revolução Francesa" (Bernardes *apud* Silva, 2005, p. 74).

Os padres e os maçons apregoavam a nova ordem, e, no mundo real da economia agroexportadora local, a crise do açúcar no plano internacional atingia os bolsos da açurcarocracia. Ao mesmo tempo, a dificuldade de colocação do algodão no mercado, associada com um grande endividamento dos senhores de engenho junto à extinta Companhia Mercantil pombalina e em relação aos comerciantes portugueses face a face um crescente desemprego dos homens livres e libertos na cidade, tudo, tudo conspirava contra. Por fim, o arrocho cambial e tarifário que o rei Dom João VI impunha à Província somou-se a todos esses elementos que forneceriam os ingredientes necessários para a forte tensão transformar-se em uma insurreição.

As tensões irrompem nas cidades mais importantes. Contra a Coroa portuguesa e seus súditos, moviam-se os senhores rurais e os homens livres não proprietários. No caso em estudo, o comerciante português, por ser visível e tangível, passa a ser o alvo preferencial e fácil dos revolucionários. Neste cenário deu-se a chamada Revolução de 1817, que permitiu a Pernambuco ensaiar, durante 74 dias, uma experiência de organização política e institucional inusitada nos domínios da colônia portuguesa, a qual não deixou de ser severamente aniquilada pela Corte no Rio de Janeiro, punindo com a morte alguns de seus líderes e prendendo mais de 100 pessoas envolvidas nas cadeias da cidade de São Salvador da Bahia.

Não obstante a exemplaridade das punições, as ideias revolucionárias vividas permitem aos historiadores avaliar o episódio como um movimento de grande importância no processo de emancipação política do Brasil, sendo, segundo Bernardes, a "mais ousada e radical tentativa de enfrentamento até então vivido pela monarquia portuguesa em toda sua história" (Bernardes *apud* Villata, 2003, p. 6).

O tempo passou e demorou apenas sete anos para eclodir uma outra revolta, desta feita não mais contra a Coroa portuguesa, mas dirigida ao Império brasileiro em gestação. O imaginário das revoluções libertárias é aguçado e o sentimento nativista à flor da pele, tão presente por essas terras, reacende-se como novos atores e novos conteúdos. O ano era o de 1824 e aqui se atravessou o episódio da Confederação do Equador, o qual discutiu três temas importantes do pensamento para a nação em formação: liberalismo, federalismo e a ideia de nação, como acentua o historiador Barbosa Lima Sobrinho (1998).

O Brasil convivia com a fase inaugural da independência, mas, nesse mesmo ano, D. Pedro I, imperador do Brasil, dissolvera a Constituinte por ele mesmo convocada e proclamara uma nova Constituição, plena de poderes absolutistas. Tal medida irritou os líderes políticos, intelectuais, maçons, senhores de engenho e comerciantes pernambucanos, que haviam aderido ao imperador no momento de sua proclamação. Assim, dá-se a chamada Confederação do Equador, cuja denominação denuncia, com clareza, a influência das ideias federativas norte-americanas. As províncias de Alagoas, Paraíba, Ceará e Rio Grande do Norte aderem à ideia, e instala-se, no Recife, um governo confederado, reunindo as províncias do Norte.

Frei Caneca,[58] nascido no bairro do Recife cujo nome homenageia seu pai, um pobre tanoeiro português, que já havia atuado na Revolução de 1817, produzirá peças de pensamento

---

58 Frei Joaquim do Amor Divino Caneca, conhecido como Frei Caneca. Filho primogênito de um tanoeiro português, Domingos da Silva Rabelo, e de sua esposa, Francisca Maria Alexandrina de Siqueira, incorporou ao nome o apelido que o pai ganhara por sua profissão: Caneca. A sua mãe tinha um primo carmelita, o que pode explicar que se tenha tornado noviço do Carmo e tomado o hábito em 1796, no Convento de Nossa Senhora do Carmo, onde professou no ano seguinte (1797). Ordenou-se em 1801, com a necessária dispensa apostólica de idade, pois tinha 22 anos, e passou a ser conhecido como Joaquim do Amor Divino. Criado o Seminário de Olinda, obteve autorização para cursar ali as disciplinas que a ordem não lhe havia oferecido. Frequentava a biblioteca do seminário e a dos oratorianos, em Recife, formando a sua notável erudição. Há bibliografia, nas áreas da política e da história, que aborda a contribuição de Frei Caneca tanto para o pensamento liberal nacional, quanto para a história política do Brasil. A seu respeito, disse o historiador Evaldo Cabral de Mello: "O homem que, na história do Brasil, encarnará por excelência o sentimento nativista era curiosamente um lusitano 'jus sanguinis'". Disponível em <htpp://www.wikipedia.org/wiki/frei_caneca>. Acesso em 30 mar. 2009.

libertárias de grande impacto na época, e ao longo dos anos futuros, chegando até hoje. Na verdade, o frade Caneca foi mais um dos religiosos engajados, formados no Seminário de Olinda, que se transformavam em pregadores de mudanças. Para melhor divulgar suas ideias, o Frei Caneca criou um jornal denominado *Typhis Pernambucano*.

Nesse veículo de comunicação, o frade filósofo divulga seu pensamento, discutindo temas de atualidade no período que se vivia no país, como a compreensão das ideias de nação e de pátria e, até mesmo, com a possibilidade de abrigar sem conflito e tensões, na nova nação, os lusos brasileiros e lusos portugueses que aqui preferiram permanecer após a independência do Brasil.

De acordo com Lyra (1998):

> Atravessava-se um momento político crítico e tornava-se necessário criar, principalmente, *entre os europeus residentes em Pernambuco, em particular, e nas demais províncias do Brasil, em geral, o sentimento de pertencimento à pátria de direito*, fazendo neles despertar a consciência dos deveres de cidadão, os quais não deveriam medir esforços na tarefa de promover o aumento, o lustre e a glória, tanto no físico como no moral da pátria. (p. 7, grifo nosso)

Mas a precoce antecipação de federação no país somente teve condições de subsistir de julho a novembro daquele ano, quando foi derrotada. O imperador usou de mão de ferro e mandou uma esquadra fechar o porto do Recife, a qual depôs o governo provisório, prendeu os líderes revoltosos e executou alguns deles, como a figura proeminente de Frei Joaquim do Amor Divino Caneca. Na verdade, o imperador foi conservador, e não inovou. Praticou método semelhante com Caneca ao que se fizera com Tiradentes nos tempos da colônia.

A Praieira é a última das insurreições, ocorrida já no período de Pedro II. Denomina-se assim porque seus líderes mantinham um jornal na Rua da Praia, rua de comércio importante no bairro de São José. Ela resultou de um conflito entre os partidos liberal e conservador, cujos membros disputavam cargos na administração pública estadual. É bom lembrar que tais partidos – semelhantes nas linhas de ação ideológica e atrelados à classe dominante – exerceram, no caso de Pernambuco, influência não desprezível na vida política do Império.

Em razão do espírito libertário que o marcava, Pernambuco é punido, durante o governo de Dom Pedro I, por decreto, de 14 de julho de 1824, com perda da área de seu território, que em 1816 era de 266 mil km², passando a ser reduzido para uma extensão de 98.281 km², rebaixando sua posição territorial do 9º para o 13º lugar, na abrangência territorial do Brasil.

Ver, nesse sentido a colocação a seguir:

> Punido por demonstrações de regionalismo subversivo, Pernambuco viu amputados dois terços do seu território primitivo, inclusive do acesso às opulentas áreas pastoris e de mineração que estendiam para o sul ate minas gerais. Seguindo-se uma incomoda herança demográfica: com cerca de três milhões de habitantes na década de 1930, era o quarto estado em população na federação brasileira; quando em área – a superfície de Pernambuco corresponde a de Portugal e é apenas 2% da superfície do Brasil – ficava em 13º lugar. (Levine, 1980, p. 31)

Dado esse evolver histórico, há um consenso na história que destaca o caráter rebelde, particularmente da cidade do Recife, a qual foi poeticamente tratada por Carlos Pena Filho, poeta pernambucano, como "Noiva de Revoluções". Proclama o poema:[59]

Recife, cruel cidade,

---

59 Poema *Guia prático da cidade do Recife*, apud Coutinho (1983). Ver ainda Garcia (2005): "Traço marcante da personalidade do nordestino tem sido a rebeldia" (p. 18).

águia sangrenta, leão.
Ingrata para os da terra,
boa para os que não são.
Amiga dos que a maltratam
inimiga dos que não,
este é o teu retrato feito
com tintas do teu verão
e desmaiadas lembranças
do tempo em que também eras
noiva da revolução.

As considerações acima estão carregadas de significados e controvérsias, particularmente no âmbito político, e sobre elas já se escreveram abordagens dos mais diferentes matizes ideológicos. Cada uma de *per si* justificaria uma pesquisa do porte e da natureza desta. A presente investigação, no entanto, tem como eixo central a dimensão econômica nos seus aspectos empresariais e negociais e, por que não dizer, empreendedorísticos do imigrante mascate que aqui buscou realizar seu sonho empreendedor.

4.5. O "rebelde" mascate modelando a identidade da cidade

Com certeza, o mascate português – aquele que chegava aqui excluído pelas elites, como o rejeitou o Padre Gonçalves Leitão, citado anteriormente, por considerá-lo "as gentes mais abjetas de Portugal, ignorantes e sobremaneira mal-educadas" – foi esse homem que modelou, em grande medida, a vocação comercial da cidade do Recife. Graças, em grande parte, à sua visão de oportunidade, ao seu trabalho, à sua poupança e à sua autoconfiança, o comércio local prosperou e a cidade se transformou num empório para abastecer todo o Nordeste.

Um ponto relevante nesse contexto é o contágio da atmosfera de ousadia e rebeldia política arrebatando o imigrante luso, originalmente um aldeão simplório, mas que, influenciado pela ânsia de mudança, parece reinventar seu destino, e, quase que por osmose, muitos deles se transformaram em novos "rebeldes," desta feita do mundo empresarial.

Dois autores consultados na revisão da literatura de empreendedorismo abordam esse tema da rebeldia, estado psicológico encontradiço no comportamento do empreendedor. Nesse sentido, Ketz de Vries (1977 *apud* Dinis e Ussman, 2006) alega que a psicologia do empreendedor seria a de um desajustado em conflito devido a dificuldades passadas na vida, desde conflitos com o pai até a escassez de bens materiais, como seria o caso da maioria dos emigrantes no mundo inteiro e em qualquer época, ajustando-se ao estudo ora em curso também.

Já a segunda corrente advoga que o empreendedor seria uma espécie de refugiado estrangeiro, que seriam aquelas pessoas que escapam de restrições políticas ou econômicas de seus países de origem e atravessam fronteiras, no dizer de Knight (1988, *apud* Chiavenato, 2005).

Com rebeldia ou não, vencer o desafio de uma nova vida é algo difícil, daí porque em certo sentido assentam bem os estudos acima, quando enxergam no empreendedor uma pessoa que nasce de novo, que reinventa sua vida no novo país.

Ora, vencer as resistências e os preconceitos de uma sociedade não é algo fácil, em especial em uma cultura tão elitista como a que se formara no Brasil, com forte influência das próprias tradições trazidas por eles mesmos de lá de Portugal.

Concretamente, ser mascate no Recife encontrava muita resistência haja vista a fala do padre anteriormente transcrita, fala essa que era, na verdade, a expressão do pensamento da classe dominante local. Não obstante essas dificuldades, e certamente imbuídos do espírito de rebeldia acima citado, os mascates venceram, como será revelado.

4.6. O comércio nas mãos dos portugueses até final do século XIX

Durante todo século XIX, os antigos mascates se afirmaram definitivamente no comércio, seja como comissários, trapicheiros ou mesmo como comerciantes propriamente ditos. E a praça, porque abastecedora de toda a região, era dinâmica, e tudo ou quase tudo era importado pelo porto do Recife. Quem se dedicava a esse mister era o comerciante importador lusitano.[60] Dirá Freyre (2000):

> Toda a força econômica do Império estava passando de novo a mãos de portugueses, agora sob a forma de trapicheiros e de outras figuras de comerciantes, dos quais dependia grande parte da agora só aparentemente soberana nobreza agrária. (p. 193)

Para ilustrar e dar dimensão quase tangível à assertiva, não se pode esquecer a expressiva presença deles na Associação Comercial, rivalizando em número de associados com os sócios nativos e a lista da maioria dos produtos constantes dos dois[61] Manifestos de Importação de produtos, transcritos abaixo, trazidos pelos navios que aportavam por aqui nos anos 40 do século XIX, indicando de forma eloquente a demanda dos produtos a gosto lusitano:

> A Barca Portuguesa Senhora do Rosário, vinda de Lisboa, entrada em 17 do corrente. Capitão Manuel Francisco de Souza, consignado a Manuel Ribeiro da Silva, manifestou o seguinte: 154 pipas de vinho, 8 meias ditas com dito, 480 barris com dito, 16 pipas com vinagre, 10 meias ditas com dito, 480 com chapéus, 2 ditos com vidros, 51 caixas com toucinho, 2 ditas com marmelada, 1 dita com calçados, 1 baú com dita, 9 caixas com espingardas, 1 dita com salsicha e queijo flamengo [...] 20 barricas com bolachas,

---

60 Diversos autores afirmam que os portugueses dominavam o comércio varejista em todo o Brasil e, no Nordeste, as praças do Recife e de Salvador (Mota, 1972; Pernambucano de Mello e Menezes, 1977; Perruci, 1978; Levine, 1980; Caldeira, 1997 e Garcia, 2005).
61 Ver ainda epígrafe citada neste capítulo, da mesma fonte.

20 ditas com grãos, 1 dito com tremoços, 13 barris com carne [...] Fora do manifesto: 1 caixote com obras de prata, 1 embrulho com fazendas, 1 viveiro com canários, 410 molhos de cebola, 10 sacos com dez mil patacões, 2 barris com peixe, duas caixinhas ignora-se, 1 embrulho com facas. (Mello, 1985, p. 116)

O Brigue Português Ventura Feliz, vindo do Porto, entrado em 30 do passado, capitão Antônio Francisco dos Santos, consignado a José Batista Ribeiro de Faria. Manifestou o seguinte: 31 barris com carne, 696 cadeiras, 5 canapés, 5 caixas com carnes, 1 lata com dita, 1 caixão com miudezas, 1 fogão de madeira, 5 caixas com diferentes artigos, 1 caixa com tocadores, 80 barris com vinhos, 555 ancoretas com azeitonas [...] Fora do manifesto: 1 embrulho com obras de pratas, 1 barril com vinho, 183 cadeiras, 5 canapés, 1 caixa com bichas, 1 saco com nozes, 1 embrulho com fazendas. (Mello, 1985, p. 118)

Muitas inferências podem ser feitas dessas notícias, mas vale registrar, por um lado, a dependência extrema do exterior por parte da economia local e os perfis alimentícios, gastronômicos e etílicos dos bens importados, por outro. Todos predominantemente lusitanos, denunciam que havia mercado para tanto, seja de portugueses, seja de brasileiros ou de luso-brasileiros.

De fato, a hegemonia lusa no comércio foi muito significativa[62] no Império. Dados relativos ao período de 1860 a 1870, retratados na Tabela VI, dão conta do panorama de abertura de firmas no Recife, com evidente destaque para os lusos.

---

62 No tocante à Bahia, os dados revelam também sua prevalência no comércio: "Na Bahia, de 1870 a 1889, *os comerciantes portugueses superavam em número os brasileiros*; somente de 1890 a 1929 ficaram em segundo lugar, e de 1925 a 1929, em terceiro, após os brasileiros e espanhóis, segundo a pesquisa de Mário Augusto Santos. Os ramos em que os portugueses predominavam eram o de tecidos, secos e molhados, importação-exportação, vestuário, ferragens, miudezas, louças, vidros, jóias, farmácias, drogarias, gêneros alimentícios, confeitarias, pastelarias, bares e gráficas. Os portugueses tinham *mais capitais investidos no comércio da Bahia do que os brasileiros até 1899* e, a partir de 1900, ficaram em segundo lugar" (Lobo, 2001, p. 127, grifo nosso).

TABELA VI[63]
ABERTURAS DE FIRMAS NA CIDADE DO RECIFE
POR NACIONALIDADE PERÍODO 1860 A 1870.

SÓCIOS	Lusos	Lusos e brasileiros	Brasileiros	Demais nacionalidades	TOTAL
NÚMEROS ABSOLUTOS	172	85	38	75	370
PERCENTUAL (%)	46	22	10	21,5	100%

Fonte: Elaborada a partir de dados coletados na Junta Comercial do Estado de Pernambuco (Jucepe, 2007).

Dentre as leituras possíveis dessas informações, pode-se inferir que quase 50% das firmas abertas e registradas eram constituídas por reinóis, e um pouco mais de 20% de portugueses e brasileiros em sociedade, e apenas 10% delas pertenciam aos empresários nativos. Não há, portanto, dúvida acerca da decisiva influência lusitana no comércio. Mas um dado curioso denuncia outro aspecto de associação de interesse de capitais entre os nativos e os imigrantes portugueses. Na hora dos interesses econômicos, os resultados buscados falam mais alto, independentemente de onde provenha o dinheiro ou da existência de tensões raciais.

Prosseguindo-se, é possível afirmar que os portugueses foram inovativamente pioneiros na arte e fabrico do pão, e, mais uma vez ressalta Freyre (2000), os comerciantes brasileiros aparecem em segundo lugar:

> De portugueses, muitas tavernas e padarias [...]; ao contrário das de brasileiros, colocadas em "becos tapados", "travessas",

---

[63] O autor tinha expectativa de que, durante o período coberto pela investigação, o registro de nacionalidade dos empresários continuasse como obrigatório. Acontece, entretanto, que a partir de 1871, a referência a nacionalidade dos sócios deixou de ser oficialmente exigida pela Junta Comercial, o que dificultou em muito a coleta desses dados como os presentes na tabela acima. Além do mais, deve-se considerar o fato de que muitas das pequenas firmas não necessariamente se registravam na Junta. É provável, no entanto, que a proporção de lusos em relação aos demais não tenha sido muito maior nos períodos posteriores e, certamente, tendeu a declinar.

"camboas"; e instaladas em casebres, em contraste com os vastos sobrados nos quais acabavam espalhadas as mercadorias dos portugueses prósperos, moradores com seus caixeiros nos andares mais altos dessas fortalezas comerciais. (p. 293)

Ainda a respeito da panificação, o historiador Carlos Guilherme Mota, no prefácio do livro de Freitas (2006) sobre os portugueses em São Paulo, atribuindo de forma idêntica a Freyre o crédito total da introdução das padarias no país aos portugueses, diz:

> Com efeito, essa foi uma invenção típica e genuinamente portuguesa, e também civilizadora – embora pouco estudada –, pois essas casas de alimentação polarizaram e polarizam a vida social brasileira contemporânea nos grandes centros e nas regiões mais remotas, nos "grotões". (Mota *apud* Freitas, 2006)

Por outro lado, a hegemonia reinol na praça proporcionava sempre refregas entre brasileiros e marinheiros, alcunha que os nativos punham nos portugueses porque eram oriundos do mar. Texto recolhido de um jornal do ano de 1848 demonstra o clima:[64]

> Quanto ao comércio a retalho, que entre nós tem por base o crédito e poderá oferecer preciosas saídas a grande número de nossos concidadãos, ora reduzidos ao papel de solicitadores de empregados públicos, está sujeito ao mais exclusivo monopólio de fato dos antigos colonizadores do país. Não menos de seis mil casas de comércio a retalho se acham em Pernambuco e todas elas de estrangeiros: assim – lojistas, quitandeiros, taberneiros, armazeneiros trapicheiros, açucareiros, padeiros, casa de roupa feita, de calçados, funileiros, tanoeiros, tudo é estrangeiro. Cada uma dessas casas tem 3 a 4 caixeiros todos portugueses;

---

[64] Segundo Freyre (2000), as denúncias eram, também, de impacto: "O Almanack Commercial de Pernambuco, relativo ao ano de 1850, trouxe uma lista de negociantes "que, analisada pelo *O Conciliador*, de 18 de julho do mesmo ano, resultava em demonstração da tese de que *toda a força econômica do Império estava passando de novo a mãos de portugueses, agora sob a forma de trapicheiros e de outras figuras de comerciantes*, dos quais dependia grande parte da agora só aparentemente soberana nobreza agrária" (p. 293, grifo nosso).

calculemos porém, a dois e teremos doze mil caixeiros com seis mil patrões, dezoito mil portugueses que nos excluem do comércio. Os fundos com que eles comerciam são nominais, que eles fazem todas as compras aos negociantes de grosso trato a prazo. Se pois esse direito fosse exclusivo dos brasileiros, direito que se guarda religiosamente nas outras nações, não estariam acomodados *dezoito mil pernambucanos?* E notais que até os cargueiros são portugueses. (P. Mello e Menezes, 1977, p. 25, grifo nosso)

Em virtude dessa hegemonia lusa, não se deve olvidar as tensões entre os portugueses e brasileiros que atravessaram todo o período da colonização, avançaram no Império e tiveram repercussão na República.

Um dos mais importantes e marcantes episódios que ocorreram neste processo de fricção interétnica denominou-se de *"Mata, Mata Marinheiro!"*.

De acordo com a *Síntese cronológica de Pernambuco*, do historiador e jornalista Mário Melo (1985), o evento deu-se da seguinte forma:

> Durante a exaltação política que precedeu a rebelião praieira, em pleno domínio conservador, propugnavam os liberais contra o monopólio do comércio a retalho em mãos dos portugueses, e excitando as massas. A 26 e a 27 de junho de 1847, por causa dum incidente entre um caixeiro português e um estudante de preparatórios, deu-se a explosão que ficou conhecida como "mata-mata marinheiro". Os sinos dobraram a finados excitando o povo e houve um ataque geral às casas portuguesas. Um grupo de exaltados foi até à assembléia provincial pedir a expulsão dos portugueses e a naturalização do comércio a retalho. A paz foi assegurada com o emprego da força. (p. 70)

Ora, esse evento ocorreu já no período imperial, momento histórico em que, supostamente, não deveria haver mais tal tipo de hostilidade, dado que a causa fundamental das arengas anteriores teria sido a exploração causada por Lisboa em favor dos comerciantes, seus súditos, em detrimento dos brasileiros. O registro que segue, de 1874, das autoridades diplomáticas portuguesas da cidade do Recife, indica, no entanto, a permanência da atmosfera de hostilidade.

Pode dizer-se em geral que os imigrantes portugueses, que residem neste distrito consular, não são benquistos da população nacional, que além de tratá-los de modo grosseiro e ofensivo, sofrem muitas vezes epítetos afrontosos e são vítimas de ódio latente, que os nacionais nutrem contra eles. Como causa dessa malquerença aponta a animosidade nascida na época da independência, as fortunas alcançadas por alguns e, sobretudo, ocuparem-se os emigrantes portugueses em grande parte no comércio a retalho. (Halpern *apud* Nizza da Silva, 1992, p. 19)

Surge, então, a pergunta: por que perduravam as hostilidades?

Porque, em primeiro lugar, em nível da percepção das massas – liberadas do campo pela expansão da cultura extensiva do açúcar, ou mesmo liberta da escravidão –, não havia oportunidade de emprego na cidade para elas que assistiam revoltadas ao fato de não faltar emprego aos lusitanos. Seriam, assim, massa de manobra nas mãos dos políticos, como sugere Mário Melo, citado anteriormente.

Em segundo, porque, mesmo depois da Independência, registram os historiadores como Caldeira (1997) e os antropólogos como Freyre (2000), os comerciantes preferiam trazer da metrópole seus empregados, na maioria das vezes menores, mas que iriam ser caixeiros formados na rígida disciplina do também ex-imigrante, àquela altura já vitorioso e proprietário de estabelecimento comercial.

Diz Caldeira (1997): "Na época da Independência, um terço dos empregados do comércio do Rio de Janeiro era de portugueses com menos de 14 anos" (p. 161).

E, arremata Freyre (2000):

> Explica-se em parte, que o negociante português preferisse para primeiro caixeiro o genro português ao próprio filho, mestiço ou apenas nascido no Brasil, em face da disciplina severa a que tinha de submeter-se nos armazéns e lojas, o caixerinho vindo de Portugal para o nosso país quase como escravo. Escravo louro cuja formação se fazia dentro do armazém despoticamente patriarcal e monossexual. (p. 297)

Ora, esta prática – que, segundo Freyre, visava evitar o *contato com o romantismo boêmio dos brasileiros* – não poderia ser bem vista porque revelava preconceito contra os hábitos e costumes da cultura brasileira.

Em terceiro lugar – tudo indica ser a razão mais consistente – porque a reserva do comércio para os patrícios, implementada pela política portuguesa no período colonial, teria fincado raízes profundas na economia, propiciando, até mesmo, a formação de fortunas de portugueses, como ressalta Caldeira (1997).

4.7. Estratificação e mobilidade social entre os lusos

Uma vez acentuado que, nessa fase, havia uma lusofobia quase generalizada do nativo, seria de se esperar, do lado dos imigrantes, uma certa coesão de unidade de resistência como grupo étnico. As evidências históricas, todavia, não são convergentes com essa visão. Ao contrário de unidade, havia entre os comerciantes uma rígida e tensa estratificação social, decorrente da natureza e do tamanho de suas lojas ou tavernas. Mota (1972) expõe esse panorama conflituoso nos seguintes termos:

> Embora se possam definir algumas peculiaridades comuns a vendeiros, pequenos comerciantes a retalho, negociantes e mercadores, sobretudo no que tange à nacionalidade portuguesa,

não era a homogeneidade a principal característica da categoria como um todo. Aragão e Vasconcelos, o hábil advogado dos revolucionários presos em Salvador, não deixará de notar – e por vezes de acusar – que muitos botequineiros para ocultar seu baixo estado se faziam passar por negociantes. Os preconceitos sociais e as discriminações se davam não só entre categorias diferentes, como também no interior de uma mesma categoria. Botequineiros, lojistas e marchantes não podiam ser comparados a negociantes. (p. 170)

A despeito das hostilidades e da fricção social entre os próprios imigrantes, a sociedade em formação era permeável, logo, o português tinha espaço de mobilidade social vertical, como o olhar apurado de Freyre (2000) mais uma vez acusará. Segundo ele, houve mesmo uma inversão de classe dominante, ressaltando serem os grandes do comércio a nova força econômica do país.

Novos comendadores, novos barões, novos viscondes em cuja champanha de dia de festa podia sentir-se, como na champanha de certo comerciante opulento do Recife enriquecido no comércio de peixe seco, sentiu um humorista boêmio do fim do século XIX gosto de "bacalhau"; mas que *passaram a constituir uma força mais sólida, na economia nacional*, do que a nobreza da terra com todo o aroma de mel de cana que irradiava de suas terras, de suas plantações, de suas fábricas, de seus tachos, de suas casas, de suas próprias pessoas, outrora quase sagradas. (p. 293, grifo nosso)

E, mais adiante, indicando o flerte desses reinóis junto à açurcarocracia, revela:

De qualquer modo, o Recife do meado do século XIX, a despeito da "Revolta Praieira", como que voltava a ser o do tempo dos mascates, com os portugueses "senhores absolutos do commercio" e alguns dos Cavalcanti, Regos Barros Alburqueques Melos, Wanderleys, Aciolis, Souza Leões, Carneiros da Cunha, amparados por portugueses ricos que às vezes davam presentes de casas aos homens de governo, cavalgando, do alto de sobrados, os moradores de casas térreas e de mucambos. (Freyre, 2000, p. 293)

No mesmo sentido, opina Mello (1995):

Por mais intenso que parecesse o ódio entre mazombos e reinóis, a complementaridade entre o comerciante e o produtor, entre a loja e o engenho, havia necessariamente criado uma trama de relações feita também de convivência e não só de conflitos. (p. 295)

Em virtude, em grande medida, dessa interpenetração e da permeabilidade da então sociedade em formação, a presença e a influência lusitanas na cidade do Recife não se deram apenas nos âmbitos da economia e da política como pareceria à primeira vista. Houve influência, também, nas esferas religiosa, social e cultural. O imigrante se fez benfeitor e ofereceu ao Recife duas instituições[65] de visibilidade e relevância social significativas, objetos de análise a seguir.

4.8. Imigrante português: um benfeitor

Em 1850, é instalado o Gabinete Português de Leitura e, cinco anos mais tarde, é inaugurado, pelos mesmos portugueses homens de projeção e notoriedade na sociedade, o Real Hospital Português de Beneficência de Pernambuco no Recife. O discurso de inauguração do Gabinete Português de Leitura, proferido pelo médico português, homeopata viajado, formado em Lisboa

---

65 Quando se menciona a palavra instituição, o propósito deliberado é o de acentuar as características organizacionais dos entes a serem analisados a seguir. O importante é enfatizar que no plano das criaturas organizacionais uma instituição não sobrevive do lucro ou da contraprestação de serviços, mediante uma remuneração. Na verdade, as instituições enquadram-se na caracterização teórica formulada por Pereira e Fonseca (1997): "As instituições são organizações que incorporam normas e valores considerados valiosos para seus membros e para a sociedade. São organismos vivos, produtos de necessidade de pressões sociais valorizadas pelos seus membros e pelo ambiente. Portadores de identidade própria, preocupados não apenas com lucros e resultados, mas com sua sobrevivência e perenidade. Uma instituição é guiada por um claro senso de missão" (p. 97).

e profissional na cidade do Rio de Janeiro, Dr. João Vicente Martins, seu primeiro presidente, revela a pregação da estratégia de harmonia e integração dos lusitanos, consoante epígrafe referida anteriormente.

Possa a instituição do Gabinete Português de Leitura ser uma demonstração bem clara dos sentimentos *de fraternal amizade* que unem os portugueses com os brasileiros que muitas instituições como este Gabinete *pacíficas, morigeradoras* e de caridade sejam estabelecidas. (*apud* Areias e Nogueira, 2000, p. 14, grifo nosso)

Já o Real Hospital Português de Beneficência, ideia nascida no espaço do Gabinete, foi uma instituição de muito maior visibilidade e penetração no simbólico da sociedade pernambucana. Mesmo sendo um hospital destinado primeiramente aos imigrantes, ele foi também ofertado à sociedade local, oficialmente, em carta dirigida ao presidente da Província.

Seu objetivo declarado foi o de ajudar a comunidade a enfrentar o sério problema da epidemia da cólera que acabara de chegar ao Pará, à Bahia, e que fatalmente chegaria ao Recife. Com essa iniciativa, todavia, os portugueses reduziram ou mitigaram, em muito, a rejeição ou as hostilidades contra eles. No mínimo, em relação àquelas expressas pelas autoridades, pela elite e pelos meios de comunicação da época, que, em certo sentido, foram cooptados pelos lusos. A instalação deu-se em tempo recorde, entre os dias 9 de setembro de 1855, data da constituição da comissão[66] para arrecadar fundos dos patrícios, e o dia 21 do mesmo mês, quando houve a solene inauguração, sendo, efetivamente, posto em funcionamento no dia 25 de novembro do mesmo ano.

Sobre a celeridade, algumas observações.

Por um lado, havia a epidemia da cólera a se alastrar na

---

66 A comissão foi integrada por 40 pessoas, escolhidas para obter subscrições de recursos nos principais bairros comerciais de então: Recife, Santo Antônio, Boa Vista e São José. (*Jubileu do Hospital Português de Beneficência em Pernambuco*. Recife: Imprensa Industryal, 1905, p. 2).

Província, e, sem dúvida, deveria alcançar os patrícios, logo, tal ameaça exigiria providências urgentes, mas em outras circunstâncias ou mesmo sobre outras matérias, a mobilização não passara de pressão sobre as autoridades, veja-se o caso das necessidades do porto da cidade e a ação da Associação Comercial, basicamente de caráter retórico. Por outro, salta à vista a capacidade de mobilização da comunidade, a indicar espírito gregário e de solidariedade.[67]

Com o passar do tempo e o desaparecimento da cólera,[68] a iniciativa e concretização não esmoreceram os ânimos. Em novembro do ano seguinte, isto é, num intervalo de 12 meses, um novo hospital, com o fito de servir à comunidade lusitana, é adaptado em casas adquiridas para esse fim, sendo finalmente aberto ao público no dia 22, a demonstrar, mais uma vez, a robustez da poupança dos portugueses. A rápida adesão financeira à iniciativa revela que eles estariam em condições tão boas que dispuseram de poupança para realizar um investimento dessa envergadura, na velocidade necessária.

Retornando à questão econômica e empresarial, vale assinalar que, em virtude da necessidade de novos investimentos no açúcar, no algodão, nas indústrias têxteis futuras e na infraestrutura da cidade, somente volumes de capitais mais robustos seriam capazes de financiá-los. Logo, logo, os bancos ingleses e outras empresas europeias iriam assumir ou participar

---

67 Esse é um tema relevante na investigação em curso, e a literatura da matéria é vasta e controvertida. Nizza da Silva (1992) advoga ser uma característica forte na migração o associativismo, identificando-a em todas as etnias migratórias para o Brasil. No mesmo rumo, Lobo (2001) discute o tema, rechaça a posição de Buarque de Holanda, que vê no luso individualismo, e ao mesmo tempo endossa a posição de Freyre, cuja interpretação é favorável a uma visão de solidariedade do povo português.

68 A cidade do Recife, como de resto muitas do período, sofreu severas dificuldades com a convivência de epidemias que atingiam a população. Somente na segunda metade do século XIX ocorreram as seguintes epidemias: uma de varíola, com 2.204 mortes, três de febre amarela, uma de sarampo, uma influenza, uma de desinteria, com 2.886 óbitos, e a gripe espanhola, com 1.783 óbitos registrados (Melo, 1985).

desses riscos ao lado dos governos e, nesse sentido, tiveram a oportunidade de realizar obras estruturadoras no país e na cidade do Recife.

A expressão econômica e financeira dos lusitanos, porém, suficiente para mobilizações daquela feita para a construção do hospital, não ultrapassava, em sua grande maioria, as atividades mercantis, tanto no varejo como na de grosso cabedal e na esfera das trocas internacionais, nacionais e locais.

O capítulo seguinte, número de ordem V, aprofunda o conteúdo da presença dos lusos sob o ponto de vista da cultura local empresarial.

Capítulo V

O sangue luso que corre na cultura empresarial do Recife

De meus avós portugueses,
De certo ninguém duvida,
Trouxe este amor pela trova,
Que hei de trazer por toda a vida.
(Tavares, 1959, p. 77)[69]

Quando um português vem morar e viver em nosso meio, não se sabe bem onde acaba Portugal e onde começa o Brasil.
(Pinto, 1987, p. 14)

No caso brasileiro, a verdade, é que ainda nos associa à Península Ibérica, a Portugal especialmente uma tradição longa e viva [...]. Podemos dizer que de lá veio a forma atual de nossa cultura: o resto foi matéria que se sujeitou mal ou bem a esta forma. (Holanda, 1970, p. 37)

Vários são os herdados da cultura lusitana desde o período colonial que influenciaram a economia e a sociedades local e nacional na fase investigada e que, de alguma maneira, serviram de raízes ou arcabouço da sua atuação no Recife.

Inicialmente, convém situar que o conceito de cultura empresarial empregado sofre nítida influência weberiana. Nesse

---

[69] Ademar Tavares é pernambucano, nascido em 1889, no bairro de Santo Antonio, em uma casa que vendia fazendas, cujo nome era *Loja das Estrelas*. Devido a esse fato, os amigos do seu pai diziam que seria poeta. De fato, tornou-se o rei da trova brasileira. Formou-se em Direito no Recife e depois se mudou para o Rio de Janeiro, onde se notabilizou na trova e tornou-se inclusive membro da Academia Brasileira de Letras. A trova é um gênero de poesia importado diretamente da tradição ibérica dos bardos e trovadores medievais.

sentido, o pesquisador adota a percepção defendida por Prestes Mota (1991),[70] nos seguintes termos:

> A cultura apresenta-se como um conjunto de significados, organizado em termos de representações e símbolos, como coloca Smircich, referindo-se à produção intelectual de Hallowell, Shutz, Berger e Luckmann, Cohen e Geertz. Essa consideração é importante porque o mundo social é construído segundo o significado que as coisas, os eventos e as interações assumem para a coletividade, ao tecer sua prática social. (p. 3)

Mais adiante, aplica o conceito ao contexto da ideia de organização, atribuindo ao estudioso de administração a missão de decodificador de sentidos:

> O analista organizacional é, entre outras coisas, um intérprete, um decodificador e um desmontador do significado da organização contemporânea. Essa parece ser a forma de compreender o modo pela qual ela é construída no seu cotidiano. Nesse sentido as organizações precisam ser compreendidas como representações de nossa humanidade, tanto quanto o são a música, a poesia, o cinema e as artes plásticas, e as representações podem ser conhecidas pela sua apreciação. (Prestes Mota, 1991, p. 3)

A expressão cultura empresarial comporta diversas acepções e insere-se em um quadro de muitas controvérsias, até mesmo acerca de suas matrizes antropológicas. Nesse contexto, todavia, adota-se, operacionalmente, um conceito corrente, empregado na área de administração, de autoria de Edgar Schein:

> Um padrão de pressupostos básicos inventados, descobertos ou desenvolvidos por um determinado grupo à medida que ele

---

70 A obra do professor Prestes Mota, recentemente falecido, é uma das mais fecundas na área de administração no Brasil, até mesmo porque seus trabalhos ousaram, de forma interdisciplinar, dialogar e discutir inter-relações da teoria de administração com temas como o do poder, da psicanálise e da cultura no contexto das organizações. Suas citações aqui foram retiradas do prefácio, de sua autoria, oferecido ao livro de Freitas (1991).

aprende a lidar com seus problemas de adaptação externa e integração interna – que tem funcionado bastante bem para ser considerado valido e, portanto, para ser ensinado a novos membros como a maneira correta de perceber, pensar e sentir em relação àqueles problemas. (Schein *apud* Moscovici, 1988, p. 28)[71]

5.1. Raízes lusas do Nordeste profundo

Trata-se de uma tarefa, simultaneamente, fácil e difícil. Em virtude de que muito do que corre no nosso sangue é português, seria muito simples afirmar que tudo vem de nossa tradição ibérica. Já, por outro lado, a tarefa torna-se difícil exatamente pelo fato de que se distanciar e fazer uma análise crítica do dia a dia e por trás do aparente não é fácil.

Com efeito, difícil é trazer sinais consistentes de convencimento da afirmativa, especialmente quando se sabe que nenhum intérprete da formação do Brasil ousaria negar essas raízes do país, tanto que Buarque de Holanda (1970), transcrito na epígrafe, atribui a essa origem os fundamentos de nossa identidade.

Mas, tanto esse autor como Freyre (1996), Ribeiro (1995), Damatta (1979) e outros que enveredam por esse veio de investigação não aprofundaram a discussão da influência nas questões de negócio ou de gestão e administração.

A grande maioria dos estudos de administração, na questão cultural, baseia-se nas ideias básicas dos traços da personalidade do brasileiro extraídas de leitura das contribuições desses autores citados. Recentemente, há, porém, uma corrente de investigação na área de administração (Tanure, 2003) que explora o enquadramento desses traços da cultura brasileira ao modelo desenvolvido por Gerzt Hofstede. Vê-se, portanto, que coletar evidências na área empresarial não é uma tarefa fácil. É, porém, o que se fará a seguir.

---

[71] Ver emprego da mesma definição em Sacomani Neto e Truzzi (2007).

Preliminarmente, cabe destacar que, diferentemente de outras regiões do país, o Recife, até meados do século XIX e mesmo em menor escala depois, foi uma cidade que recebeu poucos imigrantes[72] e, desses, mais da metade eram de origem portuguesa.

Para reforçar a afirmativa, pode-se perceber que, para o recifense, qualquer estrangeiro de origem europeia – alemão, francês, inglês, português – é tratado como *galego*. Na verdade seria uma memória ancestral incorporada à linguagem cotidiana da forma como o imigrante português daquela região de Portugal foi tratado nos séculos passados.[73]

A acepção "galego" no dicionário de Buarque de Holanda (1969) ratifica a presente interpretação, quando se refere a um uso da expressão "galego no Nordeste" para tratar estrangeiro, "sem distinção de nacionalidade ou ainda qualquer indivíduo louro". E esta identificação não é à toa. Revela, sim, que o único estrangeiro com quem o pernambucano conviveu foi mesmo o português. Certamente, como informa Rezende (2005) no capítulo anterior, nos anos da colonização, foram muitos os imigrantes provenientes dessa região.

Curiosa e coincidentemente, o dicionário de Cândido de Figueiredo (1949) registra, também, um provérbio alentejano em Portugal, para referir "galego" como "aquele que é natural do Norte do país". Não há estatísticas, mas não existe, também, outra

---

72 A presença do africano, como já mencionada anteriormente, foi decisiva para nossa miscigenação. No plano dos negócios, todavia, não há evidências de que essa raça tenha trazido contribuição relevante.

73 Outra memória ancestral local refere-se à presença dos judeus na cidade. Estudos recentes têm evidenciado, por exemplo, que a primeira sinagoga das Américas foi instalada no Recife, e daqui os judeus mudaram-se para Nova Iorque. Diz a revista *Morasha*, de abril 2000: "a descoberta de uma Mike em meio às escavações de uma antiga sinagoga em Recife, datada do século XVII, é mais uma prova da forte presença judaica na cidade, à época. Com o objetivo de eternizar um dos capítulos mais fascinantes da história do povo judeu, inclui a restauração da Sinagoga Karl Zr Israel, a construção de uma réplica do templo e a implantação de um centro de documentação judaica". O restauro foi concluído e hoje a obra está aberta à visitação pública". Disponível em <htpp://www.morasha.com.br>. Acesso em 24 mar. 2009.

explicação para tal modo de o nordestino reconhecer o estrangeiro. Os dicionaristas acima dão as pistas.⁷⁴

Daí ser importante que se situem as raízes profundas do Nordeste para se perceber a secular penetração dessas raízes como o substrato essencial de grande parte da cultura regional.

5.1.1. Nordeste profundo, Nordeste galego

O Nordeste profundo é galego, é português. Se aqui foi a região do ciclo do açúcar, se aqui foi o *lócus* privilegiado onde a economia criou raízes e prosperou, foi aqui, no Norte Agrário, além da Bahia e do Rio de Janeiro, que a cultura portuguesa lançou suas primeiras e definitivas bases. Para reforçar mais ainda esses antecedentes e sua interdependência com o que se chama de Nordeste profundo, é bom lembrar que, no período das grandes migrações, o Norte Agrário não foi procurado pelas demais etnias que demandaram o Brasil.

Muito recentemente, um jornalista americano – invocado nessa oportunidade exatamente por ser estrangeiro e ser capaz de se distanciar melhor – fez observação convergente com a posição ora defendida, nos seguintes termos:⁷⁵

> Foi no Nordeste que as três principais correntes de identidade nacional brasileira-europeus, africanos e ameríndios se encontraram pela primeira vez e formaram a mistura que faz do Brasil o que ele é hoje em dia. E como o Nordeste é mais pobre do que outras regiões do país e foi historicamente mais isolada dos

---

74 A bem da verdade, em ambos os dicionários há, ainda, o registro de uma variação de acepção depreciativa, feita pelos brasileiros em relação aos portugueses. Essa não é, todavia, uma conotação típica do Nordeste (Holanda, 1984, p. 773; Figueiredo, 1949, p. 1274).

75 *Deu no New York Times* é fruto das experiências vividas pelo correspondente norte-americano Larry Rohter durante quase quatro décadas passadas no Brasil. Enviado do *New York Times* ao país entre 1999 e 2007, o jornalista já havia desempenhado a mesma função no final da década de 70 e no começo dos anos 80 na revista *Newsweek* e no jornal *The Washington Post*. Ao longo desses anos, cruzou o Brasil e entrevistou de presidentes a pessoas anônimas. Só pelo jornal nova-iorquino, publicou mais de quinhentas reportagens. Disponível em <htpp//www.objetiva.com.br>. Acesso em 23 mar. 2009.

grandes centros cosmopolitas de cultura do Sul, mais urbanizado, a cultura da região tem sofrido menos intervenções de influência de fora, ou seja, o Nordeste é, ao mesmo tempo, o berço da cultura brasileira e seu melhor laboratório. (Rother, 2007, p. 34)

Já pelo vocativo que compõe o gentílico da cidade Olinda, não por acaso cercada de sete colinas como Lisboa, já por um dos primeiros poemas produzidos no Brasil na língua portuguesa, que a rebatizou de Nova Lusitânia, já pela escolha do sítio para criar a vila, já pelo traçado de suas ruas, vielas, becos, ladeiras e travessas e já pelos nichos, conventos, oratórios e igrejas, os sinais do engenho e da arte da presença galega falam muito alto. Fé, devoção e associativismo, que prosperaram à sombra das suas igrejas, conventos e irmandades, não permitem a ninguém ignorar o grosso cabedal de tradição social que aos olindenses foi repassado. Em visita a Olinda, no ano de 1954, o reitor da Universidade de Coimbra, professor Maximiano Correia (1954), teve sua atenção para esses mesmos fatores de identidade, e comentou: "Toda a cidade de Olinda é de um pitoresco extraordinário, não foram os coqueiros e as bananeiras, julgaríamos numa terra portuguesa, pela arquitetura de suas casas e igrejas, pelo traçado das ruas, pela fisionomia das gentes" (p. 296).

No tangente ao Recife, à exceção da presença breve e marcante dos batavos, a geografia e a toponímia da cidade são indisfarçavelmente lusitanas. Dois dos seus bairros mais importantes – Santo Antônio e São José –, resultados da expansão da Ilha do Recife, rendem homenagem a dois santos da tradição religiosa lusitana.

Mas as raízes são mais fundas e as conexões com o passado luso são fortíssimas. Tadeu Rocha (1959), pesquisador recifense, nos ensina, no seu *Guia da cidade do Recife*, que esta imagem que dá nome ao bairro é nada mais, nada menos do que o Santo Antônio de Lisboa, padroeiro de Lisboa. Registra ele: "Com a demolição, em 1917, do Arco de Santo Antônio, que ficava junto à extremidade ocidental da ponte Maurício de Nassau, *a imagem de pedra do Santo de Lisboa* foi recolhida a esta igreja – Igreja do Espírito Santo, no bairro do mesmo nome (p. 97, grifo nosso). Um simples exercício mnemônico sobre as denominações das ruas e logradouros do Recife ainda hoje existentes indicará, sem sombra de dúvida, a presença lusitana. As ruas da Baixa Verde, da Concórdia, da Saudade, da União, de Santa Rita, a Rua Direita, a Estreita e a Larga do Rosário, Rua das Hortas, das Florentinas e, da mesma maneira, os Pátios do Livramento, do Terço, do Carmo, de São Pedro dos Clérigos e do Mercado e da Penha estampam, de forma eloquente, fortes influências da cultura urbana portuguesa que quase passam despercebidas aos menos avisados.

Assim como em Olinda, na órbita e no entorno de muitas das igrejas, paróquias e ordens, foram tecidas complexas relações sociais, culturais, políticas e, porque não dizer, econômicas, haja vista as irmandades do Rosário dos Pretos, fundada na Igreja do Rosário dos Pretos, e a Irmandade dos Pardos, criada na esfera da Igreja de Nossa Senhora do Livramento, sem esquecer a muito influente Santa Casa de Misericórdia. Por fim, convém lembrar que o Recife acolheu, durante todo o período colonial, e penetrou na nossa cultura, a trasladação, diretamente de Portugal, incólume no conteúdo e na forma, das Ordens Primeiras e Terceiras dos franciscanos, carmelitas e assemelhados.[76]

---

[76] O autor, em visita recente à Ordem Terceira dos Franciscanos, na outrora mais do que importante Rua da Cadeia – hoje Rua Imperador Pedro II –, conferiu a existência de manuscrito dos primeiros irmãos afilados à Ordem em documento de 1695. Em setembro de 2007, o autor teve, por coincidência, a oportunidade de visitar, em Guimarães, Portugal, a Ordem Terceira de lá e sua complexa rede de capelas e abrigos. Ouviu do Dr. Belmiro Jordão, Ministro da Ordem, que o recebeu, várias explicações, inclusive acerca do mecanismo de colegiado das decisões da agremiação. Mais outra coincidência. Na visita que o pesquisador fez à Ordem do Recife, era véspera da reunião da diretoria, e a mesa para o encontro estava toda arrumada, dentro de um cerimonial semelhante àquele que o Presidente da Ordem de Guimarães lhe transmitira em setembro. Tudo igual. Aqui, copiou-se e reproduziu-se.

A essas tradições somaram-se as festas e danças dos ciclos natalinos, de São João, Santo Antônio e São Pedro, cujas cerimônias, ritos, procissões e danças refletem transplantação direta do Portugal rural e nortenho. Como se percebe, nossa gastronomia, danças, designação dos sítios, o tecido e traçado da nossa formação urbana provêem diretamente de Portugal e integram os arquétipos da cultura do Nordeste profundo.

Dessa forma, o Nordeste, Pernambuco e o Recife, são depositários de uma tradição portuguesa de séculos, tradição que se irradia sobre diversos aspectos da vida da sociedade, porque como disse Freyre (1940):

> O português se tem perpetuado, dissolvendo-se sempre noutros povos a ponto de parecer ir perder-se nos sangues e nas culturas extranhas [...] passados séculos os traços portugueses se conservam nas faces dos homens de côres diversas, na physionomia das casas, dos moveis, dos jardins, nas formas das embarcações, nas fôrmas dos bolos. (p. 4)

Ora, por que, nessa caudalosa transferência de cultura, a dimensão da cultura dos negócios ficaria ausente?

Ela foi, obviamente, também, objeto de transmissão. Logo, convém que seja feita uma investigação para apontá-la.

5.2. Permanências institucionais e arquétipos negociais

Com efeito, nos termos do que acentua o antropólogo Darcy Ribeiro (2005), na formação da sociedade brasileira, a Região Nordeste participou com o Brasil crioulo, que teria sido "a um tempo o instrumento de viabilização do empreendimento colonial português e a matriz do primeiro modo de ser dos brasileiros" (p. 274).

Muitas razões econômicas e políticas concorreram para o sucesso dessa sociedade, especialmente nos primeiros dois séculos da colonização, mas não se pode deixar de referir a permanência de heranças institucionais e comportamentais, derivadas da cultura lusa, que influenciaram definitivamente as bases da sociedade e, no mesmo rumo, os negócios do país em formação.

Em primeiro lugar, o lusitano conseguiu, durante os séculos da colonização e, posteriormente, no Império, transplantar ou fazer operar no Brasil uma superestrutura institucional do Estado português, instituindo formas regulares de relações entre os súditos e os brasileiros com este mesmo aparelho governamental centrado em Lisboa, e depois no Rio de Janeiro, após a mudança da família real. Tal modelo de relacionamento cidadão *versus* Estado criou, como já se disse, o Estado antes da nação, mas, sem dúvida, estabeleceu regras de convivência, nas órbitas públicas e privadas, por meio de legislações do direito lusitano nos campos constitucional, tributário, penal, civil e comercial.

Em segundo, no âmbito das instituições públicas, convém se referir às câmaras municipais, ao lado das ordens e irmandades religiosas, que desempenharam papel de relevância na regulação da vida social, política e, sobretudo, econômica no período do chamado pacto colonial, e que, sem dúvida, exerceram influências nas fases posteriores da história do Brasil.

Em terceiro, para operar esse aparato estatal, houve a necessidade de uma rede muito influente e onerosa de funcionários públicos, a qual Raymundo Faoro (1975) denominou de estamento burocrático e Ribeiro (2005) identifica como patriciado, que seria exercido pelos políticos, os militares e a tecnocracia de então, sem esquecer as eminências e as lideranças. Em certa medida, Portugal recriou uma elite local.

Em quarto, não se pode omitir o fato de que o monopólio das ações econômicas, reforçado pela proibição de instalação de fábricas e gráficas no Brasil, fora fortemente exercido pela coroa em Lisboa e, como já acentuou Caldeira (1997), essa mesma coroa protegia seus súditos reservando para eles a melhor fatia do comércio interno e internacional.[77]

Ora, tal monopólio lhes permitiu montar e fazer funcionar uma rede de negócios nacional e internacional que lhes conferiu ferramentas e instrumentos para criarem barreiras à entrada, no dizer de Porter,[78] dos demais concorrentes logo após a independência do Brasil, e posteriormente.

Em quinto, vale mencionar a influência da cultura jurídica lusitana presente ainda na esfera do comércio por meio da criação das juntas comerciais no Brasil. Em 1850, a lei nº. 556 criou os tribunais de comércio no Rio e nas províncias da Bahia, Pernambuco e depois Maranhão. Posteriormente, o decreto nº. 1.597, de 1855, instituiu as conservatórias do comércio nas províncias que não tivessem tribunais. Finalmente, o decreto nº. 2.662, de 1875, extingue essas instituições e cria as juntas comerciais.

Caso se atente para a primeira data, pode-se observar que

---

77 Há uma corrente de historiadores que advoga que o Brasil não conseguiu se desenvolver no período colonial como seria de se esperar porque o país era uma nação subjugada. Esta posição é defendida por Heitor Ferreira Lima (1961): "Quais os fatores que impediram nosso avanço no campo industrial durante o período da dominação portuguesa? São vários e de natureza diversa. Decorriam eles, acima de tudo, da situação jurídico-social em que nos encontrávamos como nação subjugada, convertida em exclusiva fonte de renda da Metrópole, com economia complementar à sua. E essa situação se manifestava para nós pelas formas seguintes: i) leis e medidas coercitivas do nosso desenvolvimento industrial, como o célebre alvará de 1785, que fechou as fábricas e oficinas existentes no Brasil e proibiu seu funcionamento; ii) a carta régia de 1766, que extinguiu o ofício de ourives; a proibição da fabricação de hidromel, pela concorrência que fazia aos vinhos do reino; iii) o impedimento de certas culturas, como a uva, a fim de não prejudicar a portuguesa de vinhos, e muitas outras mais de que já falamos anteriormente; iv) Os pesados encargos tributários repousando sobre a produção nacional; v) Limitação do mercado interno; vi) Limitação ao progresso técnico; vii) Dispersão demográfica; viii) Deficiência dos meios de transporte e; ix) Escassez de capitais. Foram estes fatores que impediram, ou pelo menos não favoreceram o desenvolvimento industrial do Brasil, durante a dominação portuguesa. São eles fatores de ordem externa, que decorriam, de modo geral, da situação jurídico-econômica em que nos encontrávamos como país subjugado, inteiramente subordinado aos interesses da Metrópole (p. 298-304).

78 Michel Porter divulgou o conceito de estratégia concorrencial no seu livro *Estratégia competitiva: técnicas para análise de indústria e concorrência* (Rio de Janeiro: Campus, 1996). Neste livro, inclui, também, a ideia de barreiras à entrada, que são obstáculos criados por uma empresa para que concorrentes potenciais ou entrantes tenham dificuldades para entrar no mercado onde uma empresa já atue.

já haviam se passado quase trinta anos da independência e, no entanto, perdurava a forte inspiração lusitana na mentalidade do direito comercial brasileiro. Veja-se, por exemplo, a denominação "conservatória", transplantada para o Brasil em meados do século XIX, ainda hoje é funcional em Portugal, realizando, entre outros objetivos, os mesmos que nortearam sua criação neste país.

Dando continuidade, verifica-se que ferramentas e arquétipos das relações da vida civil, também oriundos do reino, se entranharam no mundo comercial nacional, conforme tratado por Vânia Cury (2002), especificamente na órbita jurídica.

No que concerne à órbita das relações civis e comerciais, o ponto ora defendido é que o núcleo duro da mentalidade dos negócios praticada em Pernambuco e no Recife herdou de Portugal muito de seus fundamentos. O português, mesmo dissolvendo-se na expressão de Freyre (1940), trouxe da Europa e aqui difundiu noções básicas – construtos – de receita e despesa; de escrituração mercantil elementar; de relação comerciante x freguês,[79] melhor do que a recente expressão cliente de origem americana; da negação formal da venda fiado e da afirmação da venda pela caderneta, sem se deixar, por outro lado, de mencionar o jeito de fazer negócio, lastreado na confiança das palavras das partes ou, como se diz, baseado no fio de bigode.

Nesse sentido, é possível extrapolar para a afirmativa de que, no período estudado, esses arquétipos de negócio exerceram influência nem tanto junto às elites, cuja formação era já de forte matiz lusitano, mas, em especial, na sua propagação junto às camadas médias e baixas da sociedade.

Prosseguindo, uma das mais complexas heranças portuguesa não pode deixar de ser abordada: o tripé casa, família e trabalho

---

[79] Em certo sentido a expressão freguês é mais interralacionada com as raízes ibéricas na medida em que se relaciona com freguesia, unidade territorial na que se dividia a Igreja Católica, na idade média.

ou, na ordem inversa, trabalho, casa e família, porque tem intensa conexão com o mundo dos negócios naquela altura, e perdura até hoje.

5.2.1. Casa, família e trabalho

Se todos os imigrantes trabalham muito para dobrar as adversidades no novo lugar, a diferença que existe entre eles se dá muito na maneira como se mobilizam para enfrentar esses desafios. No caso do português, a centralidade da família foi fundamental, daí porque eles preferiam se estabelecer inicialmente em vendas e padarias, em razão de poderem reunir em torno do trabalho todos os membros da família.

O tema da família é um dos mais interessantes da historiografia brasileira, já tendo sido estudado em diversos ângulos. Diz Sheila de Castro Faria (2001) que a "família, e não o indivíduo ou o Estado, teria sido o verdadeiro fator colonizador do Brasil exercendo a justiça, controlando a política, produzindo riquezas, ampliando territórios e imprimindo o ritmo de vida religiosa através dos capelães dos engenhos" (p. 217).

Dentro do mesmo conjunto da temática família, há na literatura de administração o consenso, hoje em dia, de que a empresa familiar no Brasil teria sido iniciada pelos portugueses, desde o tempo das capitanias hereditárias.

Poucos já pensaram que na origem da empresa familiar brasileira estava a capitania hereditária, primeira forma de empreendimento privado que tivemos: As capitanias eram hereditárias, ou seja, podiam ser transmitidas por herança. (Martins *apud* Leone, 2005, p. 19)

Aprofundando-se a análise, extrapola-se para a órbita da cidadania, que reflete as relações entre o privado (casa) e o público (rua),[80] e aí é possível encontrar muito da herança lusa.

---
[80] Ver, especialmente, Roberto Damatta (1979).

Mello (2001) denominou de familismo o que seria, segundo ele, a presença das relações de parentesco preterindo os interesses universais de caráter público weberiano. Na contextualização do conceito, o autor referido situa as revoluções pernambucanas de 1817 e 1824, e narra casos de inclusão e exclusão de pessoas com base nesse critério familiar.

Um aspecto a explorar da história da Independência diz respeito à recepção dispensada no Brasil da época aos modelos revolucionários da França ou dos Estados Unidos; e à confrontação a que ela deu lugar entre os valores importados e os que, herdados da ordem colonial e escravocrata, ainda eram maciçamente vigentes. A república pernambucana de 1817 proporciona um exemplo dos choques previsíveis, mas também das cumplicidades inesperadas que se produziram entre uns e outros.

O caso mais expressivo terá sido talvez o da instituição, a família, que mais que nenhuma outra dominava as atitudes e as mentalidades das camadas dominantes, fossem elas rurais ou urbanas. Paradoxalmente em termos de uma sociedade como a nossa, tão impregnada de familismo *a ponto de família e Estado haverem sempre vivido em escandaloso contubérnio*, a historiografia persistiu em encará-los como realidades antitéticas, em conseqüência talvez da influência da distinção, consagrada pelo direito romano, entre direito público e direito privado. [...]

A verdade, porém, é que os conflitos entre ordem privada e ordem pública *apenas disfarçam as conivências que em 1817 teceram-se entre ambas*. O próprio governo revolucionário do Recife utilizou o argumento do parentesco como prova da garantia que se dizia disposto a proporcionar aos portugueses. Estes nada deviam temer não só por não terem culpa nos abusos do extinto regime colonial, mas, sobretudo devido às alianças *recíprocas dos matrimônios e por serem pais e parentes de tantos bravos patriotas*.

Daí as festividades públicas destinadas a comemorar o

casamento de um dos chefes revolucionários, Domingos José Martins, com a filha do maior comerciante lusitano - Bento José da Costa - da cidade. A fim de apressar o matrimônio, que o noivo extorquira a um sogro relutante, mas amedrontado, e cujo simbolismo de congraçamento urgia manifestar aos olhos da população, o cabido da Sé de Olinda não hesitou em dispensar as exigências do direito canônico, por convir à segurança e tranqüilidade pública que se efetue sem perda de tempo. (Mello, 2001, p. 127, grifo nosso)

No mesmo sentido, Vergulino (2005), trabalhando o período do início do século XIX até 1850, quase um século antes daquele alvo da presente pesquisa, identifica a interdependência do comportamento das elites econômicas com as do poder com base na genealogia, e ressalta ter sido uma prática comum.

A partir das informações dos genealogistas pernambucanos, verifica-se *que havia toda uma articulação familiar entre os grandes capitalistas pernambucanos da época* (meados do século XIX). Domingos Affonso Ferreira, extremante rico, era sócio e genro de Bento José da Costa. O filho de Bento José da Costa torna-se marido, anos depois, da filha de José Ramos de Oliveira, fundador e primeiro presidente da poderosa Associação Comercial de Pernambuco e filho, por sua vez, de José de Oliveira Ramos, proprietário do principal engenho de Pernambuco, denominado Salgado, grande comerciante de açúcar, algodão e traficantes de escravos, proprietário de casa comercial na cidade de Luanda. Seu engenho foi visitado e citado por Tollenare[81] no seu livro Notas Dominicais. A filha de Bento José da Costa, mesmo a contragosto do pai, casou-se com Domingos José Martins, um dos principais líderes da

---

81 Louis François Tollenare foi um viajante francês que visitou o Recife nos anos de 1816 a 1818 e escreveu um livro, intitulado *Notas dominicais*, que se tornou muito importante para se conhecer os costumes da cidade na primeira metade do século XIX.

Revolução de 1817, e Bento tornou-se um dos membros da Junta Governativa formada por revolucionários famosos como, por exemplo, Gervásio Pires Ferreira, capitalista e proprietário da primeira fábrica de fiação e tecelagem de algodão implantada no Brasil, na cidade do Recife. Como se pode observar, a articulação familiar era bastante forte. (Vergulino, 2005, p. 196, grifo nosso)

Mesmo à altura da década de 40, as práticas permaneceram, e o livro de Dias (1940), considerado uma narrativa-chave na presente pesquisa, indica, aqui e acolá, esse entrelaçamento e ressalta, com indisfarçável simpatia, as relações de parentesco, ora no âmbito empresarial, ora na esfera da política, do português imigrante no Recife, destacando:

> O Comendador Albino José da *Silva deixou vários filhos entre os quais* o Dr. Francisco d'Assis Rosa e Silva, que foi *chefe político* de Pernambuco, senador federal e Vice-Presidente da República.
>
> O senhor Joaquim de Lima Amorim – Competente da opulenta firma Mendes, Lima & Cia. [...] *seguindo a orientação do seu sogro* o Comendador Antônio Fernandes Ribeiro, prestigiava e auxiliava quanto possível a intensificação dos cultivos das terras para a industrialização açucareira de que afirmava ser a fonte mais promissora da grandeza do Estado.
>
> Antônio Alves Barbosa – trabalhador incansável; empreendedor infatigável; pois que só abandonou a direção da grande nau que era e é a firma Loureiro, Barbosa & Cia., que se tinha desdobrado pelos Estados do Sul e do Norte do país, por Usina, Filiais, Fábrica de Sabão [...]. Então fez disposições que constituíram uma grande realidade na conservação *existencial da firma, para a qual entraram todos os seus filhos em número de dez*, sob a razão social de L. Barbosa & Cia., em substituição de Loureiro, Barbosa & Cia. [...]
>
> Manuel Almeida Alves de Britto – Chefe da importantíssima firma Alves de Britto & Cia., fazendas por atacado na Rua

do Livramento, é uma das grandes expressões do elemento português no comércio do Recife, quiçá do Norte do Brazil. Espírito empreendedor, temperamento vibrátil, visão clara e força de vontade indomável, fizeram com que em poucos anos o movimento comercial dessa casa atingisse a cifras colossais. Desdobrou-se por outros Estados e chegou a estabelecer filial até no Rio de Janeiro, competindo assim com as maiores fundações de tecidos do país. Casado, em segundas núpcias, *tem vários filhos de* ambos os matrimônios dos *quais é de esperar que continuem a bela e formosa trilha do seu velho Pai.* [...]

Aníbal de Pina Gouveia - Iniciou a sua vida comercial na Rua do Hospício, de onde saiu para Limoeiro do Norte, ingressando na firma Medeiros Varêda, onde trabalhou por vários anos, e *onde casou com uma filha do antigo chefe* e depois sócio J. da C. Medeiros Vereda. – Mais tarde, depois do falecimento do sogro no Porto, *associou-se com os cunhados*, mantendo a mesma firma e os mesmos ramos de negócios – Estivas, Ferragens, Algodão, Óleo de Mamona, etc.".

Antônio Luiz dos Santos – Fundou com seu *irmão José Antônio dos Santos* o "Curtume e a Fábrica Bragança" nos Peixinhos, hoje "Santa Maria", de Andrade Irmãos, que foi o primeiro a colocar no mercado "Vaquêtas e Pellicas" de cores por processos químicos que um outro dos seus *irmãos de nome Manuel José dos Santos*, havia conseguido aprender como empregado de uma fábrica americana durante o espaço de cinco anos. – Presentemente vivem em Lisboa (Dias, 1940, p. 17-19, grifo nosso).

Outro exemplo singelo pode, no entanto, simbolizar o que se deseja argumentar. Na década de 40, um português que se estabelecera originalmente no Pará mudou-se para o Recife. Trabalhou e adquiriu um grande terreno em avenida de um bairro de classe média alta, e nesse espaço veio a construir quatro casas

– duas voltadas para a referida avenida, e duas voltadas para a rua de atrás – e, uma vez prontas, as casas foram entregues a cada um dos filhos, que se casaram com brasileiras os três filhos homens, e a filha, com um jovem médico brasileiro. Os três irmãos trabalhavam na mesma firma, logo, por que também não deveriam residir juntos?[82]

No mesmo sentido, as relações de parentesco, importadas para o mundo do trabalho, caminharam rumo à perpetuação dessa herança. Dois ex-presidentes do Gabinete Português entrevistados para a pesquisa ressaltaram ora a importância dos laços de sangue, de parentesco, ora de conhecimento lá da aldeia de onde vieram de Portugal como fundamental para iniciarem seus negócios ou terem uma oportunidade por estas bandas. O primeiro deles relatou que escolhera o Recife como local para tentar a vida porque aqui residia um patrício que, ainda jovem, trabalhara para sua família na freguesia lá em Portugal. Já o segundo depôs que, quando se graduou em Direito, conseguiu ser o advogado de uma importante firma comercial do tio da sua esposa, causando a demissão do então contratado, e continuou nessa condição e, mais, como advogado particular do empresário até a morte desse tio.

A relevância dessa densa e complexa herança lusitana ficou patente no caso da indústria da panificação, a ser discutido mais à frente como exemplo de empreendedorismo étnico.

A partir da referência desse contexto familiar de matriz autoritária centralizada na figura do pai, há uma tendência, para que, no Brasil, se resvale para uma face negativa desse comportamento, por meio de relações paternalistas e de grande dependência entre os líderes e os liderados nas empresas nacionais. Em certo sentido, tal condição criou no país um clima de lealdade aos familiares, aos parentes e aos amigos. Em outras palavras, *aos*

---

[82] Obtido em depoimento de entrevistado.

amigos, os favores da lei e aos inimigos, os rigores da mesma lei. Daí muito frequentemente se entender como natural a prática do nepotismo e do patrimonialismo.[83]

Ainda nessa perspectiva, vale também ver a questão da mesa farta dentro de um ângulo econômico. Há nos arquétipos da cultura portuguesa do imigrante, muito aparente no Recife, o espírito de poupança e de formação de estoque nas dispensas. A dispensa é sempre cheia e abarrotada, invariavelmente desde os indefectíveis azeites, bacalhau, além de batata, arroz, feijão, macarrão e biscoito. Na verdade, a mesa farta certamente tem várias funções simbólicas no plano da gastronomia, mas, sem dúvida, constitui, na esfera da economia doméstica, um transbordamento da poupança dos alimentos guardados na dispensa, o que, *mutatis mutandis*, seria a internalização do princípio da poupança de estoques nas prateleiras da microeconomia empresarial para a esfera da família e da casa, o que reforça o argumento ora defendido da interpenetração desses pilares da casa, família e trabalho.

Outra herança de natureza empresarial lusitana seria a da permanente luta para possuir seu próprio negócio. Seja em razão da condição de imigrante, seja pela própria índole do português, um traço de sua personalidade é a dedicação ao trabalho.[84]

Veja-se a seguir o que, sobre o assunto, um dos entrevistados disse: "Quando eu cheguei, só ouvia a expressão eu tenho meu próprio negócio, ele botou o negócio dele, ele vai comprar o negócio, então, tudo era ter um negócio. Daí, então, eu procurei montar o meu próprio negócio".

É proverbial, na cultura nacional, esse crédito à sua maneira de encarar a vida. Mas, então, como os diversos autores que se

---

83 Há ainda dimensões variantes desse núcleo da família, casa e trabalho da cultura nacional, provavelmente provenientes de Portugal, que se traduzem em expressões como "você sabe com quem está falando?" ou "você pode dar um jeitinho nisso, amigo?". Sobre a matéria, ver Tanure (2001) e Damatta (1979).

84 Ver, nesse sentido, Garcia (2005).

dedicaram ao tema o veem?

Em primeiro lugar, Lobo (2001) identifica *a coragem, o espírito de aventura e a criatividade*. Posteriormente, tecendo considerações idênticas, Fiss (2001) declara serem o espírito *empreendedor, a força de vontade e a perseverança* qualidades que nunca faltaram a este imigrante. Mas, se parece ser óbvio indicar a existência dessa postura nesse imigrante português, o que é também merecedor de registro é que tal paradigma de comportamento serviu e tem servido para muitas pessoas nativas, que, pelo exemplo deles, acreditam na vitória como fruto do próprio esforço. Certamente, faz parte da inspiração deles tal padrão de comportamento.

Mais uma reflexão deve ainda se juntar às apresentadas até o momento. Trata-se da maleabilidade e senso de adaptação do português. De acordo com o que disseram Trindade e Caieiro (2000), há os traços de maleabilidade e espírito eminentemente prático como razão da explicação do sucesso deles no país. Ao ver-se no novo país – na América, no Novo Mundo –, sente-se impelido a desenvolver-se e a expandir-se em vez de permanecer na rotina do preparar e do aperfeiçoar da velha Europa de acordo com o que, argutamente, observou Gilberto Amado (Lessa, 2002).

Certamente, como já mencionado anteriormente no referencial conceitual, há na personalidade do imigrante um padrão de comportamento desviante e de revolta. Num certo sentido, ele, o imigrante, seria uma pessoa que nasce duas vezes. Na segunda, ele se recriaria, superando os desafios do novo ambiente.

Sem dúvida, esses componentes das crenças e dos valores derivados das ordens e irmandades religiosas, dos modelos institucionais da superestrutura de gestão da coisa pública na colônia, da centralidade da família e suas variantes do familismo invadindo a relação cidadão *versus* governo fazem parte da índole do imigrante luso para vencer obstáculos, e todos pertencem à matriz galega do Nordeste.

Por essas práticas e condutas é que tais valores implícitos e explícitos, aqui e acolá, na esfera da cultura empresarial recifense da primeira metade do século XX, concorreram para a viabilização da sua presença empreendedora na cidade, deitando raízes profundas na sociedade.

Ora, se no plano da cultura o luso carregava essa ideologia, na esfera da economia o clima de modernidade era de transformação e mudança, forjando-se, desta feita, um ambiente deveras propício a ações empreendedoras, consoante o próximo capítulo tratará.

Capítulo VI
O baile da modernidade no Recife

No Brasil, as cidades eram as cabeças-de-ponta do mundo moderno. Grupos urbanos procuravam aproximar-se o máximo possível dos exemplos europeus de organização econômica, estrutura social, atitudes e modo de viver. (Graham, 1973, p. 52)

Por toda a capital se nota um frêmito de vida intensa: o melhoramento do porto com suas avenidas, saneamento do Recife com a nova rede de esgoto-obra soberba de humanitário intuito – a abertura de novas artérias de via pública, o ressurgimento de uma cidade moderníssima, com ricos prédios de formosa estética, cercada de belezas naturais de sua vegetação luxuriante, banhada por vários canais que deslizam mansamente sob as elegantes pontes, uma cidade, enfim, que se vai transformando como um Sonho das Mil e Uma noites.
(Álbum de Pernambuco, 1913, p. 22, grifo nosso)

É que tudo aqui e ali me evoca o Recife. Gosto de vir a Paris, e quando estou em Paris, gosto de voltar ao Recife. (Fernandes[85] *apud* Ferraz, 1996, p. 52)

6.1. Praça de açúcar e empório comercial

Neste capítulo, far-se-á a exploração das transformações que ocorreram na base econômica da cidade no período em análise, a

---

[85] Aníbal Fernandes foi um dos intelectuais importantes do período. Filho do português, Senhor Albino Gonçalves Fernandes, de Trás os Montes, casado com brasileira, natural da cidade de Nazaré da Mata, no interior do Estado de Pernambuco. Aníbal foi jornalista do *Diário de Pernambuco* durante o período de 1931 a 1962. Foi sob sua direção que houve o lançamento do festejado *Livro do Nordeste*, dirigido pelo então jovem sociólogo Gilberto Freyre. A ligação de Fernandes com a cultura francesa era muito estreita, tendo sido, até mesmo, agraciado com a comenda da Legião de Honra daquele país.

partir do que se convencionou denominar de modernidade. Assim é que, articulado com o novo paradigma da modernidade,[86] aparece a expansão do capital internacional, a introduzir novos métodos e processos de produção, consumo, trocas e acumulação econômica, repercutindo, por consequência, na organização social. Desponta, em outras palavras, o avanço do capitalismo monopolista e, *ipso facto*, uma nova integração desta região do país à economia internacional, desta feita através de uma dependência econômica mais apurada do que a verificada no período mercantilista anterior. Diz Lubambo (1991):

> O que ocorreu, nas décadas finais do século XIX, não foi uma simples expansão da revolução industrial que começara na Inglaterra, um século antes. A revolução desta vez foi mais diferente. Foi mais prodigiosa em suas conseqüências, mais rápida em seus impactos e mais revolucionária em seus efeitos sobre os hábitos e perspectivas das pessoas. Não era apenas um aperfeiçoamento das utilidades do carvão e do ferro, era agora a idade do progresso científico e tecnológico dirigido à sociedade internacional. (p. 63)

O capital inglês, na liderança desse novo ciclo da economia internacional, traz consigo muitas daquelas novidades já citadas e, além delas, a fábrica, mais uma nova realidade no processo de produção, distribuição e consumo de bens, e também na vida da cidade. Na esteira desse processo, licenças são concedidas aos ingleses, através da The Great Western of Brazil Railway Company Limited e da *Pernambuco Tramways* & Power Company, para, por meio da primeira firma, explorar o trem, veículo que vai viabilizar as trocas intercidades, com a ligação de outras cidades com a

---

86 O paradigma da modernidade teria a seguinte caracterização, segundo Rezende (1997): "A vertigem da velocidade, a dessacralização constante de territórios antes proibidos, a exaltação do desejo e sua infinitude (...) quantidade e qualidade se misturam, no reino da produção material e, apesar de tudo, a insatisfação e o tédio sobrevivem, não saem de cena dos teatros e 'boulevards' barulhentos da sociedade de consumo" (p. 10).

cidade do Recife, mas, em especial, vai propiciar a logística da importação de equipamentos produzidos na Europa e a exportação do açúcar e do algodão aqui plantados; e, com a segunda empresa, oferecer à cidade o bonde e a energia elétrica. Se, ao final do século XIX, como já foi assinalado em capítulo anterior, o Recife ganhara uma ambientação de cidade moderna graças à implantação de vários equipamentos (Ferraz, 2001), no novo século, a infraestrutura urbana básica se consolida. O novo porto da cidade é inaugurado em 1922 e, junto com ele, seu bairro mais antigo, o Bairro do Recife, tem sua reforma também concluída.

Com este evento, a cidade dá, simbolicamente, adeus às ruelas, becos e sobrados esguios, do Corpo Santo e do Cais da Lingueta. Faz Fernandes a crônica sobre este passado:

> É no começo deste século que a *physionomia do Recife perde os últimos vestígios do seu passado*. Desaparecem as casinhas da antiga Praça da Polé mandadas construir pelo governador Thomáz José de Melo, os arcos da Conceição e de Santo Antônio, a igreja do Corpo Santo e a velha Lingüeta com suas vastas gamelleiras. O que a cidade ganhou em progresso e desenvolvimento material, perdeu em pitoresco e feitio próprio. *Não levamos em conta o contingente precioso de um passado tão rico em sugestões.* E deixamos que tomasse vulto um Recife com o ar de civilização de transatlântico, e onde debalde procuramos encontrar hoje um pouco de nós mesmo. (Fernandes *apud* Ferraz, 1996, p. 39, grifo nosso)

Ainda de acordo com a pesquisadora Lubambo (1991), o quadro de interesse de outros investimentos europeus, no plano nacional, na área de infraestrutura, foi o seguinte no final do século XIX:

> A partir do final do século XIX e primeiros anos do século XX começou a se acentuar a concentração dos investimentos estrangeiros nas grandes obras públicas e no estabelecimento

de vasta rede bancária. No entanto, tal concentração era mais ou menos setorizada: os ingleses se ocupavam das estradas de ferro, seguros, empréstimos públicos e bancos; os americanos investiram em produção agrícola e industrial e exportação de café; os franceses, em indústria açucareira, construção de portos, equipamento de cidades, transações financeiras (bancos, sociedades financeiras e companhias de seguro) e setor bancário e os holandeses, principalmente, em transportes marítimos e equipamento de porto. (p. 41)

Já na cidade do Recife, os interessados são citados por Levine (1980):

> Firmas estrangeiras controlavam os sistemas de transportes urbanos no Recife, a rede ferroviária que irradiava da capital, a companhia do gás e do telefone. Os estrangeiros dominavam o mundo, também, indústrias locais como a do algodão, a do processamento de óleos vegetais, a pequena frota de pesca motorizada, além de operar diversas usinas de açúcar e as duas maiores fábricas de tecido do Estado. (p. 76)

Reforçando a análise, Perruci (1978) demonstra a forma como esses novos agentes do capital atuavam:

> Os fabricantes ingleses, como, aliás, os alemães e os norte-americanos, escoam os seus produtos na região graças aos seus próprios agentes comerciais. Não é mesmo raro encontrá-los em regiões bastante longínquas do Sertão. Além dos agentes comerciais, os súditos ingleses são numerosos em Pernambuco; todos, ou quase, são comerciantes exportadores ou importadores. Apoiando-se em seus bancos, eles podem freqüentemente vender suas mercadorias em um prazo de 90 dias da data da fatura, com uma comissão de 3% para o comissário. (p. 135)

A obra do porto da cidade, iniciativa pública de relevância nas primeiras décadas do século XX, como afirma Perruci (1978), foi entregue, em 1911, à firma francesa Société de Construction des Batignolles pelo valor contratual de 104 milhões de francos, gerando três mil empregos.

O mundo, o Brasil e, obviamente, o Recife entravam na fase do capitalismo internacional, e todas as medidas tomadas pela classe dominante local e governantes brasileiros eram políticas públicas voltadas para viabilizar a inserção da economia local e da cidade nessa nova etapa do capitalismo.

Com efeito, a historiografia econômica sobre o Recife desse período é abundante – Barbosa Viana (1900); Melo (1958); Souza Barros (1972); Singer (1974); Eisenberg (1977); Perruci (1978); Levine (1980); Lubambo (1991); Vergulino (1993) e Lima, Sicsu e Padilha (2008) – e ressalta, unanimemente, o fato de a cidade ter sido, ao mesmo tempo, um entreposto comercial para abastecer toda a região Nordeste e uma região produtora de açúcar, algodão e alimentos, este último em menor escala.

Nos últimos dez anos do século XIX, ocorreram iniciativas destinadas a modernizar o parque industrial açucareiro, mobilizando recursos privados e públicos. Na verdade, os governantes apoiaram firmemente os usineiros com empréstimos generosos,[87] e tal volume de aplicações não deixou de desencadear

---

[87] O tratamento dispensado aos usineiros foi este: "(...) governando o Estado (Barbosa Lima) de 1892 a 1896, aumenta os empréstimos: (...) É Barbosa Lima, porém, que aumenta assustadoramente o seu teto, chegando, por exemplo, a fornecer o limite de 900 contos para a Usina Catende e 800 e 700 contos para várias outras usinas. Enquanto as autoridades anteriores emprestaram 2.190 para 10 estabelecimentos, Barbosa Lima totaliza 13.950 contos para 26 usinas. Afinal, *o último trunfo desta nova camada aristocrata que ascende é a questão do pagamento deste crédito*. Nos contratos de empréstimos estatais exige-se hipoteca das terras e usinas, prazos para pagamento do capital e juros, escrituração comercial, fiscalização dos contratos, multas para aqueles que faltem com as obrigações etc., como os empréstimos se fazem em parcelas distanciadas, ainda no governo de Barbosa Lima foi paga parte dos juros dos empréstimos realizados até 1894. Alguns usineiros fogem ao pagamento e negam-se a pagar a multa do contrato; a única medida tomada por Barbosa Lima é aumentar os juros de mora, de 1 para 2%. No governo seguinte, o de Joaquim Correa de Araújo, a situação se radicaliza; só 4 usinas pagam regularmente os seus juros; as outras, mesmo as prósperas, negam-se a fazê-lo. Juros de capital ficam em mãos de usineiros a pretexto da péssima situação do açúcar, enquanto o governo continua a pagar as prestações restantes do empréstimo. A verdade é que as 22 usinas devedoras teriam de ser vendidas em hasta pública. Argumentando

efeitos positivos. De acordo com Vergulino (1993), teria havido, mesmo, uma espécie de *boom* econômico em decorrência desses investimentos na agroindústria açucareira e, por conseguinte, outras atividades industriais inter-relacionadas apareceram no Estado e na cidade do Recife, em especial no primeiro quartel do século seguinte.

Expandindo a relevância do produto, Guerra (1981) afirma:

> O açúcar, que estava completamente recuperado, ao lado do algodão, que durante a Revolução de 1817, no dizer de Oliveira Lima, chegou a ser o mais importante produto de Pernambuco, houvera se tornado mesmo um dos sustentáculos econômicos da praça, até os primeiros anos da segunda metade do século XX. (p. 12)

Informa ainda Vergolino (1993), que foi graças a tal *boom* que sete indústrias têxteis – Companhia de Fiação Tecidos, Companhia Industrial de Pernambuco, Companhia Paulista, Companhia Industrial de Goiana, Companhia de Malha e Companhia de Estopas – foram implantadas na mesma década, com uma capacidade operacional de 1.276 teares. Houve, portanto, dinamismo industrial relevante não apenas pelas instalações dessas fábricas, mas também em razão da diversidade de estabelecimentos fabris – mesmo de pequeno porte – que se instalaram no período, conforme a Tabela a seguir, o que denuncia um crescimento significativo de empresas da ordem de dez vezes no intervalo de 40 anos. Além do mais, vale observar a curva ascendente de empresas de alimentos, de vestimentas e de empresas de distribuição e

---

que o leiloamento das propriedades seria improdutivo, o governador decreta lei, em 1898, que o autoriza a 'entrarem em acordo com os proprietários das usinas', inovando os contratos anteriores; consolidar os débitos anteriores, a fim de que possam ser pagas as dívidas, em prestações, no prazo de 10 anos; 'dispensar os juros de mora'. Esta medida enterra todas as possibilidades de pagamento das dívidas, que na verdade nunca foram pagas. É assim que a nova camada da aristocracia de Pernambuco se beneficia da ação do Estado para se consolidar economicamente" (Carone, 1972, p. 56-57, grifo nosso).

comercialização de gás, esta última exatamente para fornecer esse insumo às demais empresas.

TABELA VII
CRIAÇÃO DE EMPRESAS EM PERNAMBUCO
1900-1940

	TIPO DE PRODUTOS	ANTES DE 1900	1900 1909	1910 1919	1920 1929	1930 1940	TOTAIS
1.	MINERAIS	56	1	8	12	43	120
2.	VEGETAIS	-	-	-	-	46	46
3.	METALÚRGICAS	1	-	1	5	18	25
4.	MECÂNICAS	-	-	-	-	2	2
5.	TRANSF. MINERAIS NÃO METÁLICOS	2	3	7	23	101	136
6.	MADEIRAS SIMILARES	-	-	1	15	64	80
7.	PAPEL PAPELÃO	-	-	-	2	6	8
8.	ÓLEO GORDURAS VEGETAIS	1	1	4	1	5	12
9.	COUROS E PELES	-	1	-	10	30	41
10.	QUÍMICAS FARMACÊUTICAS	4	1	10	13	36	64
11.	TÊXTEIS	8	2	5	20	48	83
12.	ROUPAS CALÇADOS	1	2	7	18	134	162
13.	ALIMENTÍCIOS	31	17	39	116	544	747
14	BEBIDAS	2	2	3	4	70	81
15.	CONST. CIVIL	-	-	2	12	19	33
16.	DISTRIBUIÇÃO GÁS	1	-	10	79	50	140
17.	ABASTECIMENTO ÁGUA ESGOTO	6	3	10	15	40	74
18.	DIVERSAS	-	-	1	-	8	9
	TOTAIS	113	33	108	345	1264	1.863

Fonte: Adaptada de Perruci (1978).

Resumidamente, pode-se afirmar que as mudanças tecnológicas – transformações dos engenhos centrais em usinas; geração de uma rede de infraestrutura ferroviária de transporte interligando Recife e as principais cidades do Nordeste; a própria remodelação do porto; a disponibilização de mão de obra em virtude da expulsão do homem do campo para a cidade causada pelas usinas; aparecimento de novas indústrias e de mercado consumidor e o relativamente fácil acesso ao fornecimento do algodão, plantado no Nordeste e no estado, sem esquecer o mercado de trocas internacionais e nacionais que o porto do Recife operava, todos esses fatores concorriam para o desenvolvimento e a expansão da cidade.

Corroborando essa visão, outros autores afirmam:

> Ao longo da primeira metade do século XX, a economia de Pernambuco experimenta certa diversificação. No bojo da expansão da economia articulada à agroindústria açucareira forma-se em Pernambuco uma atividade industrial fornecedora de insumos e equipamentos para esta, principalmente no setor metal-mecânico, bem como a têxtil com base no algodão nordestino e no mercado regional, então protegido por barreiras de custos de transporte, ao tempo em que o Brasil vai adotando o modelo de industrialização substitutiva. Essa trajetória vai permitir que a economia de Pernambuco assuma posição de destaque no contexto nordestino, mesmo que a base econômica fosse muito concentrada no entorno da capital e muito dependente do setor hegemônico, ou seja, a atividade de produção de açúcar. (Lima, Sicsu e Padilha 2008, p. 3)

Consistentemente com as informações anteriores, durante a primeira década do século XX, o Recife já mantinha um comércio de largo espectro e vigor, abrigando 37 firmas de exportação e importação de porte considerável, distribuídas por nacionalidades, principais produtos de exportação e de importação e portos de trocas nacionais e internacionais, conforme dados da Tabela VIII, a seguir.

TABELA VIII
TOTAL DE FIRMAS DE EXPORTAÇÃO E IMPORTAÇÃO ESTABELECIDAS NA PRAÇA DO RECIFE EM 1913

NACIONALIDADE	PRODUTOS EXPORTADOS	PRODUTOS IMPORTADOS	PORTOS NAÇÕES	PORTOS / ESTADOS
15 BRASILEIRAS 08 PORTUGUESAS 04 INGLESAS 04 ALEMÃES 03 AMERICANAS 03 EUROPEIAS	ALGODÃO AÇÚCAR COURO AÇÚCAR, ÁLCOOL, AGUARDENTE, PELES E COUROS, SECOS OU SALGADOS, BORRACHA DE MANIÇOBA.	BACALHAU, CHARQUE, FARINHA DE TRIGO. MAQUINARIA INDUSTRIAL MAQUINA DE ESCREVER, MIUDEZAS, MODAS, PERFUMARIAS ARMARINHOS E CONFECÇÕES.	HAMBURGO, LIVERPOOL, HAVRE, NOVA IORQUE, LONDRES, RIO DA PRATA. DEMAIS PORTOS DA AMÉRICA DO NORTE E EUROPA	RIO DE JANEIRO, SANTOS, ALAGOAS, CABEDELO, ANTONINA, RIO GRANDE DO SUL, BAHIA.

Adaptada de FELDWICK W.; WRIGHT, A.; LLOYD, R. (orgs.), 1913.

O Recife apresentava-se, portanto, como uma cidade regional de produção industrial, de comércio e de serviços. A seguir, alguns dados corroboram tal afirmativa.

No ano de 1920, Clóvis Melo (1989), mesmo ponderando a falta de confiabilidade dos dados do recenseamento nacional de 1920, oferece os dados do Quadro 03, que revelam a existência de 417 empresas na cidade, com prevalência para os setores de alimentação e têxtil. Caso as usinas, na casa de 56[88] unidades em funcionamento, sejam levadas em conta, é de se considerar que, de fato, o estado e a cidade do Recife – que concentrava na ordem de 70 a 80%, desses estabelecimentos – experimentaram um crescimento significativo da produção industrial nos primeiros trinta anos do século XX, destinando tal produção ora para o consumo interno e regional, ora para o exterior.

---

[88] Ver relação das usinas de açúcar no *Álbum Estado de Pernambuco*. Obra de propaganda geral (1919, p. 76). Por outro lado, Andrade (1989), reforçando a afirmativa acima, informa que, entre 1910 e 1940, 41 usinas foram fundadas em Pernambuco (p. 56-60).

QUADRO 03
TIPOS DE INDÚSTRIAS *VERSUS* EMPREGADOS

RECENSEAMENTO NACIONAL DE 1920			
	RAMOS	FÁBRICAS	EMPREGADOS
1º	Alimentação	108	2.963
2º	Têxtil	95	7.615
3º	Vestuário	68	-
4º	Produtos químicos	45	109
5º	Cerâmica	43	109
6º	Construção civil	27	134
7º	Metalúrgica	12	543
8º	Curtumes	10	527
9º	Madeireiras	6	77
10º	Indústria de luxo	3	63
Totais		417	12.140

Fonte: Adaptado de Melo (1989, p. 34).

Da mesma forma, o porto da cidade realizava operações de exportação de algodão e açúcar em volumes bastante significativos, o que levou a que esses produtos fossem considerados seus principais itens de comércio externo, conforme Quadro 04 a seguir.

QUADRO 04
PRINCIPAIS PORTOS DO BRASIL E PRODUTOS

PORTO	PRODUTO
RIO DE JANEIRO	CAFÉ, PELES, ALGODÃO BRUTO, FUMO, JACARANDÁ ETC. BALDEAÇÃO DO COMÉRCIO GERAL DO COMÉRCIO COSTEIRO PARA NAVIOS DE ALTO-MAR.
SANTOS	CERCA DE METADE DO CAFÉ CONSUMIDO EM TODO O MUNDO; AÇÚCAR, ALGODÃO, FUMO, DIAMANTES ETC. (GRANDES LEVAS DE IMIGRANTES TAMBÉM)
BELÉM	PARTILHA COM MANAUS A EXPORTAÇÃO DA BORRACHA. CASTANHAS, UM POUCO DE CACAU, AÇÚCAR, COUROS, PLANTAS MEDICINAIS ETC.
RECIFE	*PRINCIPAL PORTO DE AÇÚCAR, GRANDE QUANTIDADE DE ALGODÃO. UM POUCO DE CACAU, FUMO, BORRACHA, COUROS ETC.*
BAHIA	PRINCIPAL PORTO DE CACAU E FUMO. AÇÚCAR, ALGODÃO, AREIAS MONAZÍTICAS, DIAMANTES, JACARANDÁ, PRODUTOS DA PESCA DE BALEIA, ALGUM CAFÉ E BORRACHA.
MANAUS	BORRACHA, CACAU, CASTANHAS, PLANTAS MEDICINAIS ETC.
PORTO ALEGRE E RIO GRANDE	PELES, COUROS E OUTROS PRODUTOS DA PASTORÍCIA
FORTALEZA	PELES DE CABRA, COUROS, CERA DE CARNAÚBA, ALGUMA BORRACHA, ALGODÃO, AÇÚCAR ETC.
ANTONINA	PRINCIPAL PORTO DE MATE E MADEIRAS.
VITÓRIA	AREIAS MONAZÍTICAS, CAFÉ, MADEIRAS, PLANTAS MEDICINAIS E PEDRAS PRECIOSAS.
CORUMBÁ	MATE, COUROS, OURO, PEDRAS PRECIOSAS, PENAS DE AVES ETC.

Adaptado de FELDWICK W.; WRIGHT, A.; LLOYD, R. (orgs.), 1913.

No mesmo sentido, ver quantidade/número de embarcações atracadas no Recife, bem como volume de carga embarcada no ano de 1913, no Quadro 05.

QUADRO 05
MOVIMENTO PORTOS BRASIL 1913
NAVIOS *VERSUS* TONELAGEM

NAÇÃO	BRASILEIROS		ESTRANGEIROS		TOTAL		PARTICIPAÇÃO	PERCENTUAL
PORTOS	NAVIOS	TONELAGEM	NAVIOS	TONELAGEM	NAVIOS	TONELAGEM	NAVIOS	TONELAGEM
Rio de Janeiro	841	628.488	1.390	4.208.566	2.231	4.835.054	21,8	29,8
Santos	515	351.472	944	2.968.229	1.149	3.319.701	11,2	20,5
Bahia	392	414.845	527	1.719.235	919	2.134.080	9,0	13,2
Pernambuco (Recife)	*492*	*436.530*	*376*	*1.113.533*	*808*	*1.550.063*	*7,9*	*9,6*
Pará (Belém)	1.176	498.035	342	748.873	1.518	1.246.908	14,8	7,7
Manaus	1.213	325.659	126	281.675	1.339	607.334	13,1	3,7
Maceió	310	349.962	82	174.012	392	523.974	3,8	3,2
Vitória	349	309.380	57	133.901	406	443.281	4,0	2,7
Rio Grande do Sul	267	210.231	141	207.812	408	418.043	4,0	2,6
Fortaleza	299	331.989	44	82.817	343	414.730	3,4	2,6
Paranaguá	385	271.567	89	102.288	474	373.855	4,6	2,3
Maranhão	203	264.625	46	87.817	249	352.442	2,4	2,2
TOTAL	6.442	4.392.783	4.164	11.828.758	10.236	16.219.465	100,0	100,0

Fonte: Adaptado de FELDWICK, W.; DELANEY, L.; WRIGHT, A.; LLOYD, R. (orgs.), 1913.

6.2. Comércio grossista e varejista

Associado com tal padrão de produção, a cidade do Recife abrigava, no setor do comércio a grosso e de varejo uma razoável diversidade de firmas, merecendo ser destacado que, no ano de 1905, existiam 2.800 casas dedicadas ao varejo e, no comércio grossista, a estatística representada no Quadro 06, indica um total de 227 firmas e os seguintes quantitativos por ramos de atividade econômica:

QUADRO 06
ESTABELECIMENTOS DE COMÉRCIO GROSSISTA

RAMOS	UNIDADES	PART. %
I) Altos negociantes de açúcar (comissários, armazenadores e compradores)	44	19,38
II) Refinarias de açúcar Armazéns de recolher	24	10,57
III) Armazéns exportadores de algodão	21	9,25
IV) Armazéns de recolher algodão	12	5,29
V) Armazenamentos para Calçados	6	2,64
VI) Secos e molhados	4	1,76
VII) Importadores de bacalhau e charque	2	0,88
VIII) Comissões, consignações e conta própria	29	12,78
IX) Compra e exportação de couros e peles	7	3,08
X) Estivas em grosso	36	15,86
XI) Ferragens	25	11,01
XII) Miudezas e armarinhos em grosso	17	7,49
TOTAL	227	100,00

Fonte: Adaptado de Guerra (1985).

No que concerne ao varejo no mesmo período, a distribuição espacial, por ramos e casas de maior destaque, conforme os Quadros 07 e 08, é a seguinte:

QUADRO 07
ESTABELECIMENTOS GROSSISTAS LOCALIZADOS NO BAIRRO DO RECIFE E RESPECTIVAS RUAS

RUAS PRINCIPAIS / RAMOS	BOM JESUS	APOLO	BRUM	MADRE DE DEUS	TRAVESSA MADRE DEUS	TOTAL
Comissões consignações	06	05	03			14
Estivas em grosso				13	04	17
Negociantes Algodão		03	05			08
Negociantes Açúcar	02	10	17			29
	08	18	25	13	04	68

FONTE: Adaptado de Guerra (1985). O autor registra ainda um total de 5 refinarias de açúcar, localizadas nos bairros de São José e Boa Vista.

QUADRO 08
ESTABELECIMENTOS DE VAREJO LOCALIZADOS NOS BAIRROS DE SANTO ANTÔNIO E BOA VISTA E RESPECTIVAS RUAS

RUAS PRINCIPAIS / RAMOS	DUQUE DE CAXIAS	PÁTIO LIVRAMENTO	IMPERADOR PEDRO II	NOVA	IMPERATRIZ	RANGEL	CABUGÁ	TOTAL
Estivas em grosso					06			06
Ferragens grossas	09	08		05				22
Modas e confecções	31	07		25	18	19	07	107
Calçados	05	13	04	04				26
Móveis	03				07			10
Fazenda em grosso	11		07	08				26
TOTAL	59	28	11	42	31	19	7	187

Fonte: Adaptado de Guerra (1985).

Como se pode captar, as atividades comerciais, com destaques para a intermediação de açúcar e algodão, no âmbito a granel, e para modas e confecções, no varejo, eram exercidas com dinamismo na praça do Recife, o que vem corroborar a afirmativa de Souza Barros (1972) de que a cidade era um empório comercial, seja pelas trocas internacionais e nacionais que essas firmas realizavam, seja pela capilarização existente na variedade e diversidade de casas comerciais para atender ao mercado do comprador local e regional.

Está, portanto, coberto de razão Souza Barros (1972), quando assevera:

> Pernambuco importava mais que exportava. O Recife *era um empório comercial, e não apenas praça de açúcar*. Esse mercado regional servia às unidades vizinhas [...]. Isto fazia do Recife um centro abastecedor [...]. A Great Western levava uma parte dessa importação a três estados vizinhos [...]. (p. 45, grifo nosso)

Mas, ao mesmo tempo, o Recife era uma capital com problemas sérios de expansão urbana, saúde pública e emprego. A despeito dessas dificuldades, a cidade que, no ano de 1913, já albergava 217 mil habitantes, expandiu-se e avançou sobre áreas novas, outrora pertencentes aos engenhos. Relata Lubambo (1991):

> A esta época, o Recife já apresentava um mercado de consumo considerável. A população do núcleo urbano mais do que triplica entre meados do século XIX e a primeira década deste século. No mesmo período, a expansão urbana foi acelerada, fazendo surgir novos bairros e novas áreas de ocupação, além do núcleo central. (p. 52).

A Tabela a seguir retrata a evolução:

TABELA IX
DISTRIBUIÇÃO DA POPULAÇÃO DO RECIFE POR FREGUESIA (1843-1913)

ANOS	1843		1913	
FREGUESIAS	Nºs ABSOLUTOS	%	Nºs ABSOLUTOS	%
RECIFE	9.310	14	5.146	2
S. ANTÔNIO	-	-	14.857	7
S. JOSÉ	21.480	32	32.404	15
BOA VISTA	-	-	22.876	10
AFOGADOS	-	-	15.578	7
VÁRZEA	10.340	16	3.887	6
POÇO DA PANELA	9.285	14	23.857	11
SANTO AMARO	-	-	16.967	8
ENCRUZILHADA	-	-	26.272	12
MADALENA	-	-	9.224	8
TORRE	-	-	14.461	7
PERES	-	-	9.663	5
TOTAL	66.280	100	217.076	100

Fonte: Adaptado de Lubambo (1991, p. 52).

Por outro lado, analisando a estratificação e a distribuição social e espacial da população no período, Lubambo (1991) acrescenta:

> A esta época, dois grupos compunham a elite urbana: as velhas famílias rurais e os comerciantes e banqueiros citadinos, muitos dos quais de origem estrangeira. Suas mansões espaçosas conferiram um ar de extremada fidalguia a bairros como Boa Vista, Paissandu e Benfica, enquanto seus filhos tomavam lugar como reconhecidos nomes da vida pública estadual e nacional.
>
> Abaixo desta elite vinham os membros das profissões liberais, os comerciantes e os burocratas da faixa mais elevada da classe média. A classe média, por sua vez, incluía também famílias de posses modestas com bons empregos, mas sem luxo. Toda essa gente se espelhava na elite e se dizia "gente de bem","de sociedade", "*cidadãos merecedores de uma cidade moderna e civilizada*".

> Ricos e pobres coexistiam, mas não há dúvida de que ocupavam e viviam mundos separados. Para a "gente de bem", o povo era anônimo. Não apenas os mendigos, pescadores de siri e residentes em mocambos, mas também os artesões, os caixeiros de lojas e os trabalhadores especializados de pequenas indústrias. Em sua maioria, viviam em áreas decadentes da cidade como o Bairro do Recife e parte do bairro de Santo Antônio, em ruas sinuosas e estreitas, em casas que se desfaziam de dois a cinco andares, em cortiços; nas áreas alagadas, em mocambos, ou, então, junto às fábricas que iam se implantando. (p. 51-55, grifo nosso).

Na mesma linha de raciocínio, Singer (1974) chama a atenção para o fato de o crescimento do Recife, no período e décadas seguintes, não se explicar apenas pelo desenvolvimento econômico da cidade, mas antes pela falta de desenvolvimento em toda a área socioeconômica em que a cidade se localiza.

> Esta falta de desenvolvimento ocasiona um êxodo rural que acarreta no Recife um processo de crescimento desequilibrado que Gilberto Freyre apodou de "inchação" e que caracteriza a evolução da cidade em todo período mais recente. (p. 331)

Em que pese tais graves dificuldades, a cidade experimentou expansão e renovação urbanas, ao lado de vigor e pulsação em várias áreas, particularmente nos espaços da cultura, educação e política, cujos atores e principais eventos serão objeto de análise nos itens seguintes.

6.3. Porões dos navios trazem a modernidade

Foram de diferentes espécies e naturezas os eventos, inovações e práticas de comportamento que atingiram a cidade como resultado do seu envolvimento na onda da modernidade trazida pela *Belle Époque*.

Energia elétrica, carro, bonde,[89] cinema, cafés, rádio, fotografia, modas, desfiles e novos espaços urbanos conduzem a cidade do Recife ao *baile da modernidade*, no início do século XX, até os anos 30. É a cidade abandonando seus padrões de comportamento do século rural e, ao mesmo tempo, revestindo-se de modernidade.

Tanto cronistas coevos – Amado (1955), Guerra (1972), Sette (1918) e Souza Barros (1972) – como trabalhos contemporâneos[90] indicam que, nesse período, o Recife viveu sob o signo da modernidade.

Com efeito, houve um projeto das elites da velha República, mencionado por Lubambo (1991), Perruci (1978) e Araújo (2007), de modernizar as grandes cidades brasileiras, capitaneado pela cidade do Rio de Janeiro. Diz Lubambo (1991):

---

[89] Transporte coletivo elétrico, sobre trilhos, introduzido no Recife em 1914, usado no Brasil para referir-se ao elétrico leve. A expressão "bonde" surgiu em 1879; sua origem deveu-se ao fato de que, na época, a passagem do *carril de ferro* custava 200 reis/réis, mas não existiam moedas ou cédulas desse valor em circulação. Em vista disso, a empresa teve a ideia de emitir pequenos cupons (bilhetes), em cartelas com cinco unidades, ao preço de um mil réis, cuja cédula circulava em grande quantidade. Os bilhetes (ricamente ilustrados), impressos nos Estados Unidos, foram logo denominados pela população como *bonds* (bônus, ação). A própria empresa denominava *bond* aos cupons, por entender que realmente representavam o compromisso assumido de, em troca, transportar o portador em um de seus veículos. Os bilhetes também eram utilizados como troco e podiam ser convertidos em moeda corrente, nos escritórios da empresa, ou ser utilizados em futuras viagens. Disponível em <http/www.geocities>. Acesso em 12 ago. 2008.

[90] ARAÚJO, Rita de Cássia Barbosa de. *As praias e os dias*: história social das praias do Recife e de Olinda. Recife: Fundação de Cultura da Cidade do Recife, 2007; CAMPOS, H. A. Comércio na área central do Recife (PE-Brasil): novos e antigos conceitos acerca da história da cidade. *Cripta Nova, Revista Electrónica de Geografía y Ciencias Sociales*, Universidad de Barcelona, v. VI, n. 119 (57), 2002; COUCEIRO, Sylvia Costa. A sedução da noite nos cafés do Recife dos anos 1920: entre prazeres e transgressões. Associação Nacional de História – ANPUH XXIV SIMPÓSIO NACIONAL DE HISTÓRIA; FRAGOSO, Danilo. *Velhas ruas do Recife*. Recife: Imprensa Universitária, 1971; OLIVEIRA, Iranilson Buriti de. Templos de consumo: memórias, territorialidades e cultura histórica nas ruas recifenses dos anos 20 (século XX). *Revista Saeculum*, (16), João Pessoa, jan./jun. 2007; REZENDE, Antônio Paulo. *(Des)encantos modernos* – histórias da cidade do Recife na década de vinte. Recife: Fundarpe, 1997; TEIXEIRA, Flávio Weinstein. *As cidades enquanto palco da modernidade*. O Recife de princípios do século. Recife, 1994. Mestrado em História UFPE-CFCH; TEIXEIRA, Flavio Weinstein. Intelectual e modernidade no Recife dos anos 20. *Revista Saeculum*, I (1), João Pessoa, p. 89-98, jul./dez. 1995; VIEIRA, Daniel de Souza Leão. *Paisagens da cidade*: os olhares sobre o Recife dos anos 1920. Recife, 2003. Mestrado em História, UFPE-CFCH.

Nos primeiros anos do século XX, foi realizada a grande Reforma na área central do Rio de Janeiro [...]. O que se quer salientar, no momento é que tanto a remodelação da capital, quanto os variados meios descobertos em favor da consagração do progresso e modernização são facetas diferentes de um só projeto: o projeto que marcou categoricamente a nova composição das elites sociais no país. (p. 65)

Seu modelo imediato é a cidade do Rio de Janeiro, e seu espelho é a Europa. Alguns cronistas chegam a falar mesmo em uma *Belle Époque* local.

Em texto sobre a cidade, o jornalista Menezes (2001), com o olhar contemporâneo, repercute tal clima no texto a seguir.

> No começo da República, nosso porto já era o terceiro em importância do país. *Tudo isso influenciava o comércio, os costumes, a moda, e, sobretudo estimulava empreendedores a ousar ações pioneiras.* [...] Desde o século 19, nossas possibilidades de ligação transatlântica eram amplas. As viagens de longo curso começaram em fevereiro de 1852, com a chegada do paquete Teviot, da Mala Real inglesa. Rapidamente a ligação se consolidou com o serviço regular dos lindos e velozes paquetes, os transatlânticos da época, Madalena, Clyde, Danude e Nile. Em apenas 15 dias estava-se em Lisboa! Um assombro. E daí para a Inglaterra mais uma semana. [...] *O Recife era um pólo cultural e também econômico.* [...] Os viajantes de outras cidades encontravam no Recife a última moda, os livros, os tecidos, os melhores pianos, as partituras das valsinhas, polcas. (p. 20, grifo nosso)

Saudando o novo, outro cronista diz:

> No dia 15 de abril de 1922, a cidade assistiria, enfim, a uma coisa julgada uns sonhos pelos mais velhos. [...] Um navio de 1.400 toneladas da Mala Real Inglesa Arlanza, atracando nas docas de Recife, fazendo um desembarque tranqüilo. No ano seguinte,

isto seria ultrapassado com a chegada do mesmo transatlântico holandês Gelria de 1.500 toneladas. O lamarão terrível e áspero passaria afinal para tema de crônicas saudosistas. A inquietação desaparecera e se constituíra em panorama de evocações sentimentais. *O Recife, afinal, ingressara no conceito das grandes cidades portuárias do mundo.* (Guerra, 1972, p. 12, grifo nosso)

Aqui não se deve deixar de se referir à importação dos gêneros praticada então. O escritor Gilberto Amado, que fora empregado *do Diário de Pernambuco*, com a tarefa de coletar, nas agências, os dados dos manifestos para posterior publicação, registrou:

> Horas e horas, curvado sobre o balcão das agências, onde os manifestos se achavam expostos para consultar, eu pegava do lápis e ia alinhando no papel grosso de imprensa que levava comigo os itens dos despachos de mercadoria. Fiz copiar para este livro três desses manifestos das coleções do Diário de Pernambuco, na Biblioteca Nacional. (*) São achados interessantes como sinais indicativos do comércio do Brasil há cinquenta anos atrás. *Quanta coisa se importava!* Eu copiava por dia dois, três, quatro, mesmo cinco manifestos. Algumas agências eram acolhedoras. [...]

Eis aqui um destes manifestos: *Vapor francês Cordillère*, entrado do Havre e escalas a 28 de Julho e consignado a José Baltar & Cia. Carga do Havre: água de Rubinat 10 cxs. a J. S. Faria. Água de flores de laranja e óleo de amêndoas 1 cx. a Manoel dos Santos. Ameixas 12 cxs. a J. Abrantes & Cia., Amostras de licor 1 cx. a J. Abrantes & Cia. Álbum 1 cx. a F. Lauria. Arame 1 cx. à ordem. Águas de rosas 3 cxs. a José Denescêncio. Água mineral 10 cxs. a J. S. Faria, 5 a José Denescêncio, 15 a N. J. da Silva, 10 a J. N. Ferreira, 10 a M. J. Campos, 10 a M. Silva Braga. Água destilada 3 cxs. a J. N. Ferreira. Biscoitos 3 cxs. a Abrantes. Botões 3 cxs. a Maia e Silva & Cia., Chapéus 3 cxs. a M. Lins Caldas, 1 a J. Ferreira. Chocolate 5 cxs. a M. Guimarães Braga. Coroas mortuárias 4 cxs. a C. Fernandes & Cia., Drogas 9 vls. à ordem, 9 a J. Denescêncio, 4 a Guimarães

Braga & Cia., 3 a H. de Morais, 4 a Manoel de Oliveira, 21 a J. S. Faria, 4 a Silva Braga. Espelhos 1 cx. a M. J. Santos. Ferragens 1 cx. a A. Silva. Ferragens e outros artigos 9 vols. a M. Souza & Cia., Industrial Genebra 1 barril a M. Soares. Limalha 2 cxs. a A. Silva & Cia., Lixa 1 cx. a A. de Carvalho & Cia. Mercadorias 3 cxs. a N. Fonseca & Cia., 4 a Manoel de Carvalho & Cia., 6 a A. Silva & Cia., 3 a A. de Carvalho. Medicamentos e drogas a J. Denescêncio. Manteiga 15.5 meias e 5 outras à Santa Casa, 20 cxs. à ordem. Óleo de amêndoas 4 cxs. a José Denescêncio. Objetos para chapéus de sol 1 cx. a M. Lins Caldas. Óleo perfumado 1 cx. a José Denescêncio. Perfumarias 1 cx. a S. de Matos Irmãos e Cia., e 1 a Manoel Colaço & Cia. Pentes e outros artigos 1 cx. a Garcia Castro. Papel 1 cx. a D. Layne. Peças para outras máquinas e outros artigos 9 vls. ao Sindicato Agrícola. Tecidos 1 cx. a C. Black & Cia., 1 a A. M. Soriano de Azevedo, 2 a J. Ferreira. Tubos de metal e outros artigos 1 vol. ao Sindicato Agrícola. Vaselina 1 cx. a J. Ferreira. Vinho 1 barril a M. Soares. Vermute 1 barril ao mesmo. Uísque 1 barril idem.

Carga de Vigo: Azeite 20 cxs. a José Tavares Carneiro. Vinho 20 cxs. a Manoel Perez. Carga de Leixões: Bagos 1 cx. à ordem, 1 a F. Amaral Cardoso. Folhas de louro 17 scs. à ordem. Vinho 100 cxs. a L. Barbosa & Cia. Carga de Lisboa: Azeite 20 cxs. a Santos de Figueira & Cia., 60 a Amorim Fernandes & Cia., 75 J. F. de Carvalho & Cia., 38 a Pinto Alves & Cia. Batatas 50 cxs. a Domingos Gonçalves Vila Verde, 200 a Amorim Fernandes & Cia., 40 barris a Amorim Fernandes & Cia., 20 a Soares Caldas & Cia.

Outro manifesto do mesmo dia: *Vapor austríaco Índia*, entrado de Gênova: Carga de Genova: Chapéus de palha 1 cx. a A. Maia & Cia. Celulóide 2 cxs. a F. Nunes. Elástico de algodão 4 cxs. à ordem. Livros e impressos 1 cx. a Ramiro Costa & Filhos. Mercadorias 86 vols. a A. D. C. Viana. Tecidos 4 cxs. a Alves de Brito & Cia., a Amorim & Cia. Vinho 36 barris a J. Pereira

Barbosa, 20 a J. M. dos Santos, 3 a Santo de Figueira. Carga de Trieste: Barras de ferro 20 vols. a A. de Carvalho, 25 a M. de Souza & Cia., Papel 20 cxs. a P. da Silva.

Ainda outro este de *Vapor inglês: Traveller*, agente Julius Von Johsten. Carga de Liverpool: Arcos de ferro 502 vols. a J. H. Botwell, Nephews. Arames de latão e outros artigos 9 vols. ao Sindicato Agrícola de Goiana. Artigos para escritórios 4 vols. a Silvino Barros Cavalcânti. Botões 10 cxs. a J. S. Aguiar, cofre 1 caixa a Romeu Guimarães. Carvão de pedra 247 toneladas e 4 quintais à Empresa de Gás. Champanha 100 cxs. a Dubeux & Cia. Cabos 502 rolos à ordem. Calçados 1 cxs. a Antônio M. Carneiro & Cia. Cerveja 72 cxs. à ordem. Camisas 2 cxs. a José Eusébio Simões. Drogas 9 vols. a F. Carneiro & Guimarães. Enxadas 3 cxs. ao Sindicato de Gameleira, Amaragi, Bonito, Escada. Ferragens 9 vols. a Barbosa Viana & Cia., 71 a Miranda Souza & Cia., 81 a A. Silva & Cia., 22 a Álvares de Carvalho & Cia., 206 a Carlos Vilaça & Cia., 17 a Ferreira Praça & Cia., 22 à ordem. Fios de Prata 58 vols. à ordem. Farinha de aveia 5 cxs. a Lourenço Barbosa & Cia., Garfos e outros artigos 2 cxs. à ordem. Louças 5 grandes a Estevão de Gusmão & Cia., 2 a Tavares Freire, 495 a Homero Barbosa, & Cia., 15 Dubeux & Cia., à ordem. Lançadeiras de madeiras, 1 cx. a Braz Silva & Cia., Leite condensado 50 cxs. a Pinto Alves & Cia., Lenços 2 cxs. a Gomes de Matos Irmãos & Cia., linha 18 cxs. a Machine Cotton, 2 a Nunes & Geppert, 11 a Manoel Colaço & Cia., 16 a Nunes Fonseca & Cia., 20 a J. R. Fonseca & Cia., maquinas de costura 24 cxs. a Sewing Machine. Maquinismo 7 vols. a Manoel Colaço Dias, 3 à Cia. de Fiação de Tecido, 716 à Cia., de Tecidos Paulista. Máquinas e outros artigos 4 vols. à Cia. Fiação de Tecidos, 2 a Nathan & Cia., 2 à ordem. Milho inglês e outros artigos 20 cxs. a Santos Figueira & Cia. Matérias para a estrada de ferro 133 vols. à Great Western. Pó para dentes 1 cx. a Manoel Colaço & Cia. Pó para branquear 5 cxs. à Cia. Pernambucana. Pano Oleado para mesa 1 cx. a M.

S. Carvalho & Cia. Pipas abatidas 150 a Pereira Pinto & Cia., 202 Eurico Cardoso & Cia. resíduos de petróleo e outros artigos 186 vols. à Empresa de Gás. Rendas 1 cx. à ordem. Sabonetes 1 cx. a Manoel Colaço & Cia. sal 25 cxs. a Lourenço Barbosa. Tecidos 1 cx. a Guerra Fernandes & Cia., 1 a Narciso Maia & Cia. e Gonçalves Cunha & Cia., 2 a Manoel Colaço. (Amado, 1955, p. 105-107, grifo nosso)

Mais uma vez os manifestos (esses de 1906) merecem algumas observações. Em primeiro lugar, endossar os comentários do autor, ao estranhar como ainda se importava tamanha variedade de itens no período. Chamar a atenção, ainda, para a variedade das procedências dos navios, seja de cidades da França, da Inglaterra e da Itália, sem esquecer, obviamente, as das terras lusitanas, ratificando as observações do item anterior, sobre o alcance das trocas do porto da cidade.

Merece, também, destacar, nesta fase, que as firmas portuguesas, como Álvares de Carvalho, Manuel Collaço, Alves de Brito, Pinto Alves e outras continuaram bastante expressivas, na qualidade de empresas importadoras.

Em quarto, enfatizar o perfil novo, diversificado e sofisticado dos importados, haja vista a inclusão, no rol de alimentação e bebidas outrora muito lusitano, de vermutes, *whiskies*, champanhe genebra, molho inglês, cerveja, manteiga, biscoitos, amostras de licores e outros do gênero.

Por outro lado, na esfera de produtos de uso pessoal, a influência francesa parece ser sentida com tanta importação de novas águas (águas *Rubinat*, de flor de laranja, de rosas, destilada e mineral) e óleos.

Adicionalmente, merece ser ressaltada a hegemonia da Inglaterra na exportação da Revolução Industrial, haja vista a importação de produtos, como material para as estradas de ferro e outros artigos, tais como resíduos de petróleo, carvão de pedra, máquinas, ferragens, enxadas, arames, cabos, tubos de metal, fios de prata e máquinas de costura.

Para efeito de contraste, vale a pena revisitar os manifestos dos navios de meados do século XVIII, discutidos anteriormente, e por esse contraste estimar as mudanças no perfil de interesse dos consumidores, concluindo, sem hesitação, que houve o aparecimento de um novo padrão de consumo, que estaria, também, a anunciar o advento da modernidade através dos porões dos navios. Haja novos óleos, novas águas, novas bebidas, novas roupas e sabonetes *vis-à-vis* novos implementos para a revolução industrial.

No clima e atmosfera da moda europeizada que se importava, anunciava-se, em 1909, segundo Guerra (1981), nas folhas diárias:

> Pinho da Suécia e Lajedo de cal de Lisboa, este em boas barricas no largo de Corpo Santo, nº. 15.
>
> Grandes partidas de cimento Portland em barricas de 400 libras, vindas diretamente da Inglaterra, artigo de excelente qualidade, na Rua Vigário Tenório, nº. 24.
>
> Elegantes e grandes espelhos franceses ovais á Luiz XV, moldura dourada, vidro Bisauté, artigo fino, próprio para decoração, na Rua Barão Vitória, nº. 2.
>
> Ou então com um desconto de 15%, W. Inglis & Cia. vende grandes partidas de fazendas inglesas, francesas, alemãs e americanas, na Rua do Imperador, nº. 54.
>
> Lindos chapéus para senhoras, ricamente enfeitados, chapéus de palhinha da Itália e de seda, os quais se vendem por menos do que qualquer outro estabelecimento, recebidos diretamente de Paris, na Fragata Amazonas, na Rua Duque de Caxias (ou Queimado) nº 47.
>
> Gastronomia: no Armazém do Campos, na Rua da Imperatriz, 28, vende-se leite condensado superior, novidade vinda da França;

chá fino da Índia; doces, licores, acepipes e grande variedade de vinhos finos e pastos de Portugal. (1981, p. 15)

Quanto à indumentária, o cavalheiro que acompanhava as senhoras estaria certamente vestido no rigor da moda inglesa. O sociólogo Gilberto Freyre já chamara a atenção para este aspecto da influência inglesa por meio do uso de palhetas, monóculos, guarda-chuvas e bengalas, comentou Graham (1973). Não há dúvida. O tal frêmito de vida intensa, referido na epígrafe, estava a instalar-se na cidade. Há, por conseguinte, o aparecimento de novos espaços de sociabilidade.

6.4. Novos espaços de convivência

Se, até então, os espaços de convivência se resumiam aos ambientes familiares e festas religiosas, com essas mudanças, a população passa a se deslocar pelos bondes, que vão desempenhar papel fundamental na atmosfera da modernidade.

Diz um cronista, sobre a época do bonde:

> Em seus bancos (e nos estribos em pé) se sentavam o trabalhador braçal, o comerciário, o estivador, o açougueiro, o médico, o bancário, o advogado, o chefe de escritório, o engenheiro, o deputado, o juiz, o desembargador, a dama da sociedade, a religiosa. (Alves da Mota, 1982, p. 28)

As pessoas poderão vir de seus bairros e arrabaldes distantes para o centro da cidade, e aqui poderão ser introduzidas nos templos de consumo moderno das ruas, quase que repaginadas para o que foi aqui denominado de *o baile da modernidade*. Funções e distinções várias são atribuídas às ruas dos seus três bairros principais: Recife, Santo Antônio e São José.

Anteriormente, como documenta o maior cronista do século XX do Recife, Mário Sette (1981), as senhoras e famílias não iam às compras. Era missão do homem, do pai de família.

> Naquela época recuada, bem raras as senhoras que iam fazer compras. O lar ainda tinha um tanto de clausura e nem tudo ficava bonito para "uma mulher direita". O andar de loja em loja era uma dessas ações que não lhe assentavam. E quando o faziam nunca prescindiam do marido, do pai ou de uma parenta já velha. Em regra, *os chefes de família é que executavam essas tarefas das compras mandando levar em casa as fazendas, os calçados, os chapéus para escolher.* Costumava-se adquirir os tecidos para vestidos, em peças, de modo que num dia de festa do Poço ou de procissão saíam todas as moças de trajos iguais. Todas de cambraia com salpicos, de surá azul-claro ou de chita com tremidos. (p. 28-29, grifo nosso)

Nesse sentido, pode-se afirmar que o centro da cidade – integrado por esses três bairros – assume seu papel na funcionalidade urbana como CBD (Central Business District). As pessoas que para lá se dirigem, seja às compras, aos bancos, consultórios e escritórios, ou mesmo ao *footing*, ou ao *flirt*, diziam: *Vou à cidade...*

No mesmo período, a expansão urbana foi acelerada, fazendo surgir novos bairros e novas áreas de ocupação, além do núcleo central, conforme registra Lubambo (1991):

> A expansão urbana, inclusive, foi acompanhada de uma substituição das atividades que ocupavam os diferentes bairros. No início do século XX [...], verificava-se uma grande ocupação de mocambos em lugares como Santo Amaro (ao longo da linha de Limoeiro), Feitosa (segundo distrito das Graças), Oiteiro (freguesia do Poço da Panela) e em muitos outros pontos e áreas alagadas. Esses eram, por assim dizer, a principal moradia das classes pobre. (p. 53)

Pulsa ainda uma vida cultural liderada por artistas, intelectuais e jornalistas, que vão oferecer o último componente indispensável para que o *baile* se torne real: o discurso da modernidade, o qual é produzido em aliança com as elites da época.[91] Diz Teixeira (1995):

> Se, por conseguinte, a *intelligentsia* recifense - como de resto a brasileira – não coube forjar as bases referenciais em que se fundava o ideal de modernidade *belle époque*, coube, em contrapartida, *divulgar esses ideais* de modo a torná-los aceitáveis. (p. 8, grifo nosso)

E mais adiante arremata:

> Era precisamente esta ornamentalidade ostentatória e cosmopolita – que se constituía na aspiração suprema dessa elite obcecada pelo moderno. *Pode-se mesmo dizer ser esta uma marca indelével de nossa modernidade belle époque.* E, no entanto, para sua boa consecução foi *necessário o concurso dos intelectuais.* Foram eles, no exercício de seu mister, enquanto produtores culturais, uma peça de crucial importância. Foram eles que em boa medida tornaram real esta fantasia de modernidade. (p. 8, grifo nosso)

Até o momento, foram registrados como presentes no *baile*: o governo; o novo porto e o novo bairro do Recife; os intelectuais e os britânicos, com a energia elétrica, o bonde, o trem e o telefone.

Mas, compareceram ainda o carro, o cinema, o rádio e a fotografia, euforicamente saudados como artefatos da modernidade. Em razão das possibilidades que esta festa desencadeou na cidade,

---

91 A respeito da participação dos jornalistas, comenta Rezende (1997): "A imprensa tem, na década de vinte no Recife, uma movimentação marcante. Além dos chamados grandes jornais, como Diário de Pernambuco, A Província, Jornal Pequeno, A Rua, Jornal do Recife, Jornal do Commércio, Diário da Manhã, A Notícia, circulam revistas importantes como Jazz-Band, A Pilhéria, Mauricéia, Revista do Norte, Maracajá, Estudantina e tantas outras. Conta boa parte da imprensa com a atuação de intelectuais egressos da Faculdade de Direito, lugar privilegiado das discussões da época. Gilberto Freyre, Assis Chautebriand, Mário Melo, Joaquim Pimenta, Austro-Costa, Faria Neves Sobrinho, José Lins do Rego, Joaquim Inojosa, Aníbal Fernandes, Valdemar de Oliveira, entre tantos outros escrevem na imprensa recifense dos anos vinte. Também, é notável o trabalho de ilustradores, alguns deles, (...) depois pintores famosos" (p. 64).

há vários trabalhos de pesquisa[92] que hoje lançam seus olhares sobre as inovações do período.

Um dos mais recentes, que analisa a invenção social das praias entre nós, narra com elegância a chegada do carro de passeio.

> O automóvel ingressou, na sociedade urbana, revestido de um canto quase místico. Sua identificação com a modernidade, aguçada pelo poder de desenvolver uma alta velocidade, era indiscutível. [...] Ao exibir-se montando em tão prodigiosa maquina, seu proprietário passava a acumular mais prestígio, e, não bastasse tudo isso, o auto-passeio funcionava como atrativo irresistível na hora da conquista amorosa. (Araújo, 2007, p. 466)

No mesmo rumo de ousadia e inovação foi, também, desenvolvida uma intensa atividade na área do cinema, como assevera Menezes (2001). Houve mesmo um chamado Ciclo do Recife, que: "Chegou a produzir um número surpreendente de longas-metragens para as dificuldades da época. Concluiu e exibiu nos cinemas da cidade, principalmente o Royal, que ficava na Rua Nova, vizinho da igreja Conceição dos Militares, 13 filmes, além de documentários e curtas-metragens" (p. 32).

A implantação de uma emissora de radiodifusão colocou o Recife também em uma posição pioneira. Em 24 de abril de 1924, Oscar Dubeux Pinto, em palestra proferida no Gabinete Português de Leitura do Recife, refere-se à Rádio Clube:

> Pernambuco, o Leão do Norte, tem a glória de ter fundado a primeira instituição desse gênero na América do Sul, a qual teve o nome de Rádio Club de Pernambuco, e foi fundada no dia 06 de abril de 1919, graças à iniciativa de alguns amadores de tão útil ramificação da eletricidade, destacando-se dentre eles Augusto Pereira. (Câmara, 1994, p. 22-23)

---

92 São exatamente os textos referidos anteriormente na abertura do capítulo.

6.5. Geografia dos bairros do centro

Mas importa saber um pouco da geografia e dessas atividades na cidade. A funcionalidade dos bairros do centro do Recife,[93] de acordo com Gilberto Freyre (1934) e Tadeu Rocha (1959), autores que publicaram nos anos 30 e 50, respectivamente, guias sobre a cidade, seria a descrita a seguir.

Ao bairro do Recife, ilha originária que emprestou nome ao porto e à cidade, estava reservado o espaço para os bancos, o alto comércio, os depósitos de açúcar e algodão. Seria, segundo Campos (2002) "um bairro dos poucos que não surgiu em consequência da fundação de um engenho, mas da produção de açúcar, que deu origem à grande parte dos principais bairros da cidade" (p. 2).

A presença do porto, como observa ainda Campos (2002), tem um valor simbólico muito grande para a população, pelo que, na sua história, representou para a cidade. Seria o bairro do pecado diurno da Associação Comercial, dos grandes armazéns e dos

---

93 O autor tem vivo na sua memória essas funções que os bairros exerciam até fins da década de 60, quando o centro da cidade sofreu um severo processo de degradação, tornando-se um espaço ocupado de forma desordenada. O comércio dos *shopping centers* deslocou os clientes do comércio fino para o bairro de Boa Viagem, e os escritórios, consultórios médicos e firmas transferiram-se para grandes imóveis, anteriormente de uso residencial, em bairros fora do centro. Ao mesmo tempo, as redes de supermercados subtraíram os clientes dos armazéns de secos e molhados. Vive-se hoje, nesse antigo centro, uma experiência traumática de espaços abandonados, ou de "*derelict space*", como diriam os planejadores urbanos. Ao mesmo tempo, as elites e classes médias empregaram o veículo particular pequeno nessas áreas, criando, assim, sérios problemas de circulação na área central. Ver matéria de 2001, em jornal da cidade: "A falta de estacionamento é um problema crônico no centro do Recife, e a Avenida Guararapes é um bom exemplo do estrago que este 'pequeno' detalhe é capaz de fazer. Boa parte do imponente conjunto arquitetônico, datado do final dos anos 40 e início dos 50, está degradada. Tradicionalmente, aquela era uma área de escritórios, mas, desde o início da década de 90, muitos profissionais liberais fecharam suas portas e se mudaram de lá. Quem resistiu, e ficou, contabiliza prejuízos. Uma das maiores vítimas da degradação do local é a síndica do edifício Santo Albino, Ilda Tedesco. Ela é proprietária do prédio e sua principal fonte de renda são os aluguéis das salas. *Seu pai, o português Antônio Gonçalves de Azevedo, conhecido pelo título de Visconde de Santo Albino, ergueu o edifício há 50 anos.* Mesmo sendo um dos prédios mais bem conservados do local, o Santo Albino está com um déficit de 50% na ocupação, mesmo com o preço do aluguel estacionado, há cinco anos, em R$ 270 (incluído taxa de condomínio). 'Há 15 anos, havia fila para alugar uma sala aqui', disse ela" (*Jornal do Commercio*, 23 mar. 2001, grifo nosso).

bancos e do pecado noturno da prostituição nos andares superiores dos prédios, proclamou o poeta Carlos Pena.[94]

Já as ruas do bairro de Santo Antônio, assinalou Freyre, estavam destinadas ao comércio elegante das modistas, perfumarias, joalharias e confeitarias. Era o que hoje se convencionou chamar de varejo sofisticado. Ali se situam as ruas Imperador, Nova e Duque de Caxias, além do Pátio do Livramento. De fato, nesse bairro era exatamente onde aconteciam as inovações da vida frenética, que os anos 20 e 30 trouxeram.

Por último, as ruas do bairro de São José eram mais simples e despojadas, e nelas o comércio praticado era mais barato. Nele, também, estavam situados os grandes armazéns de secos e molhados que abasteciam a população e grande parte do comércio atacadista, que, por sua vez, abasteciam as cidades vizinhas e outras capitais do Nordeste. Mais uma vez, Pena faz poesia sobre a vida de lá:

> É por ela que se chega ao bairro ao bairro de São José,
>
> de ruas das casas juntas,
>
> Caiadas mas de pé, de classe arruinada, mas de gravata e até missas aos domingos, pois sempre é bom ter alguma fé.
>
> Bairro português, que outrora foi de viver e poupar, nascer, crescer, e casar naquela igreja chamada São José de Ribamar.

No que diz respeito a secos e molhados, de fato um dos títulos de suas estrofes, Pena informa tanto sobre a miscigenação das raças quanto sobre o modo preconceituoso pelo qual a sociedade da sua época e os intelectuais encaravam a atividade:

> Ainda existe muita coisa de bom e ruim prá contar,

---

[94] "Guia prático da cidade do Recife", poema de 1959, integrante da obra *Livro geral,* de autoria do poeta Carlos Pena Filho (1929-1960). Segundo consta do texto do Bar Savoy, de Coutinho (1995), Carlos Pena era muito severo com os portugueses porque seu pai era luso, o que levou Gilberto Freyre a dizer que era algo freudiano.

Mas como sou conhecidos por discreto no falar,

irei, agora, evitar.

Mas, não sem antes passar pelos armazéns de estivas,

Mar dos nossos tubarões de brasileiros sabidos,

Portugueses sabidões que na vida leram menos que o olho seco de Camões,

Mas que em patacas possuem muito mais que Ali Babá e seus 40 ladrões.

(Pena, 1959, p. 186)

6.5.1. Maior faceirice no comércio[95]

Outro convidado que desempenhou papel fundamental nos novos padrões de consumo, na territorialidade das ruas e, sobretudo, no comportamento da população foi o comércio. Diz Sette (1981): "Nessa época (anos 20) os estabelecimentos comerciais se iam tocando de maior faceirice. Apareciam armações claras, balcões convidativos, vitrines tentadoras" (p. 29).

Outro cronista que vivenciou a atmosfera da época comenta sobre a Rua Nova.

O movimento começou crescendo, surgindo o comércio a varejo, as casas de modas, os cinemas, a definitiva atividade mundana, com a relativa predominância dos nomes franceses, tão acentuados entre nós até princípios deste século: O Parc Royal, La Photographie Parisiense, a Casa Bijou, a Loja de Madame Theard, La Maison Chic. La Maison de Julie, Au Bon Marché, O Cinema Pathé, o Cinema Royal, o Cinema Vitória. [...]

---

[95] Ver demais autores que também descreveram a importância dessas ruas como centro de comércio. Ver Rocha (1959), Paraiso (2001) e Guerra (1972).

Havia os pontos preferidos pela moçada. O Café Ruy, por exemplo, onde a estudantada ia tomar os celebres "sorvetes de neve", no tempo em que o gelo era coisa rara. Custavam 160 réis uma taça.

Ali existiram as faladas alfaiatarias do Maniva e do Melichareli e, depois, já em 1914, a Casa Hermes, seguida da Tic-Tac, que se especializava em alugar trajes de rigor. A rua era mesmo um centro de reunião mundana. Recordamos a fase dos chamados "Footings" da Rua Nova, pelas portas da Confeitaria Bijou, ou das sessões elegantes dos cinemas. [...]

Quase modernamente intransitável, considerada, nas horas de maior "rush" é igual às Ruas do Ouvidor ou Gonçalves Dias, do Rio de Janeiro. (Guerra, 1972, p. 79)

Esses registros pedem, porém, uma cuidadosa decodificação de suas mensagens e símbolos. De acordo com o professor Iranilson Oliveira (2007), em recente artigo, não por acaso intitulado "Templos de consumo: memórias, territorialidades e cultura histórica nas ruas recifenses dos anos 20": "As ruas encantam com seus códigos, com suas histórias. As ruas têm fôlego, memórias para serem revisitadas através de profissionais interessados em compreender, no patrimônio histórico-cultural urbano, os signos que educam os sentidos de moradores e transeuntes" (2007, p. 59).

6.6. Fazendo a cabeça pelo consumo

Na verdade, na linha do que Oliveira (2007) argumenta, as ruas do Recife exerceram várias funções simbólicas, dentre as quais a de indutoras da reformulação de padrões culturais de comportamento, dado que os frequentadores dos cafés, dos cinemas, bem como os apreciadores das vitrines e montras das elegantes lojas não desejavam mais preservar hábitos e atitudes do passado. Ao contrário, dentro do novo paradigma da modernidade, via consumo, almejavam assimilar atitudes novas de convivência social, inspiradas nas roupas das vitrines, nas posturas dos artistas dos filmes e nos sabores dos pratos da culinária europeia, a eles oferecidos nos cafés e restaurantes. Contra uma cultura predominantemente rural e conservadora, surge a cultura urbana, reconfigurando, em grande medida, os comportamentos de parte da população.

Mas as mudanças não pararam por aí. Inovações como inauguração da faculdade de medicina (1920), de um hospital para alienados (1930) e outro apenas para crianças (1924) representam as mudanças na cidade no plano da saúde.

Problemas severos de saúde pública foram atacados, e, outra vez, o Rio foi espelho. Se a capital federal teve em Osvaldo Cruz o higienista que combatia as febres e introduziu a obrigatoriedade das vacinas, o Recife teve o médico e sanitarista Amaury de Medeiros, chefe do Departamento de Saúde e Assistência de Pernambuco durante os anos de 1922 a 1926, o porta-voz da cidade limpa e saudável, do "gosto arquitetônico higiênico" (Oliveira, 1975, p. 53,) no dizer do médico e escritor Waldemar de Oliveira. Mais adiante traça seu perfil e importância:

> Toda a administração pública recebia o influxo de sua presença, não sendo exagero atribuir-lhe forte responsabilidade naquelas realizações materiais do governo Sergio Loreto mais ligadas à saúde coletiva, obras de transformação urbana em que lidavam médicos e arquitetos, operários das Obras Públicas e mata-mosquitos, engenheiros sanitaristas e engenheiros urbanistas, como a validação do Derby, a abertura da Avenida Beira-Mar, a retificação do Jordão, o esgotamento de lagoas e charcos, a recuperação de hospitais, a construção de grupos escolares e de habitações populares, até despejos e demolições de prédios que contrariavam prescrições do código sanitário. (Oliveira, 1975, p. 67)

6.7. Ícones da modernidade

Para melhor sintetizar e retratar o clima e a atmosfera então vigentes, destacar-se-ão três ícones emblemáticos do período. O primeiro já foi de certo modo antecipado, vez que é o porto e seu entorno, o bairro reformulado do mesmo nome. O segundo é a Praia de Boa Viagem, e o último é o grande marco, a imagem inconteste do período, o Café Lafayette.

Para exemplificar sua importância, observe-se o seguinte: no acervo do Museu da Cidade do Recife, há seis registros fotográficos desse Café, também denominado de Esquina Lafayette; no acervo da Fundação Joaquim Nabuco existem, também, duas fotos, e a foto estampada neste trabalho provém do livro *Obra de propaganda geral de Pernambuco*, editado por José Coelho. Ora, não se documenta um prédio privado à toa! Ele representou muito para a cidade obviamente.

A praia de Boa Viagem foi uma obra ousada do governador Sérgio Loreto,[96] considerado por muitos como conservador na política, mas moderno nas intervenções urbanas, que visou dotar a cidade de um balneário digno da terceira cidade mais importante da República.

Relata, Araújo (2007), que o objetivo era dotar a "área litorânea, ao sul do Recife, dos mais modernos equipamentos e serviços urbanos, como água encanada, rede de esgoto, luz e bondes elétricos, telefone, saneamento e canalização do rio Jordão e córregos, e dessecação dos pântanos" (p. 475).

Posteriormente, no ano de 1959, a praia, já consolidada, obtém do professor Rocha (1959) a seguinte caracterização:

> A bela e extensa avenida litorânea, que aqui começa, foi inaugurada, ainda em obras, em 20 de outubro de 1924, no

---

96 "O governo de Sergio Loreto, em Pernambuco, na década de 20, caracterizou-se pelo investimento na modernização do Recife. (...) A ordem era urbanizar, civilizar, modernizar. Paris era o modelo" (Rezende, 1996, p. 24).

governo de Sérgio Loreto (1922-1926), que integrou na paisagem urbana desta capital as bonitas praias, então ocupadas por sítios de coqueiros. Construindo esta longa via radial, favoreceu o aparecimento de modernas habitações à beira-mar e criou um importante respiradouro para a cidade, que atrai ricos e pobres em busca de descanso e distração, nos domingos e feriados. (p. 94)

Já quanto ao Lafayette, que durou de 1939 a 1969, seu prestígio é o maior de todos no modernismo da cidade do Recife. Desde o renomado economista Souza Barros, ao poeta Joaquim Cardoso, os escritores Gilberto Freyre e Câmara Cascudo, passando pelos cronistas da época, Flávio Guerra e Danilo Fragoso, cronistas recentes como Lima, Menezes e Paraíso, até aos acadêmicos Sylvia Couceiro e Carlos Romeiro – este último autor de dissertação de mestrado sobre o estabelecimento –, todos são unânimes em pôr em destaque o ambiente, a clientela e o clima lá encontrados. Fragoso, Romeiro e Couceiro assim o descrevem.

> Nunca talvez em nenhuma outra cidade do mundo, um depósito de cigarro teve sobre a vida da população implicâncias que a do Lafayette, da firma Moreira & Cia teve sobre o Recife. Ponto não de todos, mas de muitos encontros, ponto histórico de referência. (Fragoso, 1971, p. 58-59)

> A Rua do Imperador era a nossa Rua do Ouvidor. Para o arquiteto Hélvio Polito, professor da Universidade Federal de Pernambuco, o Café Lafayette era a nossa confeitaria Colombo. (Romeiro, 2000, p. 73)

> Território quase exclusivamente masculino, o Lafayette tinha como clientes intelectuais, políticos, comerciantes, funcionários públicos, profissionais liberais, estudantes [...]. O grupo composto pelos intelectuais era das mais diversas tendências, tanto literárias quanto políticas e religiosas. Apelidado por Souza Barros de "Cenáculo da Lafayette", o grupo tinha, segundo ele, uma característica comum:

a vontade de rediscutir os padrões estabelecidos, a curiosidade pelo novo, um anseio de renovação, numa época em que as polêmicas culturais e políticas fervilhavam. (Couceiro, 2007, p. 4)

Exagero, sem dúvida, mas indisfarçável anelo de imitação inspirou José Emídio de Lima a compará-lo ao Café Pigalle, na expressão de George Ulmer: "Na sua época ela (a esquina) fazia lembrar Pigalle: *C'est une rue, c'est une place, c'est même tout um quartier. Car le reflet l'âme, la doucer et le esprit de Paris.* Assim foi a Esquina Lafayette: refletiu a alma, a doçura e o espírito do Recife" (Lima, s.d., p. 114).

Com efeito, o Recife era uma festa. Conta a lenda que Hemingway cunhou a frase "Paris é uma festa" ao viver lá nessa mesma década. Ora, *mutatis mutandi*, Recife almejava ir à festa nos anos 20 do século que passou.

A partir de uma visão da elite, da classe dominante, dos altos funcionários públicos, comerciantes do grande comércio e mesmo segmentos da classe média, em especial jornalistas e intelectuais, o Recife seria uma cidade aprazível, organizada e moderna.

Outro evento marcante no âmbito cultural foi, ainda, o lançamento do chamado do *Livro do Nordeste*, coordenado por Gilberto Freyre a convite do intelectual Aníbal Fernandes, diretor do jornal *Diário de Pernambuco*, que, no ano de 1925, comemorava 100 anos de existência. Trata-se de uma publicação em forma de álbum que reuniu colaborações dos mais diferentes escritores de diversos estados do Nordeste e do Brasil como um todo, versando, fundamentalmente, sobre aspectos e dimensões múltiplas da cultura, da economia e dos costumes da região nordestina. Dentre outros trabalhos lá publicados, há o festejado poema de Manuel Bandeira, intitulado "Evocação do Recife", que atendeu pedido do coordenador geral da publicação. Dentre os poemas de louvação ao Recife, é considerado o maior de todos. Algumas estrofes a seguir:

Evocação do Recife[97]

Recife
Não a Veneza americana
A Mauritsstad dos armadores das Índias Ocidentais
Não o Recife dos Mascates
Nem mesmo o Recife que aprendi a amar depois

Recife das revoluções libertárias
Mas o Recife sem história nem literatura
Recife sem mais nada
Recife da minha infância

[...]

A vida não me chegava pelos jornais nem pelos livros
Vinha da boca do povo na língua errada do povo
Língua certa do povo
Porque ele é que fala gostoso o português do Brasil
Ao passo que nós
O que fazemos
É macaquear
A sintaxe lusíada

[...]

Rua da União...
A casa de meu avô...
Nunca pensei que ela acabasse!
Tudo lá parecia impregnado de eternidade
Recife...
Meu avô morto.
Recife morto, Recife bom, Recife brasileiro
como a casa de meu avô. (Bandeira *apud* Coutinho, 1983, p. 42)

---

[97] Manuel Bandeira (1886-1968) é pernambucano, natural da cidade do Recife. Na juventude, mudou-se para o Rio de Janeiro. Viveu um longo período na Suíça para tratar-se de pneumonia. No Rio, conviveu com escritores e poetas, como Carlos Drumonnd de Andrade, Mário de Andrade, Vinícius de Moraes, Guimarães Rosa e Graciliano Ramos. É considerado um dos pais do modernismo no Brasil.

A transcrição acima não é despropositada. Remete para o dilema fundamental que essa época vivenciou, vale dizer *tradição* e *modernidade*. Em outras palavras, Pernambuco, mais particularmente o Recife, precisava preservar suas tradições, expressas no saudosismo de Bandeira, mas, ao mesmo tempo, sentia-se seduzido pelo novo, pela magia do moderno. O poema, produzido por um dos maiores modernistas do país, ao falar das tradições, da casa do avô e das ruas antigas, funcionou como um contraponto à ansiedade pelo futuro. Posição que Freyre compartilhava, como informa Rezende (1996).

De fato, não se pode olvidar que a vertigem da mudança que tomara conta de grande parte da cultura predominante não era uma tendência sem contrapontos. Havia vozes discordantes, sendo uma delas, nada mais nada menos, do que a do então jovem sociólogo Gilberto Freyre, que, como assinala Rezende (1996), "fez vários escritos contra a devastação cultural provocada pelas mudanças modernistas desenfreadas" (p. 23-24). Assim, entende-se que Freyre não era contra a modernização, mas defendia um equilíbrio entre o moderno e o tradicional.

Independentemente das visões de Bandeira e Freyre, o *baile da modernidade* prosseguia. Daí porque ninguém melhor do que outro poeta, que, por meio de um poema-síntese do Recife dos anos 20 e 30, documentou a época. Observe-se a "voz colorida das bandeiras", "os vapores", a "Tagarelice dos bondes e dos automóveis" e a oportuníssima expressão "beleza católica do rio". É do mestre Joaquim Cardozo:[98]

---

[98] Joaquim Cardozo (1897-1978) é do Recife, formado em engenharia. Foi calculista de obras notáveis no país, dentre outras das obras de engenharia de Brasília. Seus poemas sobre o Recife são importantíssimos para se conhecer a cidade. Era frequentador assíduo do Cenáculo do Café Lafayette, a tal ponto de a também escritora Raquel de Queiroz ter dito que lá "Cardozo pontificava".

Tarde no Recife

Tarde no Recife,
Da ponte Maurício o céu e a cidade
Fachada verde do Café Máxime,
Cais do Abacaxi Gameleiras.
Da torre do Telégrafo Ótico
A voz colorida das bandeiras anuncia
Que vapores entraram no horizonte.
Tanta gente apressada, tanta mulher bonita;
A tagarelice dos bondes e dos automóveis.
Um camelô gritando – Alerta!
Algazarra. Seis horas. Os sinos
Recife, romântico dos crepúsculos das pontes,
Dos longos crepúsculos que assistiram
À passagem dos fidalgos holandeses.
Que assistem agora o movimento
Das ruas tumultuosas
Que assistirão mais tarde
À passagem de aviões para as costas do Pacífico.
Recife, romântico dos crepúsculos das pontes.
E da beleza católica do rio. (Cardozo *apud* Coutinho, 1983, p. 55)

Era assim o Recife das décadas de 20 e 30. Para os convidados para o *baile*, o comércio e os serviços desempenharam papel fundamental, disponibilizando esse charme tão decantado.

O comerciante, porém, é o grande ausente, o invisível, o barrado no baile, como se diz hoje, daí porque se endossa o ponto de vista da historiadora Amorim (1987), quando estranha o fato de a atividade comercial ser pouco explorada no Brasil como tema de pesquisa, porque alega: "foi obedecendo às solicitações do processo de circulação de mercadorias europeu que se engendrou o espaço produtivo e a própria sociedade brasileira" (p. 3).

Embora não seja um tema explorado nos textos acadêmicos e nos dos cronistas, discute-se, a seguir, a presença e a relevância dos comerciantes no *baile da modernidade* no Recife. A bem da verdade, Teixeira (1994), autor de uma das dissertações de mestrado sobre o período, traz à baila a Associação Comercial de Pernambuco como aliada dos intelectuais na viabilização da modernidade na cidade. Há, ainda, uma menção explícita do economista Souza Barros (1972) ao senhor proprietário do Café Lafayette.

Por outro lado, no plano nacional, há alguns poucos trabalhos de historiadores que discutem o tema dos comerciantes na formação e consolidação da dinâmica da sociedade brasileira. Fragoso (1998), com o livro clássico sobre comerciantes de grosso trato no Rio de Janeiro no século XIX, e Caldeira (1994) com o seu ensaio, não por acaso intitulado *A nação mercantilista*, servem de baliza para o que se quer tratar aqui.

6.8. Os comerciantes: barrados no baile

Inicialmente, é importante reiterar a relevância da atividade comercial para a cidade do Recife, seja na condição de centro exportador de matérias-primas produzidas no interior do estado, seja como importador e distribuidor de produtos para toda a região. É preciso salientar, ainda, que a cidade conheceu, no período, um dinamismo próprio, resultado de sua expansão urbana e da industrialização de bens de consumo.[99] Em recente revisão sobre a história do comércio em Pernambuco, documento de pesquisa corrobora essa informação.

---

99 Segundo pesquisa de Melo (1989, p. 31), no ano de 1889, o Estado de Pernambuco tinha apenas 39 indústrias, e em 1920 alcançou a casa de 442 empresas. Em outras palavras, expandiu, em apenas 30 anos, a quantidade de fábricas em mais de dez vezes. O mesmo autor, no entanto, chama a atenção para o fato de que muitos estabelecimentos arrolados eram pequenos e não seriam considerados indústrias aos olhos de hoje. No ramo da alimentação, por exemplo, coexistiam padeiros, fabricantes de biscoitos, moageiros de trigo, refinadores de açúcar e fabricantes de doces e de conservas. Entre os produtos químicos, extratores de óleos vegetais e animais e fabricantes de sabão, dentre outros.

O comércio (durante o final do século XIX e começo do século XX) passa a crescer, não apenas devido aos tradicionais incrementos do mercado primário-exportador, mas, também, como desdobramento do impulso industrializante e pela maior demanda por serviços urbanos. (Ceplan, 2007, p. 5)

Ora, assumindo-se que o comércio das ruas *chics* da cidade – Ruas Nova, da Imperatriz, Imperador, Duque de Caxias, Pátio do Livramento – teria concorrido, decisivamente, para a oferta das novidades e, por via de consequência, para a mudança de hábitos e comportamentos da população, por que ninguém alude aos proprietários dessas lojas?

Quais foram suas estratégias para satisfazer o consumo conspícuo da clientela modernista de então? Quais suas estratégias para atender às demandas tão fugazes da moda? Como e onde eles se abasteciam?

Analogamente, se, como informa Couceiro, nesse período se assistiu ao esplendor dos cafés na cidade, algumas perguntas não foram respondidas pela história.

Onde estão os donos dos cafés? Como os cafés funcionavam? Quais suas estratégias, para, na linguagem de hoje, seduzir os clientes? Quem eram seus proprietários? Seriam de nacionalidade portuguesa?[100]

Não há dúvida de que eles existiram e foram importantes, malgrado a omissão da história. Assim é que a relevância dos comerciantes pode ser facilmente percebida através do Café Lafayette, o ícone do modernismo.

Apesar do seu quase singular destaque, reconhecido por todos os estudiosos do período, dos inúmeros livros e teses que o têm como objeto, apenas um, o de Souza Barros (1972), faz

---

[100] Por outro lado, se a cidade de São Paulo ainda hoje preserva a cultura da padaria como ponto de encontro de vizinhos, e o Rio de Janeiro inventou o botequim dos Manuéis e Joaquins lusos como *lócus* marcante da vida urbana carioca, onde estiveram esses espaços de convivência na cidade do Recife?

menção ao dono do negócio, nos seguintes termos: "Uma loja bem cuidada, com estantes envidraçadas e envernizadas, onde sempre pontificava, com ares de ministro do império, um senhor decentemente vestido, camisa de peito duro e gravata, e punhos supostos onde brilhavam as abotoaduras" (p. 210).

Essa referência tem importância no contexto do presente ensaio porque é, basicamente, a única e exclusiva menção feita pelos autores que viveram aquela época. Detalhe para "a loja bem cuidada, com estantes envidraçadas e envernizadas, e o ar de ministro do império".

Apesar desse simpático destaque, tudo parece fazer crer que o café existiu sem dono, sem empreendedor!

O café teria havido em virtude, exclusivamente, dos clientes – intelectuais políticos e jornalistas – que o frequentavam? Os clientes juntavam-se e, daí, saía o *glamour* do café?

Com efeito, além do caso paradigmático do Café Lafayette, que reinou soberanamente durante mais de 30 anos, de 1930 a 1969 (Fragoso, 1970), preservando sempre o charme de sua atração, houve várias novidades que a elite de então usufruiu com sofreguidão e avidez, tudo oferecido somente em virtude da sensibilidade dos comerciantes empreendedores.

Como será visto mais detalhadamente no capítulo VIII, o proprietário do Café Lafayette, senhor Manoel Moreira de Souza Pontes, foi um dos mais importantes empreendedores da colônia, no período estudado pelo trabalho. Na verdade, o café foi uma espécie de diversificação de oportunidades enxergadas pelo empreendedor, porque seu majestoso prédio era um depósito de fumo da fábrica do mesmo nome. Ao lado funcionava um pequeno café, que foi praticamente anulado pelo Lafayette. Sua estratégia de diversificação – valorizando o café, em detrimento da fábrica de fumo – pode ter sido devida, ainda, à chegada da fábrica de cigarros Souza Cruz, de um rico empresário luso do

Rio de Janeiro, que, em processo de expansão, implantara grande unidade no Recife em 1934.

Em 1910, o Recife conheceu o cinema Pathé e, a partir daí, várias outras casas de espetáculo do gênero instalaram-se na cidade. O Cine-Teatro Helvética foi também outra inovação que restaurou, com seus espetáculos, a própria dignidade da Rua Nova, segundo o cronista Mário Sette (1981).

Já a casa de modas de Émile Brack alterou o comportamento do comércio e, enfatize-se, o da cidade, ao ser pioneira no emprego de moças no atendimento a clientes.

> A abertura das casas de Madame Julia Doederlein e Emilia Brack, na Rua Nova, *trouxe uma nota viva e inédita ao comércio recifense. Ao invés de caixeiros, moças nos balcões.* A zombaria, a malícia, a indignação soltaram-se. Mas a inovação deu certo. Os estabelecimentos Casa Alemã e Casa Inglesa, mais conhecidos por Madama Julia e Madama Brack, serviram de modelo a muitos outros, no gosto, na elegância, nas novidades de exposição e de serviços rápidos. Aparelhagem elétrica para a iluminação e para os trocos. Orquestras aos sábados, uniforme das caixeiras. (Sette, 1981, p. 261, grifo nosso)

Novos hotéis foram, da mesma forma, inaugurados, dentre eles o Recife Hotel, na Rua Imperador, oficialmente 15 de novembro, oferecendo restaurante gerenciado por um *chef de cuisine.*

> Recife Hotel – Rua 15 de Novembro, 16 – Telephone 604.
>
> Este vasto e importante estabelecimento dispondo de optimas, confortáveis, hygienicas accomodações ao par do mais rigoroso asseio, com a cozinha a vista do freguez, *competentemente administrada por um perito mestre culinário*, acha-se nas melhores condições de superioridade a seus congêneres deste Estado. (*Almanach do Recife*, ano 1915 *apud* Paraíso, 2004, p. 131, grifo nosso)

Na esteira das novidades, a cidade ganha ainda mais um novo hotel (1911) e, geminado com ele, um Teatro (1915), ambos recebendo os nomes de Hotel e Theatro Parque, ali próximos à Rua da Imperatriz.

Para os passeios na praia de Boa Viagem, carros de aluguel são oferecidos, através das garagens Ford, Studebaker e Hudson.

Nos termos da teoria do desenvolvimento econômico defendida por Schumpeter (1961), consoante discutido anteriormente, um dos requisitos fundamentais da emergência do empreendedorismo seria o ambiente de mudança. Pela leitura dos capítulos até agora, não há por que se pensar em indicação contrária àquela apregoada por Schumpeter.

A literatura compulsada e os capítulos já trabalhados revelam sinais, aqui e acolá, de que a cidade vivia um ambiente de mudança, do desejo de ser moderno e que se projetava em todas as esferas da vida pública e privada. Havia sinais de uma atmosfera devotada à transformação.

Em certa medida, pode-se argumentar por variações de intensidade das mudanças, como acentua Zaidan (2005), ao afirmar que os anos 20 aspiraram às mudanças, mas elas só vieram a se concretizar na década seguinte. Jamais, todavia, pode-se cogitar da ausência delas.

Foi, assim, uma época para os empreendedores ousarem, como destacou Menezes. Então, numa articulação entre necessidades emergentes de novidades e o seu pronto atendimento pelos empreendedores locais, o *baile da modernidade* continuou.

Dado, portanto, que essa moldura tenha existido e tenha atravessado todo o período, a engendrar, de alguma maneira, um teatro de operações para os empreendedores, o que precisa ser feito, desde agora, é procurar identificar, caracterizar e qualificar os eventos tipicamente empreendedores – de inovação, exploração de novos mercados e descoberta de novos métodos de produção na linha clássica schumpeteriana – ocorridos na época e, em seguida, indicar quais, dentre eles, tiveram como protagonistas os portugueses imigrantes.

Há perguntas acerca do foco central da investigação que precisam ser respondidas, tais como:

Não seria o comércio um espaço de domínio dos lusos, logo, cabendo aí, também, a pergunta de qual terá sido o papel deles na modernidade?

Teriam sido os portugueses empreendedores diante da oportunidade de mudanças tão grandes na cidade?

Houve o que se considera empreendedorismo étnico dessa raça no caso do Recife?

Se o fulcro da ação empreendedora é a inovação, que inovações os portugueses introduziram na cidade?

No capítulo seguinte, a análise dessas questões.

Capítulo VII
O elemento português[101] no Recife até os anos sessenta do século XX

Desembarcou na cidade do Recife para trabalhar na padaria do primo. Lá fazia tudo, colocava lenha no forno, contava o pão, aprendeu a negociar e a fazer o pão. Trabalhou muitos anos até que conseguiu montar sua primeira padaria em sociedade com outro imigrante, uma das muitas amizades que fez em Recife. (Depoimento de imigrante ao pesquisador) *O merceeiro antigo, como alguém já disse, tornou-se simplesmente uma figura de evocação. Com seu lápis atrás da orelha, seus tamancos nos pés, seus bigodes grossos, sua caderneta de fiado, mergulhou definitivamente na noite escura do passado.* (Guerra, 1972, p. 29)

O grosso do comércio da capital pernambucana, sobretudo no setor de estivas e produtos alimentícios, vindos de outras praças – bacalhau, arroz, farinha de trigo, charque, azeite de oliva, genericamente denominados de "secos e molhados" – estava (DÉCADA DE 30) sob o controle dos portugueses, além das padarias e das torrefações de café. (Cavalcanti, 1978, p. 98)

Se de acordo com Pereira (1981), Silva (1992), Rocha Trindade e Caieiro (2000), Lobo (2001), Scott (2002), Lopes (2003) e Freitas (2006), os fatores pelos quais há dificuldades para recuperar a história

---

101 O capítulo reverencia a palestra do escritor luso-brasileiro Antonio Dias, intitulada *O elemento português no Recife. 1890-1940*, publicado pelo Gabinete Português de Leitura de Pernambuco em 1940. Seu texto é importante para quem quiser conhecer os lusos no período porque é de autoria de um luso que se dedicou a registrar a presença deles na cidade. Em face de escassez de fontes e o declínio da presença lusa na cidade, esse opúsculo deve ser encarado como o *canto do cisne* a respeito da matéria.

dos imigrantes portugueses no Brasil são decorrentes da integração proporcionada pela língua comum, pelos nomes e sobrenomes assemelhados e até pela preocupação de não se distinguirem dos locais. No caso do Recife, as dificuldades ficam ainda maiores devido ao fato da baixa participação dos imigrantes estrangeiros em geral, e portugueses em particular, na composição da sua população desde os anos vinte do século XX. A despeito dessa dificuldade, traça-se, a seguir, o cenário da presença dos portugueses no Recife.

Desde os primeiros anos desse novo século, o Recife foi uma das cidades menos preferidas das correntes migratórias dos europeus em geral e dos lusos em particular, como se revela na literatura e estatísticas sobre o assunto. Nos anos que antecedem esse período, o cenário era diferente, como se pode inferir do episódio do Patacho Arrogante, no qual está narrado o sofrimento dos emigrantes portugueses dos Açores que não puderam descer nessa cidade devido à superlotação do navio. O patacho tinha capacidade para transportar até 80 passageiros e trouxera 400 pessoas, em sua maioria clandestinas (Mello, 1966).

Ao discorrer sobre a presença de estrangeiros na cidade, Barbosa (1997) lembra que a "participação de estrangeiros radicados em Pernambuco era irrisória, correspondendo a 1,6% em 1872, caindo para 0,3% em 1890, chegando a 0,9% em 1900" (p. 209). No mesmo sentido, Lacerda de Melo (1961) afirmou que, na composição demográfica da população do Recife, a "participação de imigrantes procedentes do estrangeiro carece de significação, exprimindo-se por 0,6% na primeira pesquisa e 0,4% na segunda" (p. 29).

Nos termos da análise feita das informações representadas na Tabela III do capítulo III, o Estado de Pernambuco e, por via de consequência, sua capital, ocupa o sétimo lugar na preferência dos portugueses, e tal posição é bem distante dos estados do Rio de Janeiro e de São Paulo. Logo, nessa primeira metade do século XX, o Recife não foi uma cidade preferida pelos portugueses.

Por outro lado, se esses dados forem contrapostos aos representados no Quadro 09 a seguir, que indicam uma curva descendente de fluxo de imigrantes lusos para Pernambuco desde o ano de 1920 – 4.800 pessoas em 1920, contra 3.048 no ano de 1940 e 2.300, em 1950 –, não há dúvida de que a pesquisa de Lacerda está correta.

Em contraste, no entanto, a população total da cidade do Recife, nesse mesmo intervalo, cresceu, devido à migração interna, conforme o mesmo Quadro seguinte, de 113 mil para 348 mil habitantes, isto é, o equivalente a quase três vezes mais.

QUADRO 09
-POPULAÇÃO CIDADE DO RECIFE -
POPULAÇÃO TOTAL, ESTRANGEIROS E PORTUGUESES

ANO CENSO	1900	1920	1940	1950
TOTAL	113.000	328.000	348.000	524.682
ESTRANGEIROS	2.690	11.521	6.720	5.550
PORTUGUESES	Nihil	4.800	3.048	2.300

Fonte: Adaptado de Klein (1989).

7.1. Recife: um destino com apelo

Mas há uma pergunta não respondida: o que teria havido tanto com o Recife como com Salvador, cidades importantes para o destino dos lusos nos séculos anteriores?

É provável que, como as informações sobre o Brasil circulavam[102] intensamente nas aldeias e nos principais portos de saída de Portugal, e como tais notícias davam conta de maiores oportunidades nessas outras cidades a indicar o deslocamento do dinamismo das atividades econômicas do Norte e Nordeste para o Centro-Sul, certamente esses fatores foram decisivos na ênfase dos destinos para o Rio e São Paulo.

---

102 Costa Leite trabalha esta questão da circulação de informações, tanto quantitativa quanto qualitativamente, e diz que essa circulação ajudava, grandemente, a tomada de decisão dos emigrantes (1994).

Quase tudo, no entanto, conspirava para o Recife continuar a ser encarado ainda com algum apelo para os imigrantes. A imagem da cidade, com base nas informações sociais, culturais e econômicas já referidas anteriormente, e que também circulavam em Portugal, seria, certamente, a de um entreposto regional de relevo, dinâmico e em desenvolvimento graças à existência das usinas e fábricas de tecidos já aparecendo no período. Obviamente, não se pode esquecer também o peso cultural relativo que a cidade tinha na região e no país.

Ao mesmo tempo, a tradição da expressiva presença de lusos na praça,[103] alicerçada em trezentos anos de atuação, permitiu a acumulação, da parte deles, de um cabedal significativo de capital financeiro e social, garantindo, desta forma, que a praça do Recife não viesse a ser excluída do mapa das rotas dos lusos.

Dada essa constatação da sua continuidade nas atividades mercantis, muitos que demandavam ao Recife já o faziam com oportunidade de emprego garantido. Saíam de suas aldeias com a Carta de Chamada para serem sócios ou trabalharem como ajudantes de padaria ou caixeiros nas casas de comércio dos patrícios.

No cenário nacional, informam Diegues Junior (1964), Rocha-Trindade e Caieiro (2000) e Lobo (2001), para o Brasil em geral, e Klein (1989), Lopes (2003) e Freitas (2006), casos de São Paulo e Rio, que os portugueses empreendiam fábricas de sabão, gelo, tecidos, gêneros alimentícios, café e cigarros e ocuparam, também, quase com exclusividade, o ramo da panificação e, em certa medida, da construção civil.

Já no comércio, o cenário traçado era o mais variado, compreendendo alfaiatarias, lojas de roupa, tecidos e armarinhos, lavanderias, tinturarias, lojas de gêneros alimentícios, restaurantes,

---

103 A respeito do monopólio dos portugueses no comércio de varejo no Recife no século XIX, ver, Freyre (2000); Pernambucano de Mello e Menezes (1977) e Mota (1972).

casas de pasto, tabernas, hotéis, casas de cômodos, pensões, joalherias e pratarias. Apesar da existência de certa padronização de atividades dos portugueses no país, houve variações de intensidade de cidade para cidade, de acordo com as oportunidades empreendedoras em cada cidade. As empresas de pesca dos portugueses que se instalaram no Rio de Janeiro, e somente lá, e ainda hoje prosperam, são exemplos do argumento defendido. Pode-se perceber, do texto de Dias (1940), que existiam três categorias de empresas ou firmas, agrupadas nos Quadros a seguir. No primeiro estão relacionados nomes de firmas e de empresários de prestígio. No segundo, Dias refere-se àquelas de mais um menos evidência e, por último, estão destacadas as firmas que teriam deixado de existir, mas que foram notórias.

QUADRO 10
NOMES DE PESSOAS, FIRMAS E EMPRESAS QUE MAIS PROJETARAM-SE NO RECIFE

9 COMENDADORES

1- *Comendador Antônio José de Magalhães Bastos*, instituidor do "Prêmio de Virtude" no Real Hospital Português;

2- *Comendador Albino José da Silva*, fundador da firma Narciso, Maia & Cia., grande benemérito de todas as instituições portuguesas e brasileiras. Casado, deixou vários filhos, entre os quais o Dr. Francisco d'Assis Rosa e Silva, que foi chefe político de Pernambuco, senador federal e vice-presidente da República;

3- *Comendador Bento Luiz d'Aguiar* foi sócio da Fábrica Caxias, entrando para a firma Azevedo & Cia. Foi o fundador do Teatro e Hotel do Parque;

4- *Comendador José Maria d'Andrade*, fundador da firma Andrade, Lopes & Cia.;

5- *Comendador Antônio Fernandes Ribeiro*, componente da firma Mendes, Lima & Cia., uma dos nossos grandes beneméritos, devendo-se-lhe o início vultoso da subscrição para a construção do Palacete do Gabinete Português de Leitura na Rua do Imperador;

6- *Comendador Luiz Duprat*, fundador e organizador da Companhia Phenix de seguros e da Companhia de Bondes do sul para a Praia de Boa-Viagem;

7- *Comendador Manuel Simão Santos da Figueira*, alto comerciante, dotado de espírito empreendedor. Autorizou o levantamento da história do Real Hospital Português e deu-nos o "Jubileu", livro do 50º aniversário do mesmo;

8- *Comendador Manuel da Silva Moreira* foi sócio dos antecedentes e era o chefe da secção fabril da "Caxias";

9- *Comendador Alfredo Álvares de Carvalho*, chefe da importante firma Álvares de Carvalho & Cia.;

Manuel Ferreira Leite – Todo mundo o chamava de Comendador, mas não o era. Grande armazenário de assucar na Rua do Apollo.

4 FUNDADORES DE FÁBRICAS

1-Antonio Luiz dos Santos. – Fundou com seu irmão José Antonio dos Santos o "Curtume e a Fábrica Bragança";

2- Luiz da Fonseca Oliveira – Foi o grande idealizador e fundador da Fábrica Pilar, em Fora de Portas;

3- Manuel Moreira Souza Pontes – Fundador da "Fábrica Lafayette";

4- Visconde de Santo Albino – Fundador da fábrica Caxias com seu irmão Marcelino e Manuel da Silva Moreira.

14 FUNDADORES DE FIRMAS

1- Adriano Rodrigues da Costa – firma Albino, Amorim & Cia.;

2- Albino Neves de Andrade. – Fundador da firma Andrade, Maia & Cia., fazendas por atacado;

3- Antônio Joaquim Barbosa Vianna – Fundador da firma Vianna, Castro & Cia., loja de ferragens;

4- Antônio Francisco Loureiro – firma Loureiro, Barbosa & Cia., de parceria com Antônio Alves Barbosa;

5- Antônio Alves Barbosa – Idem firma Loureiro, Barbosa & Cia.;

6- Bernardino Ferreira da Costa – fábrica de doces Amorim Costa & Cia., em Olinda, fundador e organizador das Indústrias Reunidas em Santo Amaro; fundador e organizador do Banco do Povo.

7- *Daniel Antônio Rodrigues* – Fundador da firma Daniel Rodrigues & Cia. Fundição Tigre e depois D. Rodrigues & Cia. (Casa Tigre);

8- *Francisco João d'Amorim*, que foi da firma Mendes, Lima & Cia.;

9- *João da Costa Pereira Pinto* – Chefe da firma Pereira Pinto & Cia. Grande exportador de Álcool;

10- *Joaquim de Lima Amorim* – Mendes, Lima & Cia., foi um dos mais prestimosos membros das instituições portuguesas do Recife;

11- *Manuel do Carmo Almeida* – Manuel Almeida & Cia. Instalações Elétricas, no Recife em companhia dos irmãos Joaquim do Carmo Almeida e Antônio do Carmo Almeida;

12- *Manuel do Couto Medeiros* – Medeiros & Cia. Exportadores de Álcool;

13- *Manuel Almeida Alves de Britto* – Alves de Britto & Cia., fazendas por atacado na Rua do Livramento;

14- *Marcelino Ferreira Passos* – Leite, Bastos & Cia., na Rua do Livramento, Banco Commercio e Indústria.

10 COMERCIANTES

1- *Leandro Lopes d'Oliveira* – Comerciante, industrial e intelectual, autor do livro de versos "Arestas";

2- *Manoel de Coimbra Lobo* – Vindo de Lisboa já homem, sucedeu o velho pai numa Alfaiataria na Rua Márquez de Olinda;

3- *Galdino Ernesto de Medeiros* – Pertenceu á firma Alves de Brito & Cia.;

4- *Joaquim do Carmo Almeida* – Foi o solícito e bizarro hospedador, ali na sua chácara de Fernandes Vieira, dos célebres aviadores lusos – Sacadura Cabral e Gago Coutinho;

5- *Joaquim Franco Ferreira Lopes* – Franco Ferreira & Cia.;

6- *Eduardo João de Amorim* – Refinaria Cruzeiro, antiga "Chanan";

7- *Francisco Pinto* – Armazenários de estivas no Recife;

8- *Mario Coelho Pinto* – Intelectual autor da obra "Naturama";
9- *Jayme Ferreira dos Santos* Trabalhou na filial do Banco Ultramarino; Banco do Comércio e Indústria de Pernambuco;
10- *Aníbal de Pina Gouveia* – Medeiros Varêda, onde trabalhou por vários anos, e onde casou com uma filha do antigo chefe e depois sócio J. da C. Medeiros Varêda. Fábrica de Óleos "Cipós".
2 PROPRIETÁRIOS DE PADARIAS
1- *Manuel Rodrigues Quintas* – Padaria Automática e do "RECIFE HOTEL" com o seu amigo e concunhado Júlio Pinto Magalhães;
2- *José Nogueira da Silva* – Fundador da Padaria Nogueira, no Caminho Novo, hoje Rua Conde da Boa Vista.

Fonte: Adaptado de Dias (1940).

Na verdade, o Quadro 10 revela uma composição diversificada, e de alguma maneira pujante, da presença lusa na cidade, haja vista a inclusão de empresários proprietários de fábricas como as de cigarros, em franca expansão na época. Ademais, como se verá no capítulo VIII, muitos dos proprietários citados foram, de fato, empreendedores na cidade.

Já o Quadro 11 indica o aprofundamento da diversificação e revela a penetração dos agentes econômicos lusos em vários setores mais populares, como firmas de estivas, padarias, cafés e casas de pasto, acompanhando a expansão ou inchação urbana da cidade.

QUADRO 11
NOMES DE PESSOAS, FIRMAS E EMPRESAS DE
MAIS OU MENOS EVIDÊNCIA

13 FIRMAS DE ESTIVAS – Franco Ferreira & Cia., Oliveira Filho & Cia., Dias Mais & Cia., Souza Junior & Cia., Henrique Rodrigues & Cia., Lopes Araújo & Cia., Tavares Oliveira & Cia., Adriano Dias & Irmão, Diniz Rodrigues & Cia., Pestana dos Santos & Cia., Ferreira de Almeida & Cia. Arthur Rodrigues & Cia. e A. Leitão & Cia.;

08 PROPRIETÁRIOS DE PADARIAS – "A Lusitana" "A Automática", "A Oriental", "A Rangel", "A Chrystal", "A Japonesa", "A Nova Armada", "A ABC";

10 PROPRIETÁRIOS DE CONFEITARIAS E ESPECIARIAS – A Phenix", – "A Moderna", – "A Independência", – "A Cruzeiro", – "A Botijinha", – "A Santo Antônio", – "O Ponto Chic", – "A Tapuya" – e "Armazém Avenida";

13 CONSTRUTORES, EMPREITEIROS E PROPRIETÁRIOS – José Correia, Bartolomeu Cunha, José Real, Bernardino Dias, Domingos Ferreira, J. A. Camarinha, Chrispim Velhote, Alves Cavadinha, João Dias e Bellarmino Mendes, Joaquim R. Azevedo Abrantes, Alfredo A. Fernandes, e Manuel Alves Maia;

06 PROPRIETÁRIOS DE CASAS DE PASTO – "O Hotel Central", "O Palace Hotel", "O Lusitano", "O Avenida", "O Commercial" e "O Trinta e Um";

06 PROPRIETÁRIOS DE CASAS DE CHAPÉUS E CALÇADOS – J. Ferreira da Silva & Cia., Ventura Neves & Cia., A. J. Guimarães & Cia., José R. Samarcos, Camilo Costa & Cia., e Guimarães & Rebelo;

06 PROPRIETÁRIOS DE LOJAS DE ARTIGOS DIVERSOS – Gomes Irmãos, Albino Campos & Cia., Casemiro, Fernandes & Cia., Vianna Leal & Cia., João Pinheiro & Cia., Costa Tavares & Cia.;

05 PROPRIETÁRIOS DE FIRMAS DE REPRESENTAÇÃO – Joaquim M. Coelho & Cia., Eduardo Simões & Cia., A. Coelho & Cia., A. F. Souto e Diniz Paredes –

03 PROPRIETÁRIOS DE CASA DE FERRAGENS – Affonso d'Albuquerque & Cia., Plácido Faria & Cia. e Miranda Souza & Cia. Ferragens –

05 LOJAS DE CONFECÇÕES – "Casa Coelho", "Casa Fátima", "Casa Celeste", "Casa Mattos";

04 LOJAS FAZENDAS POR ATACADO – Narciso Maia & Cia., Albino Amorim & Cia., Dias Costa & Cia., J.Carvalho & Cia.;

04 CAFÉS E BOTEQUINS – "O Continental", "O Lafayette", "A Brasileira" e "A Cabocla";
03 DONOS DE CINEMAS – "ROYAL" DE JOSÉ CARREIRO, "TORRE" DE IGNACIO GOMES E "IDEAL" DE MANOEL DA SILVA GOMES – DEPOIS GOMES & RAMOS;
FÁBRICAS
02 DE MOSAICOS: Ramos & Camposana, em Santo Amaro, – F. Silva;
01 DE CHAPÉUS de Sol e Sombrinhas Leite Bastos & Cia.;
02 DE DOCES, Bombons e Chocolates;
01 FÁBRICA DE CERVEJA HELVÉTICA;
01 FUNDIÇÃO em S. Amaro;
01 OFICINA de relojoeiro o mais conhecido do Recife. Medeiros & Maia – Oficina de Automóveis em São José – Silva Gayo;
01 OFICINA de placas esmaltadas – J. Monteiro & Filho;
01 GRANDE SERRARIA. Antero Vasconcelos & Pires;
01 OURIVES gravador dos mais perfeitos – Antonio Mendes Ribeiro;
01 BANCO ULTRAMARINO, fundado em Lisboa em 1864, tem um capital de 48 Mil Contos e agenciais em todo o Universo, cuja filial aqui teve como primeiro Gerente D. Luiz Pamplona.

Fonte: Adaptado de Dias (1940).

QUADRO 12
NOMES DE PESSOAS, FIRMAS E EMPRESAS DESAPARECIDAS NA ÉPOCA

15 FIRMAS DE ESTIVAS POR GROSSO: Figueiredo Costa & Cia., Lopes Alheiro & Cia., Guimarães & Valente, Rodrigues Machado & Cia., Soares Neves & Cia., Antonio Marques & Cia., Castro Maia & Cia., Delphim Lopes Cruz & Cia., Jm. Ferreira de Carvalho & Cia., Alberto, Pereira & Cia., Meira e Silva, Francisco Braga & Cia., Ferreira Rodrigues & Cia., J. Coelho & Cia., Palmeira dos Santos & Cia. e F. Almeida & Cia;

07 FIRMAS DE ESPECIARIAS: José Fernandes Lima, Joaquim Cristóvão, Alves de Freitas Irmãos, Antonio J. Martins, Pereira Ferreira & Cia., Soares & Cia., e Abrantes & Cia;

08 FIRMAS DE CHARQUE EM GROSSO E A VAREJO: Amorim Irmãos, Nova Maia & Cia., Pinheiro & Cartella, Aquilino Ribeiro & Cia., Manuel Fernandes Ramos, Silva & Azevedo, Viriato & Villa-Chan e Ramos Dias;

05 PADARIAS: "Beirão & Almeida, Custodio d'Almeida & Cia., e Joaquim Laranjeira, "Beirão", "Lisbonense" e "Aliança";

03 REFINARIAS DE ASSUCAR: Joaquim Salgueiral & Cia., José Ferreira do Souto e Albino Gomes;

04 DEPÓSITO DE FUMOS MANIPULADOS: "Salgueral", "Leão do Norte", "Rosário", Almeida Machado & Cia;

04 CASAS DE FERRAGENS: Abrantes Pinheiro, Antonio Pinto da Silva & Cia., Barbosa Vianna & Cia., e José Carneiro de Souza;

MIUDEZAS: Nunes Fonseca & Cia., Fonseca Nunes & Cia;

FAZENDAS POR ATACADO: Andrade Lopes & Cia., Mendonça, Santos & Cia., Olyntho Jardim & Cia., Silveira & Cia., Gonçalves, Cunha & Cia., Ventura Matheus & Cia., Loureiro Maia & Cia., Dias Loureiro & Cia., Fernando Silva & Cia., e Adelino Rodrigues & Cia.

14 FÁBRICAS

01 - Carvalho & Varella;

01 - Vaquetas "Francas – Luza" – Braga & Sá Grande;

01- Calçados – João Rodrigues;

01- "Baviera" – Gasosas – Tavares Lapa d'Eça;

01- Vinagres "Regência" – José Rodrigues Pinto Ferreira;
01- Enchimento d'Álcool. Alberto Silva;
01- Bebidas finas, licores, etc. – Antonio Cruz & Cia;
01- Vinhos Brancos (passas e cana) Antonio Augusto Lemos;
01- Cerveja Phenix. – José Soares d'Amaral ;
01- Cerveja Nova Hamburgo, – Amorim, Campos & Cia;
01- Óleos de Mamona refinados, a 1ª, que se instalou no Recife. – Manuel Luiz dos Santos;
01- Cigarros "Moreninhos". – Dias, Costa & Cia;
01- Camas de ferro. – Álvaro Arthur dos Santos;
01 – Camisas;
OUTRAS ATIVIDADES
- M. A. Ramos, - "Tabacaria Lusitana";
- Ronaldo Braga, Drogaria Braga;
- Manuel F. Bártoli & Cia., Grande Comissário de Assucar;
- João Raposo de Souza – Grande Corretor;
- Joaquim Lopes de Barros, - Casa de Cambio, de Frutas e Aviário notável;
- A. R. Souza Mendes – Bilhares luso-brasileiros;
- Luiz Costa-Restaurante Internacional;
- Três dos maiores proprietários Antonio Joaquim Cascão, Manuel Fernandes Velloso e José Franco Ferreira.

Fonte: Adaptado de Dias (1940).

Do total dos estabelecimentos das três listas, na casa de 133 firmas, chama a atenção o ramo de alimentos, correspondendo a uma soma 38 estabelecimentos de estivas, charques e secos e molhados, 22 padarias, nove confeitarias e especiarias, quatro cafés e botequins e mais seis casas de pasto. Em seguida, são listadas 29 firmas de fazendas a grosso e de confecções. Por fim, são referidos 16 construtores, empreiteiros e proprietários.

No setor de serviços, há empresas na área de seguros, atividades bancárias e representações. Já no ramo industrial há fundições, fábricas de sabão, biscoitos e doces, refinarias de álcool, cigarros, mosaicos, chapéus, guarda-chuva e sombrinhas, camas de ferro, além de fábricas de cerveja, vinhos, soda e sombrinhas.

Um registro interessante deve ser feito com base nesses quadros. Trata-se da discreta, porém, firme mudança no perfil das empresas lusas durante a época. O Quadro 12, ao contemplar mais de 20 firmas de estivas, especiarias e charque, reflete uma cultura da época anterior ao século XX. Já, os Quadros 10 e 11 indicam que os portugueses souberam moldar a natureza de suas firmas de maneiras a acolher a modernidade, haja vista a maior quantidade de novas lojas: confecções, cafés e botequins, bem como casa de pastos em detrimento daquelas de estivas, por eles exploradas anteriormente.

Na verdade, até final dos anos 60, a cidade do Recife mantinha quase todas as atividades de comércio e serviços no seu centro. Lá funcionavam os bancos, as lojas de qualquer tipo, os consultórios médicos, os escritórios de advocacia e os demais prestadores de serviço geral. A área territorial abrangida por essas atividades se concentrava nos bairros do Recife onde eram localizados os bancos e grandes armazéns, inclusive de importação e exportação, muitos, como visto anteriormente, de propriedade dos portugueses e, no de Santo Antônio, sendo a este último reservado o funcionamento dos serviços e comércios mais modernos.

Nesses bairros preservavam-se uma evidente hegemonia de proprietários portugueses, em especial nas seguintes áreas do comércio sofisticado:

Tecidos, camisarias e confecções: A Girafa, Casas das Rendas, Armazém Continental, Aliança, União, Ele e Ela, Confiança, Rialto;

Sapatarias: Casas Esperança, Casas Ferreira, Sapataria Inglesa;

Lanchonetes, cafés, restaurantes e padarias: Aviz, Arcádia, Botijinha, Estoril, Casimiro, Casa dos Frios, Casa Matos, Confiança, Estoril, Gambrinus, Galo de Ouro, Imperatriz, Nabuco, Nicola, Nova Lisboa, Savoy, Sertã, entre tantos outros;

Papelaria e miudezas: Casa das Ceras, Ramiro Costa, Universal;

Magazines: A Primavera, Casas Viana Leal e outras.

Um dado curioso do comportamento empresarial dos lusos é o fato de que muitos dos seus estabelecimentos ostentavam marcas de fantasia, invocando denominações de inspiração moral, tais como Confiança, União, Aliança, Especial e Casas Esperança.

Já os segmentos tradicionais, tanto de ferragens como o de secos e molhados, eram localizados nas ruas do Bairro de São José e adjacências, como a famosa Rua da Praia e outras ruas próximas. Por outro lado, mesmo que não fosse fácil perceber, nesse comércio a granel é que o dinheiro grosso corria. Talvez se possa mesmo dizer que o comércio fino seria apenas a ponta do *iceberg* da densidade da presença deles na economia.

Para exemplificar, pode-se assumir que, durante os cinquenta anos alvo da pesquisa, um dos itens de importação de maior peso nas estatísticas oficiais era nada mais nada menos do que o bacalhau, seguido da farinha de trigo. E quem os importava? As firmas de propriedade dos lusos, como o caso da Mendes Lima, que possuía filial estabelecida até na região da Terra Nova, Canadá.

A Tabela X, a seguir, fala por si própria.

TABELA X
PRODUTOS IMPORTADOS PELO PORTO DO RECIFE
(ITENS DE MAIOR PESO)
RELAÇÃO PRODUTOS X ANO X VALORES EM REIS E CRUZEIROS

PRODUTOS/ANO	1913	1929	1930	1949*	1950*
BACALHAU	6.441.076	19.080.599	11.685.231	27.763**	19.164**
TRIGO	6.076.388	13.635.226	10.555.905	28.732	221
MAQUINAS INDUSTRIAIS	2.133.335	15.647.128	80.040	211.654	212.247
GASOLINA, ÓLEO E QUEROSENE.		14.651.933	10.111.827	157.512	147.528

Fonte: Extraído do Recenseamento do Recife de 1913. Publicação Oficial do Município do Recife: 1915 e ANUÁRIO ESTATÍSTICO DE PERNAMBUCO 1930. Publicação do Governo do Estado de Pernambuco. Recife, 1931 e ANUÁRIO ESTATÍSTICO DE PERNAMBUCO 1950. Publicação do Governo do Estado de Pernambuco. Rio de Janeiro, 1952.
*Valores em cruzeiros. ** Nos dois anos, o bacalhau[104] e o trigo, esse com mais trigo em grão, permaneceram entre os 10 primeiros produtos da pauta de mercadorias entradas pelo porto do Recife.

7.1.1. O império das cadernetas

Por outro lado, no âmbito do abastecimento doméstico,[105] a caderneta imperava. As vendas, invariavelmente de propriedade de portugueses, abasteciam os lares, e as compras eram pagas ao cabo de cada mês. As vendas, tal como eram chamados os armazéns e quitandas da época, desempenharam, portanto, grande centralidade na vida da família e no bairro.

---

104 Observar que o bacalhau nunca saiu da lista dos 10 itens mais importados e certamente no período, ao lado do charque era alimentação dos mais pobres. Ver também com o olhar de hoje a extrema dependência do Brasil em relação ao combustível só superado após a criação da Petrobras nos anos cinquenta também.
105 Neste mesmo período, havia comerciantes chamados de mascates, ou seja, uma sobrevivência do mascate clássico da cultura brasileira colonial. Eles passavam nas ruas vendendo: botão, linha, produtos de beleza, pequenos brinquedos de crianças, armarinho em geral. Havia também pregões de verdureiros, vigias e zeladores das casas dos sítios. A casa residencial dos bairros de classe média ocupava equivalente a apenas 1/3 do espaço do terreno, daí os sítios.

Quando se diz que os proprietários das vendas eram portugueses, não se pode esquecer que seus nomes próprios denunciavam a origem: seu Abel, seu Capela, seu Oliveira, seu Amândio, seu Joaquim e seu Lupércio eram os proprietários das vendas nos bairros das Graças e Espinheiro. Era comum, nesses estabelecimentos, as pessoas residirem no andar de cima. O térreo era o negócio propriamente dito, e os clientes eram atendidos por toda a família, que também trabalhava no estabelecimento.

Diz o cronista atual, Paraíso (2001):

> Volto aos meus tempos de Espinheiro, quando eu tinha 10 anos, e lembro-me que nas suas esquinas, como, aliás, nas esquinas dos demais bairros do Recife, era comum encontrarmos aqueles estabelecimentos a que chamávamos de vendas. Algumas delas eram verdadeiros armazéns, e tinham de tudo para as compras do nosso dia-a-dia; outras menos abastecidas, tinha apenas os artigos mais habitualmente procurados. *Curiosamente, eram, quase todas, propriedade de portugueses que moravam com a família e alguns empregados, nas suas próprias dependências.* Na esquina da Rua da Hora com a João de Barros havia uma delas, a venda do "seu" Joaquim, aonde eu ia com freqüência. Lá encontrava tudo: os sabonetes perfumados; o sabão amarelo [...] logo à entrada, em sacas que ficavam no chão, o arroz, o feijão [...], a farinha, o açúcar e a batata tudo vendido a retalho; o cominho, a canela e a pimenta; pendurados no teto a lingüiça, o charque e o bacalhau [...] e tantas outras coisas. (p. 27, grifo nosso)

Outro cronista mais antigo, detalhista e nostálgico, retrata atmosfera da época, sob o título de *Cadernetas de venda:*

> Como as pombas versejadas pelo poeta Raimundo Correia, e hoje antológicas, elas também foram desaparecendo da paisagem sentimental do velho Recife. Foi-se uma depois outra e mais outra, até sumirem quase totalmente: as antigas mercearias das esquinas de ruas residências da cidade antiga. Durante o domínio

absoluto dos Joões, Joaquins, Manuéis, Antônios, Pereiras, de mangas de camisa arregaçadas nos braços, lápis atrás da orelha, um palito no canto da boca, calça sustentada abaixo da barriga por um cinturão velho, tamancos nos pés, atendendo a imensa freguesia: - Seu Joaquim, mamãe mandou buscar uma quarta de carne-do-Ceará... – Seu Manoel, Dona Dondon mandou ver uma libra de manteiga inglesa para o senhor *ponha* na caderneta, que seu Cazuza vem pagar amanhã...

– Ah, a caderneta da venda: objeto mais precioso na casa da família média do velho Recife. Guardado com um cuidado. Não se podia perder. Quando isso acontecia era um Deus nos acuda dentro de casa:- Naninha, você viu a caderneta? *Virge* Nossa Senhora que eu não encontro ela. Severina, moleca danada, *adonde* você botou? Devia estar sempre ao alcance da mão. Era o ponto de ligação, de contacto entre as famílias e seu prestimoso fornecedor. Tudo era adquirido na base do fiado. *Prá botar na caderneta!!!* Era uma expressão comum. A negrinha ia buscar uma cuia de farinha; o menino mimado ia atrás dos confeitos; a dona de casa que precisava uma latinha de brilhantina Dorly, e ate seu Cazuza, que passava às vezes pela mercearia:- Oh, seu Manoel, dê-me um maço de cigarros Vitor e uma caixa de fósforos, que eu não tenho trocado. Ponha na caderneta. Tudo na base da confiança. Tudo tão domestico. Tudo tão humano. No fim do mês, o Cazuza ia acerta as contas [...]. Elas foram sumindo da paisagem sentimental da cidade, como as antológicas pombas do poeta. E com elas a caderneta. Tudo agora é pago a vista. Foi feita a abolição total do fiado: Mercadorias cá, dinheiro lá. (Guerra, 1972, p. 29, grifo nosso)

7.1.2. Carnaval: lazer e oportunidade

Mas a interpenetração da cultura portuguesa com a brasileira não se deu apenas nas esferas acima. A transferência do espírito associativista dessa cultura se transplantou da mesma forma nos formatos de várias organizações da sociedade, inclusive dos blocos e agremiações carnavalescas. Ao discorrer sobre as origens do carnaval pernambucano no final do século XIX, a historiadora Barbosa (2007) revela, com perspicácia, essa dependência na formação dos blocos dos artistas e oficiais mecânicos nos seguintes termos:

> Esse segmento mantinha intensa vida associativa, fundando instituições por ele mesmo dirigida, as quais segundo modelo organizacional das antigas associações em uso na colônia e no Império: irmandades religiosas, sociedades beneficentes, recreativas, dramáticas, musicais e por último, na escala temporal, carnavalescas e sindicais. Eram, no geral, instituições formais e legalmente constituídas, com registro em cartório, regidas por estatutos próprios que eram submetidos à Questura Policial. (p. 209-210)

Ainda no conteúdo, na inspiração, nos ritmos, no emprego dos instrumentos musicais e na composição dos participantes dos blocos, eles também exerceram decisiva influência. No livro *Carnaval do Recife*, Dantas Silva informa que, além do lendário Clube Vassourinhas, outras agremiações foram antecessoras dos blocos dos anos vinte. Um deles era simplesmente o da *Cana Verde*, o qual, segundo Dantas Silva (2002):

> Era um clube formado por *imigrantes portugueses* e como as ilustrações de seu jornal estão a demonstrar, traziam fantasias estampadas e de forte colorido, chapéus de abas grandes para os homens, lenços estampados de sede para as mulheres, colares e medalhinhas douradas. Tudo bem *à moda dos ranchos portugueses*, minhotos e alentejanos, e dos grupos de desfilantes das marchas populares que acontecem nas festas dos santos de junho em Lisboa. (p. 90, grifo nosso)

Informação semelhante, citada por Silva, oferece Apolônio Gonçalves de Melo, o qual diz que o bloco Cana Verde apresentava-se seguido *de* "um cordão com grande orquestra de pau e corda tocando lindas canções italianas e fados portugueses" (Melo *apud* Silva, p. 90).

Ao mesmo tempo, eles souberam tirar vantagem comercial desse grande evento nacional, haja vista o caso das sombrinhas, tão identificadas com os passistas de frevo do Recife e que ainda hoje são produzidas pela secular firma Leite Bastos, estabelecida ali no coração do comércio a grosso da cidade, isto é, na Rua do Livramento, como continuação da Rua Duque de Caxias.

Os lança-perfumes, coqueluche dos carnavais até os anos 60, foram também produtos comercializados por essa firma, distribuidora exclusiva das mesmas para o Nordeste, que confessou, em entrevista ao pesquisador, ter construído o Edifício Tebas – junção da última sílaba do sobrenome Leite com a sílaba inicial de Bastos – basicamente com receita proveniente desse produto.

7.2. Integração e afrouxamento dos laços étnicos

Aprofundando a investigação relativa à integração social, pode-se observar que *a carta de navegação social*[106] do imigrante português pode, no caso do Recife, ser decodificada pela sua busca de inserção em estratos da classe média. Aliás, na sociedade recifense, esse imigrante participou da descompressão da sociedade nos termos de dois estratos extremos, o rico dos usineiros e o pobre, dos alagados e mocambos. O português, ao lado dos funcionários públicos, empregados administrativos das empresas e profissionais liberais, contribuiu para formar setores médios da população, e não apenas para formá-los em termos estatísticos, mas para emprestar prestígio e *status*.

---

106 Expressão usada pelo antropólogo Damatta para se referir à integração das pessoas em uma determinada cultura. Ver apostila da disciplina Antropologia da Burocracia, do curso de mestrado da FGV.

Sua carta de navegação social, sempre guiada tanto pela mentalidade ordeira, confiante nas autoridades, nas instituições civis, instituições religiosas e recreativas, quanto pela sua dedicação ao trabalho incansável, os levava a procurar sempre morar nos bairros de prestígio. Associavam-se a todos os times de futebol da cidade.

É considerado que, aqui ou acolá, eles usavam de esperteza contra o fisco. Às vezes, contra os clientes na administração das balanças, no caso das vendas e padarias. Muitos proprietários, ou sócios de padarias, atividade econômica que concentrava mais portugueses de baixa classe média, se envolviam ainda em casos afetivos com as empregadas dos estabelecimentos ou moças clientes, e se dizia: *O português não resiste a uma morena brasileira, a uma mulata!*

Mas, para sua mobilidade social, tais práticas não seriam compatíveis. Logo, o jovem português, ou filho de português, que desejasse ter respeito e granjear simpatia tinha que casar e constituir família, frequentemente com moças portuguesas, ou mesmo, na maioria dos casos, de nacionalidade brasileira. A matrícula dos filhos nos colégios de classe média, também, garantia mobilidade e ascensão sociais.

Na verdade, considerando-se o caráter ordeiro e conservador desse imigrante, pode-se afirmar que o perfil, da mesma forma conservador da classe média recifense em expansão nos dois primeiros quartéis do século XX, se harmonizava bem com a cultura do imigrante, e certamente o comportamento padrão da classe média nativa decorra, em grande medida, da influência dos padrões da cultura do imigrante português.

A presença dos portugueses nesse período era sentida, ainda, por meio do Clube Português, um clube edificado e inaugurado pela colônia portuguesa, mas muito aberto à presença dos brasileiros. O Clube Português do Recife, seu nome efetivo, foi fundado em 4 de dezembro de 1934, com a presença de 39 sócios, em reunião realizada com este fim no Gabinete Português de Leitura, reunião que aprovou os estatutos da agremiação. Posteriormente, mais 69 sócios integraram o corpo social do clube, o qual foi inaugurado oficialmente, com a presença do governador do estado, em fevereiro de 1936.

Interessante observar que o Clube foi construído em área de bairro de classe média da cidade e, segundo publicação oficial, comemorativa dos seus 72 anos, foi instituído com "finalidade de reunir todos os portugueses, principalmente os mais jovens num ambiente propício à cultura física e ao desenvolvimento social" (André e Villela, 2006, p. 17).

Por outro lado, os portugueses, movidos pelo processo de integração na pirâmide social local, além de romperem os laços, internalizaram ou repetiram, do seu Portugal, no âmbito da colônia, fortes diferenças interclasses ou interatividades. Nesse sentido, uma hierarquização perceptível reservava aos donos de padaria uma posição inferior da pirâmide àqueles do ramo da construção melhor posição na escala social. Observação de campo do pesquisador, reflexões aportadas por professores ouvidos e informações das entrevistas corroboraram tal perspectiva.[107]

De forma sutil, as diferenças ficaram evidentes nas entrevistas. Um deles comentou: "É, as mulheres dizem 'meu marido é mais rico e seu trabalho é mais admirado'". Em contraponto, outro informou: "Existe de fato diferenças, mas procuramos ser o mais possível democrático".

Histórias de vida de alguns refletem, no mesmo sentido, a assimetria de inclusão social desses imigrantes. Veja-se o caso do comendador José Maria D'Andrade, já trabalhado no item dos preconceitos da sociedade local nesta investigação, cuja trajetória de inclusão social no Recife é orgulhosamente publicada na

---

107 Tal fenômeno foi já mencionado nesta pesquisa por Mota, na análise da Revolução de 1817, em capítulo anterior.

internet, e, em contraste, observe-se a narrativa de um imigrante empreendedor e vencedor que preferiu a vida reservada do sonho da *Árvore das Patacas*.

Senhor Fulano de Tal. Proprietário de 06 (seis) padarias na Região Metropolitana do Recife. Nascido na década de 10 do século passado em um vilarejo, em Portugal, aos 17 anos, embarca num navio com destino ao Brasil, em busca de uma vida melhor, como era de costume entre a população de baixa renda portuguesa. Através da carta de chamada, enviada pelo seu primo, embarca clandestinamente num navio e chega ao Brasil, após uma viagem longa e sofrida, na qual pensava que não chegaria vivo por conta de uma infecção intestinal que atingiu toda tripulação e passageiros. Completou seus 18 anos a bordo do navio. [...]

Desembarcou na cidade do Recife para trabalhar junto ao seu primo na padaria do mesmo. [...]

Na época, padaria era um negócio seguro e dava muito lucro, não só pelo fato do produto fabricado (o pão), que era de consumo da população em geral, mas também pela inexistência da concorrência dos supermercados e vendas de produtos mais sofisticados, que estavam presentes nas prateleiras das padarias, como: queijos, leites, vinhos, café, bolos e salgado, produtos finos que não seriam encontrados em mercearias comuns.

Depois de muito trabalho, após desfazer a sociedade, inaugurou aos poucos uma cadeia de padarias no Recife. O lucro obtido investia em imóveis para aluguel. Após anos, já cansado pela rotina árdua e pela idade que já estava se avançando, vendeu os estabelecimentos comerciais, e com o capital continuou a investir em prédios, casas, apartamentos e terrenos. Atualmente não possui mais padarias. Vai frequentemente à Portugal e vive de rendas dos alugueis de suas propriedades e aposentadoria e já com idade avançada se mantém a frente dos negócios: visita as propriedades, realiza cobranças e administra seu pequeno império.

Por outro lado, a expressão de Freyre (1940), indicando a anulação aparente dos portugueses em face da cultura que os acolhe, se projetou, também, em outros aspectos da vida mundana da cidade. Portugueses bem-sucedidos protegiam de forma *teúdas e manteúdas*, casas de mulheres para a alegria dos patrícios e homens influentes da sociedade local. Tais damas frequentavam muitos eventos sociais e com bastante respeito eram tratadas, apenas não compareciam àqueles encontros do círculo íntimo da família de quem as protegia.

O Livro *Manuel, o imigrante*[108] romanceia a vida de Fransangela, protegida do Comendador Serafim dos Bosques, que se encantara pela jovem da noite e por essa razão montou uma casa, a *Casa das Damas Rosas*, em rua de destaque no bairro da Boa Vista. Nesta casa, ela abrigava meninas para os clientes e viveu como dona do estabelecimento, porém, no único quarto azul da casa de sua propriedade, somente tivera direito a entrar o Comendador Serafim, que após a sua morte, teve em Fransangela uma viúva sentimental mais resguardada na fidelidade do que certas esposas.

A preocupação deles de se fazerem presentes pode ainda ser identificada por meio da divulgação dos nomes, fotos e propagandas dos seus estabelecimentos na literatura que circulava na cidade. Havia uma circulação grande de revistas, na mídia da época, almanaques e álbuns e,[109] neles, os comerciantes portugueses de destaque eram frequentemente citados, biografados e elogiados.

Curiosamente, ao se integrarem na nova sociedade, eles afrouxavam os laços de coesão na condição de grupo estrangeiro. Em outras palavras, a assimilação e diluição desse imigrante na

---

108 A escritora Laura Areias, imigrante portuguesa por razões políticas de oposição a Salazar por parte seu marido, chegou ao Recife no final da década de 1940 e é autora de várias obras. A obra aqui referida foi, segundo depoimento da escritora ao autor, baseada em história verídica narrada por um português velho conhecedor das histórias e estórias da colônia lusa do Recife.
109 A maioria das imagens do presente texto provém dessas publicações.

sociedade recifense levavam à incorporação das crenças e valores da cultura nacional, tendendo, ele, a abandonar seus laços (*strong ties*) de identidade com os conterrâneos como grupo étnico, conforme a teoria de empreendedorismo étnico.

Um comportamento que pode ser usado como exemplo dessa atitude é o fato de que a maioria dos filhos dos imigrantes portugueses não prossegue a carreira de comerciante dos pais. Transformam-se em doutores – advogados, médicos e engenheiros –, devotando à atividade paterna pouca ou quase nenhuma atenção, mas fundamentalmente assimilando os valores e preconceitos dos brasileiros sobre o comércio e os comerciantes. Consequência: muitos negócios não duravam além da geração do fundador.

Prosseguindo na narrativa, vale a pena invocar a descrição do que foi, provavelmente, o último movimento antilusitano no Recife. É peça do político Paulo Cavalcanti, respeitado militante de esquerda na cidade, que, na juventude, descreve um evento grave envolvendo portugueses e brasileiros.

7.3. O último mata-mata marinheiro!

No seu livro de memórias, comenta:

> Em pleno século XX, Pernambuco reviveu um autêntico "mata-mata marinheiro", com todas as características dos de antanho. Era abril de 1930. A firma Teixeira Miranda & Cia., estabelecida com uma torrefação de café e uma fábrica de sacos de papel e macarrão na Rua Direita, adquirira, por compra, outras firmas menores do gênero, inclusive a torrefação de café Guanabara. Com isso, dispensara alguns empregados, notadamente no setor operário.
>
> Ao ser dispensado do serviço, um operário fora agredido com palavras ásperas por um dos sócios de Teixeira Miranda, não se sabe se o português José Frazão Teixeira ou seu compatriota João Ferreira de Miranda. O que transpirou, ao certo, da discussão é que o português havia dito que, de brasileiro em sua casa comercial,

"só precisava mesmo dos burros para puxar carroças". Vivia-se a campanha da Lei dos 2/3, para assegurar ao trabalhador nacional direito à participação em firmas estrangeiras, naquela proporção.

[...]

A frase, desprimorosa aos brios nacionais, correu de boca em boca, inflamando e reacendendo sentimentos nativistas acumulados através dos séculos.

Nos dias 8 e 9 de abril de 1931, um novo "mata-mata marinheiro" ecoou pelos céus do Recife – velho cenário de sangrentas lutas pela independência do jugo português, em séculos pretéritos.

De boca em boca, o dito depreciativo do sócio de Teixeira Miranda & Cia., de que os nacionais só serviram para puxar as carroças de sua fábrica, incendiou paixões adormecidas pelo tempo. De súbito, numeroso grupo de populares invadiu as instalações da torrefação, depredando-as completamente. Aí o pânico se espraiou pelo bairro de santo Antônio, onde se concentravam as maiores casas comerciais dos elementos lusos. Mesmo diante da polícia, que acorreu aos reclamos das vítimas, a multidão não se dispersou. "Nada conseguiram", dizia o Diário, "dada a excitação a que tinham chegado os atacantes".

Na Rua das Florentinas, um grupo atacou os armazéns da firma Franco Ferreira, sendo contido por policiais.

Dos incidentes do dia 8, resultaram dois mortos: um operário, "calunga" de caminhão, de identidade desconhecida, e o auxiliar do comércio Severino Silva, casado, empregado do Armazém Avenida, de Manuel Araújo & Cia., na Avenida Marquês de Olinda.

[...]

Eu, participando da multidão enfurecida, vi o cadáver desse jovem estendido no chão, na Rua Duque de Caxias. Trajava roupa branca, como era costume na época. De sua cabeça saíam filetes de sangue, manchando a brancura do terno. Pela tarde do mesmo dia, realizou-se o enterro de Severino Silva. Grande multidão o levou ao cemitério, com gritos de "Abaixo os portugueses!" e "Fora com os galegos!"

Compareci ao cemitério de Santo Amaro e testemunhei a exaltação do povo.

[...] À noite, a cidade manteve-se calma, numa paz de sepulcro, a população amedrontada, os boatos cruzando de lado a lado o Recife. E a revolta contra os "marinheiros" aumentando de intensidade, sobretudo com a notícia das duas mortes de brasileiros. [...]

Foi chegando gente e, de novo, o grito de "mata-mata marinheiro" ou de "quebra-quebra" ressoou pelos quatro cantos a despeito da presença maciça de soldados do Exército e da Brigada Militar. Novamente a firma Teixeira Miranda foi alvo da fúria popular, os militares quase impotentes para conter a avalancha humana.

No Pátio do Mercado, próximo, a massa se concentrou, entrando a depredar alguns compartimentos de portugueses. Bastava que alguém gritasse: "Ali tem casa de galego!", e o povo corria a apedrejá-la. Na Rua da Penha, Pátio do Carmo, Rua da Praia, Rua do Rangel – novas casas comerciais foram invadidas desordenadamente, os policiais fugindo à ira popular. Na Rua da Praia, foram atingidos os estabelecimentos de Domingos Dias da Costa e o Café São João, também de português. [...]

Com o fechamento do comércio e os reforços das tropas da Brigada Militar e do Exército nas ruas principais, a agitação diminuiu, grupos de populares dispersando-se aqui e ali, até que a normalidade voltou ao Recife.

Os jornais do dia 10 vinham com minuciosos relatos das ocorrências, ao lado de notas oficias da Associação Comercial de Pernambuco e outras entidades de classe, de solidariedade aos comerciantes portugueses e de protesto contra "as desordens" e os "agitadores profissionais".

A firma Teixeira Miranda fazia divulgar um comunicado, de um quarto de página, em todos os órgãos da imprensa do Recife, relacionando nominalmente todos os seus empregados, com a respectiva nacionalidade, para tentar provar que o número de brasileiros, nos vários setores de suas empresas, era maior do que o de portugueses.

Quanto às causas do conflito, os diretores da firma juravam, "sob palavra de honra", que não haviam insultado os elementos nacionais. (Cavalcanti, 1978, p. 98)

Eis aí a dramática derradeira manifestação antilusitana na cidade. Sua transcrição, quase integral, teve a intenção de extrair quatro reflexões.

A primeira diz respeito à significativa expressão da atividade comercial na cidade,[110] haja vista a balbúrdia, levando até à morte de pessoas, devido a uma demissão; em segundo, chamar a atenção para a distribuição espacial privilegiada dos estabelecimentos portugueses nas ruas mais importantes da cidade, o que demonstra poder; em terceiro, ressaltar, ora o caráter de massa de manobra que a multidão se prestou na ocasião, ora a sensibilidade humanista e engajada do, então, jovem político comunista, mesmo de origem de classe média. Por fim, lembrar que a atividade comercial é sempre de muita exposição, logo, se torna alvo fácil de insatisfação, independentemente do volume de recursos que movimente, se comparado, por exemplo, com a massa muito maior de recursos que as fábricas de tecidos e usinas do estado movimentavam.

7.4. Surpresas da história

A história, todavia, ofereceu saltos e sobressaltos. Seu fluxo não é linear, nem previsível. Prega surpresas, e grandes!

---

[110] Já na cidade do Rio de Janeiro, LESSA (2002) informa que a lusofobia desaparecera na década de 20, em virtude da onda de industrialização que a cidade viveu.

Para quem leu as realizações dos empreendedores, o brilho e dinamismo, e mesmo o *glamour* do comércio e serviços dos prestigiados bairros do Recife, Santo Antonio e São José, tudo parecia permanente e definitivo, impregnado de eternidade, parafraseando o poeta Bandeira. Devagar e sempre, mas corroendo-a por dentro, a ação dos homens no tempo fez a cidade ser redesenhada.

De repente, o Recife teve muito dos seus bancos, consultórios e casas comerciais relocalizados, e a definitiva chegada dos supermercados e *shoppings centers* redesenhou todo o processo de ocupação territorial de oferta e procura do comércio grossista e varejista da cidade.

A partir de fins da década de 60, ocorreram expressivas alterações na economia, nos padrões de comportamento e nas práticas sociais do Brasil. Novos valores, novas crenças e novos comportamentos surgiram em ritmo crescentemente rápido. Apesar de essas transformações não terem ocorrido no período da presente investigação, seu registro, aqui, é para amarrar e considerá-la um divisor de águas.

O Brasil mudou e mudou muito desde essa época, como assevera Schwarcz (1998). O país foi capaz de construir uma economia moderna, incorporando os padrões de produção e consumo próprios dos países desenvolvidos. E, no plano do comércio, apareceram as duas novidades relacionadas com o novo padrão de consumo: supermercado e *shopping center*.[111]

> Os avanços produtivos acompanharam-se de mudanças significativas *no sistema de comercialização*. As duas grandes novidades foram certamente *o supermercado e o shopping center*. O supermercado – o primeiro no Rio de Janeiro o Disco, em 1956 – vai derrotando a venda, o armazém o açougue, a peixaria [...].

---

[111] A bem da verdade, os portugueses do Rio de Janeiro e São Paulo tiveram poupança e musculatura financeira e chegaram a ser pioneiros nesses ramos, haja vista os casos dos Supermercados Discos (Rio) e Pão de Açúcar (São Paulo), ambos de propriedade de lusitanos.

Na década de 60 surgem os primeiros Shopping-Centers, como o Iguatemi em São Paulo, em 1966, modificando a sociabilidade e o lazer. Verdadeiros templos de consumo, estes centros comerciais multiplicaram-se por todo o Brasil nos últimos quarenta anos. (Schwarcz, 1998, p. 562, grifo nosso)

Como pano de fundo propulsionador dessas transformações, quatro fenômenos macroeconômicos, de porte nacional, tiveram decisiva influência, no Recife.[112]

Em primeiro lugar, a unificação de mercado, em consequência da expansão da produção do Sudeste nacional, que capturou o mercado local e sufocou em grande medida a produção local.

Em segundo, as estratégias de comercialização passaram a trabalhar com o mercado urbano massificado, atingindo de cheio a tática do pequeno e médio comerciante, dedicado ao varejo e, em grau menor, também, o setor de atacado. Em terceiro, a expansão da rede de transporte rodoviário, cobrindo, a partir desse momento, lá pelos anos 60, todo o país. Por fim, a indústria automobilística desbancou o transporte coletivo nas cidades, e exigiu novos espaços de estacionamento.

Esses fatores lançaram, em sentido figurado, a pá de cal na relativa autonomia do mercado produtor local, criando assim os meios de distribuição para escoamento da produção do Sudeste para o Nordeste. De centro produtor e distribuidor para a região, o Recife vê ainda suas indústrias de açúcar e têxtil entrarem em crise, seu porto se esvaziar devido à concorrência dos caminhões e novos aviões, e assiste à crise social de desemprego no campo atingir pontos de difícil equilíbrio social. O Nordeste torna-se um problema nacional, e nele a cidade do Recife também.

Mas, a cidade do Recife transmudou-se e, mesmo cheia de contradições e dificuldades, vê sua expansão urbana, via

---

112 Não esquecer outras medidas de aperfeiçoamento fiscal do setor público e as políticas antiinflacionárias implementadas no país a partir de meados dos anos sessenta.

residências e comércio, em especial os s*hopping centers*, avançar por bairros da Zona Sul, desde Boa Viagem a Candeias.

Na presente narrativa, interessa ressaltar que essas macro-alterações concorreram para operar, em grande medida, a exclusão do pequeno e médio comerciante, e *ipso facto*, do português imigrante pertencente a essa faixa de atividade, até então muito presente no Recife.

Além do mais, como um evento não vem isolado, o declínio da presença portuguesa na cidade do Recife deve ser percebido de vários ângulos, daí porque recente editorial do jornal *A cidade e as serras*, do outrora influente Gabinete Português de Leitura, expressa as atuais dificuldades.[113]

Sob o título de "As instituições sócio-culturais portuguesas no Brasil", de autoria da escritora luso-brasileira Maria de Lourdes Hortas, alguns trechos do texto denunciam:

> Mudam-se os tempos, mudam-se as vontades, dizia o poeta maior: Os costumes mudaram impossível fugir da realidade. Na época da fundação do Gabinete Português de Leitura de Pernambuco, por exemplo, a comunidade portuguesa era numerosa e o GPL funcionava como ponto de encontro, nas só nas festas cívicas, mas em eventos sociais e saraus literários. (...)
>
> Com o passar dos anos, o público desta Casa alargou-se. Com certo orgulho podemos afirmar que a grande maioria dos escritores, políticos e intelectuais de Pernambuco em algum momento via nos honrar. [...]
>
> Nos dias atuais, todavia a clientela do GPL está reduzida a 30 ou 40 estudantes diários, oriundos da camada mais carente da população. [...]

---

[113] A esse respeito, interpretando o problema, Leite (2003) comenta: "Com o fim da emigração e o envelhecimento dos antigos emigrantes as novas gerações são constituídas por brasileiros que, a despeito dos laços afetivos com uma origem portuguesa cada vez mais distante, deixam de constituir a base de sustentação de grandes instituições criadas e desenvolvidas ao longo de muitas décadas" (p. 24).

Os últimos portugueses que ainda por cá vivem, sócios ou não do GPL, todos eles tornaram-se sócios efetivos do clube da terceira idade e não se arriscam à aventura de marcar um encontro no Gabinete ou subir suas escadas. [...] A atual diretoria vem levando a termo uma serie de eventos e os que aceitam o convite verificam que a casa está em ordem, continuando a ser um lugar que dignifica as tradições lusíadas. [...]
Está mais do que na hora de se convocarem os luso-descendentes, para que encarem com seriedade o resgate de suas raízes e valorizem a herança de seus antepassados. (*A cidade e as serras*, ano XVI, n. 104, abr. 2008)

Sem dúvida, esse tem sido um dos grandes desafios para os lusos descendentes, até porque a colônia hoje existente na cidade é de apenas seis mil pessoas, conforme informou o cônsul Jorge Manoel Fernandes em entrevista a um periódico local (disponível em <htpp/www.dpnet.com.br>. Acesso em 7 jan. 1998).

Os lusos, porém, não deixaram de atuar na cidade a partir dos anos 70. A comunidade de portugueses passou por uma espécie de decantação ou sofisticação de sua atuação. No ramo de alimentos – restaurantes, padarias, cafés e bares – muitas das melhores casas da cidade são geridas por proprietários lusitanos, alguns deles com histórias acima de 40 anos. No setor de terreno, pedra e cal, houve também uma rearrumação, e muitas das firmas do ramo de material de construção pertencem a eles. O mesmo raciocínio pode ser aplicado ao setor de imobiliárias e empresas de construção civil.

Já os ramos de secos e molhados e o de mercearias sofreram forte retração ou mesmo desapareceram. Não é inverdade afirmar, igualmente, que o ramo de comércio fino recebeu severa ameaça dos concorrentes, o que levou um dos entrevistados a declarar que os lusos perderam o bonde da história quando não acreditaram nos *shoppings centers*.

No decorrer do próximo capítulo, serão examinados os dois eixos de empreendedorismo que tiveram como *"players"* os imigrantes lusos, nos termos dos conceitos-chave do *corpus* teórico vistos no Capítulo I.

Capítulo VIII
Ação empreendedora lusa

Entrevistador: Quais os setores do comércio em que os portugueses mais se destacaram no Recife? Júlio Crucho:[114] *Quais os setores que eles não se destacaram?* (Entrevista Júlio Crucho, grifo nosso) *Manuel Moreira Souza Pontes foi o fundador da Fábrica Lafayette. Espírito persistente, incansável trabalhador, honesto e resoluto. Trez vezes tentou a fundação da obra que deixou próspera e prestigiosa, e trez vezes baqueou, senão totalmente na última, teve, ainda assim, que arranjar sócio que o auxiliasse na Empresa – Arranjou e venceu galhardamente n'uma época em que tudo era difícil, até o dinheiro para o desenvolvimento que uma indústria incipiente tem necessidade de conseguir em ampla escala.* (Dias, 1940, p. 22).

A evidência do comportamento étnico – gestão do capital social – dos lusos na área de panificação e, em menor escala, na esfera da construção civil será tratada em primeiro lugar, e o comportamento empreendedor, em variados ramos dos ofícios do comércio e da indústria, à revelia dos preconceitos dos brasileiros, será abordado em segundo.

---

[114] Senhor Júlio Crucho é proprietário do Restaurante Dom Pedro, de culinária portuguesa e pernambucana, estabelecido, desde a década de 60, à Rua Imperador Pedro II, no bairro de Santo Antônio. Chegou ao Recife, a convite de patrícios lusos, para ser pasteleiro de uma confeitaria. Preserva sua cidadania portuguesa, embora seja detentor dos títulos de cidadão honorário de Pernambuco e da cidade do Recife. Seu restaurante, hoje, já tradicional, é frequentado por jornalistas, intelectuais e membros do Poder Judiciário. Entrevista concedida ao autor em agosto de 2008.

8.1. Empreendedorismo étnico

Convém salientar um aspecto *sui generis* da presença deles no Brasil. Por mais que se fale na integração dos dois povos sob os mais diversos fundamentos e alegações, o bom português nunca esquece o que, carinhosamente, é por eles chamado de "*a terrinha*".[115]

Ora, por que a terrinha? Por que a saudade da aldeia? Por que as lágrimas encheram de sal o Oceano Atlântico na expressão poética de Pessoa? Por que o culto às tradições da dança e da gastronomia?

É óbvio, e as respostas são conhecidas. Fundamentalmente, há aspectos culturais de identidade que os afasta do Brasil, a despeito do fato de sermos, em grande, medida um pedaço deles, dado que deles viemos. Eles seriam, por assim dizer, os pais, e o Brasil, o filho, logo, este último retém sinais dos ancestrais. Mas, o contrário não seria verdadeiro. Com efeito, no sangue do brasileiro corre a alma lusa, mas não há por que se esperar que no coração do português pulse um coração brasileiro.

Ora, feita essa preliminar que reconhece estatuto de imigrante ao luso, o pressuposto fundamental, então, é que o imigrante luso no Brasil e no Recife vivenciou todas ou quase todas as dificuldades que os demais imigrantes encararam quando chegaram no país. Às vezes, paradoxalmente, a identidade linguística, de fato, criou mesmo uma igualdade ilusória e dificultou em certos aspectos uma absorção mais eficaz do *ethos* nacional brasileiro. Isso vale, também, hoje, tanto para os brasileiros que se mudaram

---

[115] Ver constatação, nesse sentido, em Freitas Filho (2002): "Há a permanência de um sentimento de nostalgia, um desejo de manter a origem portuguesa e, com isso, os laços com a terra natal. Tais sentimentos se expressavam sob diversas formas, dentre elas, a criação, participação e manutenção de associação lusas, de caráter beneficente, profissional e educacional e pelo envio, periódico, de doações, em obras ou financeiras, para a vila ou cidade de origem" (p. 193). Há na literatura sobre este assunto – posição presente em diversos autores citados nesta pesquisa – um esforço oficial e até espontâneo das duas nacionalidades para não se acentuarem essas diferenças. Ora, a própria existência do esforço de convergência, de alguma forma, denuncia as diferenças.

para a cidade do Porto, como para os cabo-verdianos que fazem migração semelhante.

Mas o objetivo dessas reflexões é chamar a atenção para o fato de que o imigrante luso é tão imigrante no Brasil como qualquer outra nacionalidade. É, portanto, um grupo étnico que tende a se juntar e a praticar o empreendedorismo como os demais.

Para localizar e evidenciar tal comportamento na cidade do Recife, será discutida, em primeiro lugar, a postura étnica empreendedora do português, nada mais nada menos do que na esfera da panificação, *lócus* privilegiado de sua atuação empresarial tanto aqui como no Brasil inteiro.

Aliás, Freyre, mencionado em capítulo anterior, já ressaltou o pioneirismo deles nesse setor, e Mota advogou um estudo para dimensionar a importância dessa contribuição para o país. Trata-se, portanto, de uma atividade em que o imigrante luso é notoriamente conhecido e respeitado. Como fonte básica das reflexões serão utilizadas informações da Associação das Indústrias de Panificação de Pernambuco (AIPP). Essa associação foi fundada no ano de 1951 e seus objetivos são os de congregar os associados e defender os interesses dos panificadores.[116]

8.1.1. Na panificação

No ano de 2001, a AIPP publicou um livro, *Caminhos do cinqüentenário* (Siqueira, 2001), com o propósito de registrar a data. Na obra, são traçadas biografias empresariais, resumidas, de 49 panificadores. A respeito de cada empresário há referências sobre a origem, situação familiar, entrada no setor, estabelecimentos que possui e participação na Associação. A

---

116 Por outro lado, a aparentemente despretensiosa *Associação*, no caso da panificação, serviu para robustecer o capital social dos empresários do setor e, dessa maneira, garantiu-lhes meios organizados de pressão sobre os órgãos públicos, na área de vigilância sanitária e de política tributária, mas, na esfera privada de estratégia concorrencial, tem-lhes permitido, também, criar barreiras à entrada de novos concorrentes.

despeito de ser uma publicação que narra a história da AIPP a partir dos anos cinquenta, período posterior ao focado na pesquisa, essa fronteira, no caso, pode ser rompida, até porque revelará uma prática de empreendedorismo que, embora tenha ultrapassado a fronteira cronológica da pesquisa, é um documento que indica conteúdos de grande valia a respeito do objeto da investigação. Ademais, a ideia de uma agremiação setorial de panificação teria sido um sonho antigo, certamente muito anterior a 1950. Em certo sentido, pode-ser-ia alegar, ainda, que, em que pese a formalização jurídica somente ter ocorrido nessa década, ações de integração e cooperação do grupo teriam existido desde há muito tempo, de tal maneira que resultou na sua formalização. Por tudo isso, sob o prisma do empreendedorismo de uma raça, a publicação permite que se façam inferências relevantes.

A seguir, os argumentos.

Assim, cabe ressaltar que, do total de 49 industriais, 19 foram de origem portuguesa, referidas no Quadro 13, o que corrobora a tradição de presença decisiva dos lusos no setor. Aliás, num explícito reconhecimento da hegemonia desta nacionalidade na Associação, há, na publicação, fotos de três transatlânticos nos quais os portugueses viajaram com destino ao Brasil.

QUADRO 13
CONVITE E REDE DE RELACIONAMENTO PORTUGUÊS NO RECIFE
ATIVIDADE: PANIFICAÇÃO

	NOME	ANO/ CHEGADA	CONVITE E RELAÇÕES/ RECIFE	RAZÃO SAÍDA E ATIVIDADES EXERCIDAS	NOMES E BAIRROS DA LOCALIZAÇÃO DAS PADARIAS
1.	DINIZ BRAVO	1926	Convite do cunhado.	Veio de S. Paulo. Teve várias Padarias. Foi líder Sindical. 34 anos a frente da AIPP e Nacional.	DIVERSAS: 1. Padarias Abreu e Lima, município vizinho ao Recife
2.	JOÃO DE SOUZA MIGUEL	1931	Convite do irmão.		Tijipió, Gloria, Campo Grande, Engenho do Meio. Fundou a "Apolo Indústrias", em Casa Amarela.
3.	DINIZ SIMÕES	1947	Convite, orientação e apoio do tio. Oportunidade em Padaria. Trabalhou com cunhados no ramo. Sobrinho do famoso Diniz Bravo. Atuou associação.	–––––	"Casteliano" – *Ponto de Parada* P. Nossa Senhora das Graças – Graças.
4.	GILDO VILAÇA	1948	Convite do com cunhado Irmãos também vieram: João, Dulce, e José, Maria Carmem Junior.	Crise da 2º Guerra na Europa.	– Padaria São Mateus – Iputinga. Adquiria 6 (seis) Padarias. Entrega pães em casa.

5.	**MANOEL BEIRÃO**	1949	Convite do parente Cipriano Soares.	Agricultura em Portugal. Trabalhou no ramo em Portugal.	Joana d'Arc" – Pina "Guararapes" – Boa Viagem "Belo-Horizonte" – Piedade
6.	**ABEL MOREIRA** Seu pai chegou ao Brasil com nove (09) filhos.	1952	Pai	Dificuldades da vida na agricultura. Pai construiu cinema Vera Cruz e comprou uma loja de bicicletas.	Padaria em Boa Viagem. "A Naturista" não deu certo.
7.	**MANOEL ALMEIDA**	1953	Convite do tio. Ajuda do tio.	———	"São Pedro" – *Mangueira*. "Miramar" – Boa Viagem.
8.	**DAVID FERREIRA**	1954	Convite do tio para montar padaria com três sócios e separe-se deles, posteriormente. Recebe orientações de Serafim Amorim.		Boa Vista, Fundão *Beberibe, e Santo Amaro*.
10.	**CARMINO SOARES**	1954	Convite de parentes. Tinha parentes para ajudá-lo. Precursor: tio José Maria Capeleiro, dono de açougue, farmácias e padarias.	Não pôde ser padre.	"Cruz de Cristo" – *Mustardinha* "Invicta" – *Ibura* "Santa Joana" – Prado "Aveiro" – *Jaboatão*.
11.	**ADELINO AZEVEDO**	1955	Convite de amigo para o Rio Grande do Sul. Casou no Recife, cunhado sócio.		"Padaria Universal" – Encruzilhada "Olindense" – Olinda
12.	**EDUARDO AMORIM.** Chegou ao Brasil aos 18 de idade.	1956	Convite do tio para trabalhar.	Trabalhou em refinaria de açúcar.	Comprou a "Padaria Santa Cruz"- São José e "Imperatriz"-Boa Vista.

	Nome	Ano	Motivo	Atividade	Negócios
13.	ANTONIO FERREIRA Chegou ao Brasil aos 18 de idade.	1956	Convite de tio.	Agricultura. Trabalhou em ferragens na Rua Duque de Caxias	"Pão Kente" – *Cavaleiro*. "Rio Branco" – *Varadouro*
14.	SERAFIM AMORIM	1957	Convite do tio fábrica de açúcar.	Guerras Coloniais	Flor do Prado, no Prado e na Boa Vista.
15.	VITORINO LUÍS	1957	Convite de Cipriano Soares de Almeida	Por consideração e afeto, Cipriano comprou uma padaria e deu a Vitorino em sociedade com sobrinho.	"Boa Fé" – *Totó* "Veneza" – *Tijipio* "Nossa Senhora do Pilar" – *Imbiribeira* Europan - Boa viagem.
16.	JOSÉ MARIA VILAÇA Chegou ao Brasil aos 16 de idade.	1958	Convite familiar, tio ajudou Albino Vilaça, casou com prima.	—	"Casa Forte" – Casa Forte "Nova Armada" – Torre "São João". Tamarineira – "Confeitaria Parnamirim" –Tamarineira.
17.	AGOSTINHO ALVES Chegou ao Brasil aos 18 de idade.	1959	Tio dono do restaurante Gambrinus+ Bar Central.	Dificuldades	"Sideral" – *Arruda*.
18.	JOAQUIM FRANCISCO	1962	Trabalhou na padaria de outro lusitano por comida e dormida sem salário.	Fugiu das Guerras Coloniais	"N. S. Conceição" – Casa Amarela Carmem Doces Finos - Boa Viagem.
19.	ALFREDO OLIVEIRA FILHO. Chegou ao Brasil aos 14 de idade.	Seu pai veio primeiro	Trabalhou Refinaria Amorim Primo Grande amigo de Serafim que o ofereceu sociedade em padaria. Viagem a Portugal paga pelos amigos.		"Flor do Prado"- Prado "Boa Vista"-Boa Vista *Casa Caiada - Olinda*.

Fonte: Adaptado de Siqueira (2001).

Preliminarmente, deve-se levar em consideração que os empreendedores vieram para o Recife a convite de algum parente-irmão, cunhado ou primo ou amigo da família, que, em visita a Portugal, teria convencido a família de mandar o jovem para ganhar a vida no Brasil.

Prosseguindo, a despeito do fato de que, nas biografias, não tenha constado para quais cidades eles se dirigiam no Brasil, de fato, muitos foram para o Rio de Janeiro, para o Rio Grande do Sul e São Paulo, e, por razões de convocação de parentes ou amigos, deslocaram-se, posteriormente, para o Recife. O caso emblemático do empreendedor fundador da Associação é um deles. Mudou-se de São Paulo para Recife.

Por outro lado, vale ainda destacar que, se num certo sentido o imigrante nunca deixou de trabalhar arduamente, o mais relevante, nesse contexto, é que, em todos os casos, ele contou com apoio dos parentes e amigos referidos. Houve mesmo um caso extremado – o da Família Vilaça – na qual o pioneiro imigrante convidou um por um, os cinco irmãos, e todos contaram com o suporte dele para se estabelecerem, não sem coincidência, no mesmo ramo.

Merece ser dito, também, que alguns, embora tenham vindo nos moldes dos convites citados, não necessariamente se iniciaram ou permaneceram no setor de panificação. Trabalharam em outras áreas, como confecções, açougues e ferragens, e depois se deslocaram para a panificação. Não se pode esquecer, porém, que eles assim o fizeram se utilizando da rede de contatos de patrícios, isto é, através deles conseguiam novas oportunidades.

Acresce-se, finalmente, um ponto relevante. Quase todos estabeleceram-se definitivamente na cidade, casaram-se e constituíram famílias com brasileiras, e hoje possuem suas padarias, denominadas de *delicatessen*, importado do alemão, localizadas nos bairros de classe média e média alta, classes de que eles também fazem parte hoje. Ora, se, por um lado, sob o ponto de vista de assimilação e integração sociais, essa atitude é louvável, por outro, no que diz respeito à preservação da coesão de raça estrangeira empreendedora, o comportamento de casamento fora da colônia segue em sentido contrário, enfraquecendo os vínculos da unidade. Não somente na panificação o capital social luso se manifestou, como se verá a seguir.

Um episódio ocorrido quando da chegada de Gago Coutinho e Sacadura Cabral,[117] no ano de 1922, reflete com nitidez a capacidade de mobilização desses imigrantes para socorrer os aviadores em sua epopeia de travessia do Atlântico.

O trágico fim do hidroavião "Portugal" nas águas do Atlântico despertou na colônia portuguesa, e em especial na de Pernambuco, um sentimento de solidariedade jamais visto. Por iniciativa do cônsul de Portugal, Dr. Pedroso Rodrigues, foi logo feita uma reunião preliminar no Gabinete Português de Leitura onde foi resolvido convocar uma grande reunião para a mesma noite com a finalidade de serem criadas alguma comissões e subcomissões encarregadas de angariarem fundos para compra de um novo avião. (Areias, 2002, p. 59-61)

Foram formadas comissões, a 1ª do patronato, integrada por grandes empresários; a 2ª, formada por empregados no comércio, e, mais cinco distribuídas a partir dos bairros onde eles possuíam casas comerciais: Santo Antônio, S. José, Boa Vista, Olinda, Afogados, Graças e Encruzilhada. Houve, ainda, mais uma, a comissão de viajantes. Ainda de acordo com Areias (2002), o dinheiro iria aparecer, e a viagem continuaria.

A viagem heróica não seria interrompida e os aviadores, sem ônus para o governo português, poderiam seguir até ao Rio

---
117 O hidroavião caiu, em maio de 1922, no Oceano Atlântico, perto da ilha de Fernando Noronha, e foi resgatado pelo navio *República*, de bandeira portuguesa. Depois de passarem uns dias na ilha, os dois pilotos foram festivamente recebidos, nos dias 6 e 7 de junho do mesmo ano, na cidade do Recife.

de Janeiro. De Pernambuco saiu esta patriótica idéia e logo se espalhou por todos os Estados do Brasil. Pernambuco, como primeiro ponto continental a ser tocado pelos aviadores, partiu na frente e jamais pensou em tão grande sucesso. *Os portugueses e muitos brasileiros de todas as classes sociais deram parte de suas economias para que o sonho de Sacadura Cabral e de Gago Coutinho não acabasse em Fernando de Noronha.* Todos desejavam poder ver ou abraçar aqueles dois heróis e para tal era necessário que dispusessem de um novo hidroavião. Com ele os aviadores iriam tentar prosseguir a viagem interrompida. Do Rio de Janeiro chegara a notícia que já tinham angariado *150 contos* e continuavam a receber donativos. De todos os Estados chegaram notícias animadoras. Em Pernambuco as comissões já tinham *conseguido 60 contos* e esperavam ainda receber mais. (Areias, 2002, p. 61, grifo nosso)

Percebe-se, portanto, que, na ameaça ou no brio nacionalista ferido, os imigrantes se ajudavam; que eles tinham articulação, cobrindo, inclusive, todo o território brasileiro, e a utilizaram.[118]

8.1.2. Terreno, ferragens, pedra e cal

Outra atividade empreendedora, consistente com o padrão de ação coletiva de capital social, foram os armazéns de ferragens para fornecer materiais de construção. Nesse ramo, muitos portugueses participaram da formação de estoque de terras e edificações nas áreas de expansão urbana da cidade e na reforma do bairro do Recife, como informa Lubambo (1971), no último caso, e outros se transformaram em construtores e empreiteiros de obra, consoante relata Dias (1940).

Trata-se de uma atividade econômica carregada de significado, porque tem tudo a ver com a cultura do imigrante português,

---

[118] Como houve doação de brasileiros à causa dos pilotos, tal apoio refletiu que, àquela altura, houve um aparente grau de tolerância da convivência entre os nativos e os lusos.

tanto no Brasil em geral como, de maneira particular e muito aparente, na cidade do Recife. Armazéns de ferragens e material de construção e de madeiras foram segmentos empresariados pelos lusos, voltados obviamente para a demanda da expansão urbana resultado da inchação demográfica decorrente da migração interna dos nordestinos para a grande cidade, e também para satisfazer às necessidades do setor público nas áreas de remodelação urbana, através da criação de praças e de ruas.

Mas a singularidade da postura dos lusos é que a poupança desse imigrante tendia a ser invariavelmente aplicada em imóveis – terrenos, casas ou edifícios, em outras palavras, em bem real, tangível. No caso do período em estudo, já à altura da reforma do Bairro do Recife, nos primeiros anos do século XX, o Real Hospital Português de Beneficência era proprietário da área Cais da Lingueta, no bairro do porto, e foi obrigado a vendê-la para o poder público em virtude de desapropriação.

Na verdade, havia uma espécie de *cluster* (arranjo produtivo local),[119] comandado e integrado pelos portugueses no Recife, que gravitava em torno do que se poderia chamar da nascente indústria da construção civil. O arranjo operava e ainda funciona, em menor proporção, em cadeia mais ou menos da seguinte forma: em primeiro lugar, logo após a primeira poupança, os imigrantes portugueses compravam terrenos e apostavam na sua valorização, como algo sólido e seguro; em seguida, outro grupo incorporava a construção; a seguir, um terceiro fornecia material de construção, desde cimento, ferragens, até madeira; por fim, o ciclo se encerrava, ou girava novamente, com um quarto grupo, o qual preferia comprar o imóvel e destiná-lo a aluguel.

---

119 A expressão *cluster* foi formulada por Michael Porter, que assim o enunciou: "Os *clusters* (grupos, agrupamentos ou aglomerados) são concentrações geográficas de empresas de determinado setor de atividade e companhias correlatas de fornecedores de insumos a instituições de ensino e clientes". (Porter, 1996, p. 147).

Interessantemente, como forte indício de ação de base da chamada economia étnica, o grupo oferecia seus produtos aos próprios membros da comunidade, e a demanda se autossustentava por eles mesmos, que acreditavam nos mesmos valores de gestão econômica da poupança e da aplicação. Vale dizer que, como grupo de uma nacionalidade, havia a criação de um mercado onde ocorria oferta e demanda de produtos dentro da própria comunidade, nos termos do que acentuam Sacomani Neto e Truzzi (2007), no referencial conceitual já mencionado.

Tal comportamento, em especial o da incorporação, ainda hoje prospera na cidade com alguma participação dos portugueses. Permanecem nas mãos de empreendedores portugueses espaços urbanos adquiridos barato há 30 ou 40 anos, em áreas de expansão e, que, na atualidade, estão valorizados. O recente caso da Praia de Boa Viagem, na década de 60/70, e o mais do que recente caso da renovação do bairro da Ilha do Leite tiveram nos portugueses envolvimento direto na construção de novos edifícios residenciais e empresariais de destaque nos dois bairros citados.

Não por acaso, o atual provedor do Real Hospital Português de Pernambuco, estabelecimento localizado exatamente em um desses bairros referidos, é proprietário de uma construtora que, recentemente, construiu edifícios empresariais na região. Essa é a face moderna e dinâmica do empreendedor português no segmento.

Já a face negativa está presente no abandono das edificações, inclusive de prédios de 8 e 10 andares, que os descendentes de portugueses relegaram ou foram obrigados a fazê-lo, como os imóveis do período áureo dos bairros do Recife e Santo Antônio dos anos 40 e 50.

Há, portanto, sinais evidentes de comportamento étnico dos lusos nesse período.

8.1.3. A nação de aliança

Mas um fenômeno, singular e relevante sob o ângulo do empreendedorismo étnico, está também relatado na mesma fonte da história da panificação. Trata-se da gradativa substituição da hegemonia dos portugueses no setor, nada mais nada menos do que por migrantes oriundos do interior do estado. Diz textualmente o livro:

> Deste município surgiu a maioria dos panificadores que fizeram a panificação da Região Metropolitana do Recife. Conhecidos no segmento como a Nação de Aliança´, possuem mais de 100 padarias [...] *Dominam o setor neste início do século 21, que antes tinha à frente os portugueses.* (Siqueira, 2001, p. 219, grifo nosso)

São sinais ilustrativos dos comportamentos desses migrantes internos, à semelhança dos portugueses, os seguintes: utilizam-se dos laços de família e parentesco para mobilizar empreendedores. As famílias Coelho, Costa Lima, Tavares Pessoa, Tavares Costa e Galdino Pessoa respondem juntas pela centena de padarias acima referidas; os laços de família implicam apoio no processo de ajustamento na cidade sob todos os pontos de vista, desde o financeiro até a localização de ponto; há ainda uma espécie de líder, visto como modelo de todos, o senhor Otávio Coelho, a lembrar o líder Diniz Bravo dos lusitanos, que comanda e é sempre ouvido por todos.

A similitude com os portugueses revela-se, ademais, na forma de não se furtarem ao trabalho árduo, nem se sentirem ameaçados por abrirem padarias em lugares pobres, ou da periferia. A grande maioria possui os seus negócios estabelecidos no Grande Recife.

Para encerrar uma análise desses sinais simbólicos de mobilização do capital social das três experiências – duas da comunidade da panificação e uma da comunidade de construção civil – que constituem sinais consistentes de empreendedorismo étnico, é merecedor de destaque que, nas três experiências, a base fundamental, de natureza horizontal, na qual repousa a ação empreendedora do grupo, são os valores de confiança, lealdade e compromisso, conforme tem sido destacado na teoria.

Em segundo lugar, como foi relatado nos casos, após o imigrante ter sido introduzido na rede, ele disporá de várias informações empresariais que isoladamente não encontraria. Terá acesso a um banco de dados que lhe possibilitará saber: pontos de localização; natureza e perfil dos clientes; fornecedores; padrão e formas de recrutamento da mão de obra necessária; tecnologia de produção, fontes de financiamento; aval e garantia junto a fornecedores e, tão importante ou mais do que o dito até agora, a oferta de parceria em sociedade e o *modus operandi* de empresariar no setor específico, como ficou claro no caso da panificação.

Já para o caso do segmento de construção, o lastro de confiança oferecido tem sido o da certeza da obra concluída e a existência de demanda de potenciais compradores da mesma comunidade. Em outras palavras, ele não está só na empreitada.

Com isso, percebe-se o sentido da assertiva de que o migrante não se faz sozinho. Algo como uma película invisível o protege, consoante afirmaram anteriormente Fazito (2002), Milani (2005) e Sacomani e Truzzi (2007).

8.1.4. Economia informal entre os lusos

Por último, merece ser ressaltada a economia informal, altamente vascularizada entre eles, no período. De intensidade variada, diversas práticas informais de ajuda e integração eram adotadas pelo grupo. Uma espécie de economia informal de *grass-roots*, de formiguinha, era exercida no seio da colônia. Seja em razão do relativo desaparelhamento do fisco no período, seja em virtude do empreendedorismo na luta contra o Estado, o fato é que havia circulação de riqueza não declarada, manifestada em

diferentes caminhos de ajuda e integração do grupo. Algumas práticas, relatadas nas entrevistas, dão conta da extensão, penetração e vitalidade desse processo de integração. Seriam elas:
- Oferecer sociedade; convidar para ser sócio; montar sociedade com parente e mobilizar o novato recém-chegado para associar-se;
- Emprestar dinheiro, com garantia apenas de nota promissória entre as partes, sem registro em cartório e à margem do sistema formal da economia. Na verdade, uma espécie de banqueiro ou agiota de *colarinho branco*, substituindo os bancos;
- Tomar conhecimento do desempenho de um imigrante em loja de outro patrício e convidá-lo para ser sócio em sua loja;
- Diversificar investimentos em açougues, terrenos, casas e novos estabelecimentos com diferentes sócios;
- Fazer "indicação" para alguém levantar empréstimo de outrem, na prática funcionando como um avalista ou fiador informal;
- Fazer sempre o *"pé de meia"* ou *poupança* para o dia de amanhã;
- Nunca se sentir seguro para se ausentar do negócio;
- Iniciar o filho no negócio, com a filosofia: "eu dei certo assim, tateando e intuitivamente na tentativa e erro, logo, ele dará também". Além do mais, não se preocupando com a formação de quadros de sucessão;
- Adquirir, preferencialmente, produtos fornecidos por conterrâneos, como revelada na cadeia produtiva de terreno, ferragem, pedra e cal. Até para eventos como comemorações, festas e celebrações, ainda hoje os empreendedores lusos procuram sempre comprar de fornecedores de padarias, *buffets* e assemelhados de origem portuguesa. Nesse sentido, reforçam a tradição de consumo de produtos da chamada, carinhosamente por eles, da "Terrinha";
- Aplicar, tanto em joias como em remessas de moedas

nacionais para Portugal e vice-versa, quando a moeda de lá oscilava. As pessoas viajavam e carregavam em suas bagagens de mão dinheiro e joias, em espécie nos dois sentidos. No caso, vale ainda ressaltar que a moeda circulante, como substrato básico era a confiança nos portadores e nos aplicadores tanto de lá como de cá, ordinariamente parentes;

- Mobilizar e constituir sociedade com colegas, parentes e amigos da aldeia, paróquia ou concelho de onde seriam naturais. Vejam-se com exemplo os diversos casos da indústria da panificação e o caso modelar da prestigiada firma Álvares de Carvalho, cujos sócios foram todos recrutados por Alfredo Álvares de Carvalho em sua cidade natal, Modim de Basto, em Portugal.

Graças a esse associativismo horizontal, baseado nos laços de parentesco e de vizinhança de origem – tanto dos lusos quanto dos migrantes internos do município de Aliança, ao lado daquele outro, o verticalizado por meio da Associação de Panificadores –, o segmento de panificação tem logrado êxito em muito de suas iniciativas.

Em certa medida, o caso da construção civil funciona, também, dentro da mesma lógica. Eis, em resumo, o empreendedorismo baseado no capital social da comunidade lusa.

O estudo volta-se, agora, para uma análise do comportamento empreendedor desses imigrantes. Deseja-se investigar se eles tiveram comportamento empreendedor na cidade do Recife e, em tais e quais setores as ações empreendedoras se revelaram.

8.2. O comportamento empreendedor

Para abrir esta análise, seria importante considerar que, durante o período trabalhado, o português, como de resto os demais imigrantes, chegava ao Brasil e encontrava uma sociedade organizada e alicerçada em base rural, com propensão dos nativos a inclinarem-se mais às letras do que às profissões úteis, no dizer de Azevedo (1958): "O comércio, os negócios, as empresas comerciais e industriais, (...) não pareciam interessar senão aos estrangeiros" (p. 64).

Dada essa estruturação, os pesquisadores, tanto da nossa formação cultural, como é a posição de Fernando Azevedo, como no caso dos historiadores, têm acentuado que a elite de então, em especial das três primeiras décadas, tinha os interesses voltados fundamentalmente para a área rural.

Já se disse que, no período, o Brasil era ora o país do café com leite, para reforçar a dependência das fazendas de café e de gado, ora o país dos bacharéis. No caso de Pernambuco, os interesses voltavam-se para a cana-de-açúcar, através das usinas, e, em segundo lugar, para o algodão.

Em face deste ambiente, os portugueses, ao se estabelecerem como comerciantes, inseriram-se sem muita dificuldade na estrutura social da sociedade brasileira, e assim souberam exercer papéis que não eram considerados dignos da elite. Em outras palavras, a elite desempenhava funções ligadas à economia agrícola, à gestão do Estado ou da Igreja, dentro da tradição colonial brasileira. O comércio era alvo de desprezo, e então abria-se o espaço para o português, que, como empreendedor, soube se aproveitar da oportunidade e preencher o vazio.

Nesse mesmo sentido, Freitas Filho (2002), ao discorrer sobre a presença mercantil dos lusos no Rio de Janeiro, comenta:

> Havia uma espécie de divisão do espaço econômico no meio empresarial carioca, pois a elite local preferencialmente se dedicava às atividades agropecuárias, as profissões liberais e aos altos postos da política e da administração pública, enquanto o imigrante português concentrava-se nas atividades comerciais e fabris. (p. 79)

Já Cury (2000), invocando Azevedo, reforça a crítica da formação brasileira e denuncia a inaptidão da juventude nativa para o empreendedorismo:

Fernando Azevedo, em sua obra magistral sobre a cultura brasileira, realçou o fato de que a formação intelectual desses jovens não visava transformá-los em empreendedores; ao contrário, seus estudos eram dirigidos pelas forças da conservação, que lhes proviam do ensino dogmático e retórico, e não lhes despertavam o poder criador e o senso crítico. (p. 270)

Ora, se esta assertiva cabe para o Rio de Janeiro, como asseveram Freitas e Cury, ela assenta-se também à elite do Recife, na época de natureza açucareira, que ostentava tanto ou mais preconceitos do que aquela do Rio de Janeiro. A elite local nutria, da mesma forma, desprezo pela atividade comercial, em que pese parte dos seus membros estar presa aos comissários de açúcar, grandes comerciantes que financiavam suas safras.

Adicionalmente, faz-se necessário destacar que, até os anos 40/50 no país, além dos usineiros, senhores de engenho e sacerdotes, era importante ter algum doutor na família, daí o prestígio dos desembargadores, juízes e políticos e, logo, dos médicos também, o mesmo valendo para os engenheiros. Ter um filho doutor era, portanto, o jovem possuir um anel de doutor de bacharel em direito, medicina ou engenharia. Se o tratamento de senhor não conferia *status*, muito menos outorgava prestígio. Frequentemente, uma patente militar ou uma comenda subtraía de maneira idêntica de alguém o vexame de ser conhecido apenas pelo tratamento de senhor, como no caso do Capitão de Longo Curso, Vasco Moscoso do Aragão, descrito a seguir.

Vasco Moscoso do Aragão, Capitão de Longo Curso, personagem principal do magistral romance de Jorge Amado (2001), intitulado *Os velhos marinheiros ou O Capitão de Longo Curso*, viveu na pele esse drama, somente superado pelo título de Capitão de Longo Curso que os amigos conseguiram para ele.

> A tristeza (de Vasco) tinha como causa única e exclusiva o fato de *não possuir um título a preceder-lhe o nome*. [...] Era outra

forma de medo, nascido do comerciante pelo doutor, com curso de faculdade, canudo de médico, anel-de-grau, defesa de tese. Jamais pudera Vasco vencer a distância a separá-los dos doutores. Ficava humilde ante eles, não era seu igual. [...] Que lhe importava todo o dinheiro à sua disposição [...]. Havia quem invejasse Vasco tendo tudo para ser feliz. Não era verdade. Faltava-lhe um título *a substituir aquele humilhante seu, anônimo e vulgar* a confundi-lo com a malta, a ralé, o zé-povinho. (p. 96, grifo nosso)

Essas citações retratam com acuidade e sensibilidade, somente presentes no olhar de um artista, o ambiente e a cultura prevalecentes na época. Vasco Moscoso do Aragão era proprietário por herança da firma Moscoso & Cia Ltda., considerada uma das mais conceituadas e sólidas da Bahia, de propriedade do seu tio, um português imigrante que fizera grande fortuna na cidade baixa vendendo charque, bacalhau, vinhos, queijo do reino e outros produtos com forte penetração no interior. Poder-se-ia assumir que as portas estariam abertas a todos aqueles que, como ele, afeitos aos misteres do comércio e indústria, assim o fizessem. Ledo engano: o preconceito e o desdém feriam-lhe o fundo da alma, no dizer de Amado, e o estigmatizavam na vida social do Rio de Janeiro, da Bahia e com certeza do Recife de então.

Denunciador desse viés é ainda a transcrição extraída da internet do memorial do comerciante e comendador José Maria d'Andrade, ao relatar a presença dos convidados no casamento de sua filha, que como que retrata, na listagem, a hierarquia do prestígio social dos convidados, e, não por acaso, os comerciantes negociantes foram os últimos da relação.

Casamento de minha filha Elisa D'Andrade – No dia 10 de Dezembro de 1900. Assistiram ao casamento o Dezembargador Sigismundo Antonio Gonçalves – Governador do Estado, Cons. Joaquim Conceição de Araújo e grande número de pessoas da melhor sociedade pernambucana, composta de lentes da Academia de Direito, da Escola de Engenharia, Advogados, Médicos, Engenheiros, *Comerciantes e Negociantes* e muitas famílias pernambucanas, num número aproximado de 150 pessoas". (Disponível em <htpp://www.andrademedicis.com.br>. Acesso 22 nov. 2008)

Regra geral, os imigrantes, não apenas os portugueses, passavam por essa rejeição. Os bens-sucedidos, naturalmente com apoio de suas respectivas etnias, conseguiam sucesso. No caso do Recife, vale considerar que daqueles que conseguiram êxito econômico assim o fizeram malgrado a discriminação.

Outra forma de superação da ausência do título de doutor a anteceder-lhe o nome próprio seria o reconhecimento do título de comendador, que, por sinal valeria, para si próprio, tanto aqui no Brasil como nas aldeias de origem. Não obstante esse olhar enviesado da elite e, por consequência, da sociedade como um todo, serão evidenciadas ações consistentes de natureza empreendedora dos empresários portugueses.

Uma vez aceito o pressuposto de que o empreendedor enxerga oportunidades de negócio e cria novos mercados, produtos e serviços, conforme define Schumpeter, discutido no capítulo do referencial conceitual, o ponto defendido aqui é de que muitas das firmas dos portugueses criadas no Recife o foram como resultado desse comportamento empreendedor, mesmo superando ou convivendo com o preconceito acima mencionado.

Para começar, pode-se afirmar que a postura empreendedora se irradiaria em segmentos como padarias e vendas ou mercearias à semelhança de outras cidades do país. Foram abertas, como oportunidade na esteira da necessidade de prover alimentos na expansão urbana. Se a cidade se expandia, seja por reforma urbana controlada como no caso dos bairros do Derby e Boa Viagem, ou por inchação urbana na periferia, havia a imperiosa necessidade de supri-la de alimentos, do pão nosso de cada dia.

Na verdade, oferecer-lhe pão e gêneros de primeira necessidade era imperioso.

Pelos olhos do empreendedor despontava, portanto, uma oportunidade. Mais uma vez nesses casos, uma postura empreendedora: o luso enxergava a oportunidade de novo mercado e logo chegava lá e supria a necessidade de pão e demais gêneros. Nessa área de abastecimento, os portugueses se notabilizaram ainda como proprietários de estabelecimentos de estivas e de secos e molhados. Mas, eles prosperaram e foram empreendedores fortes em áreas de maior calibre.

Merecem destaque, nesse sentido, as firmas lusas que foram tão capitalizadas que disponibilizavam na praça recursos para financiamento de outras atividades. O caso da firma Mendes Lima & Cia, classificada por Souza Barros (1972) como uma das lideranças empresariais do Estado, integrada por três sócios lusos, é um caso emblemático. Eram sócios da firma Barros Mendes & Cia (Comércio de Bacalhau) o Barão João José Rodrigues Mendes, o Comendador Antonio Fernandes Ribeiro e Gonçalo Alfredo Alves Pereira, todos portugueses radicados em Pernambuco. Depois, a firma inicial foi dissolvida, juntando-se aos três sócios anteriores, o brasileiro José Adolfo de Oliveira Lima e fundaram a firma Mendes Lima & Cia em 1875 (Comércio de açúcar, algodão e café). Em 1877 ficaram somente dois sócios: O Comendador Antonio Fernandes Ribeiro e o Barão João José Rodrigues Mendes.

Consta que essa firma e outras, também conhecidas como Comissárias de Açúcar, financiavam a safra de muitas usinas de açúcar e não raro tomavam a propriedade do grupo de usineiros[120] nos casos de inadimplência desses. De maneira

---

120 Com a morte do Comendador Antonio Fernandes Ribeiro em 1893, assumiram o seu lugar na firma o seu filho Antonio Fernandes Ribeiro Filho (Totita) e o genro Francisco João de Amorim. Em 1900 entrou na firma o outro genro do Comendador, o Sr. Joaquim José de Amorim (adotou para fins comerciais o nome de Joaquim Lima de Amorim). Em 1918 entrou Joaquim Ribeiro de Amorim (Quinzinho), porém saiu em 1923 da administração da

elogiosa Antonio Dias (1940) a enxerga como uma organização de financistas:

> [...] que prestigiava e auxiliava quanto possível a intensificação dos cultivos das terras para a industrialização assucareira de que affirmava ser a fonte mais promissora da grandeza do Estado ou [...] como grande animadora do cultivo das terras para a indústria açucareira que financiava largamente, bizarramente. (p. 7)

Mas, em sentido contrário, é tratada como usurária pelo historiador Manuel Correia de Andrade (1989), no seu livro *História das usinas de Pernambuco*:

> Os comissários de Açúcar tinham um enorme poder porque alinhavam o controle da comercialização à função de armazenista; recebiam o açúcar produzido que armazenavam até a venda, fazendo jus a uma comissão, cobravam pelo uso do armazém e recebiam juros pelo capital que emprestavam para implantação das safras e o reparo das máquinas. Ainda agenciavam o abastecimento da família do usineiro, cobrando juros e comissões. Por isto muitas usinas foram à falência, ficando sob controle de comissários de açúcar. [...] Aos fins da primeira década do século, numerosas usinas *foram adquiridas, como pagamento de dívidas hipotecárias pela firma Mendes Lima & Cia.*, que as repassavam a novos usineiros, muitas vezes ligados à oligarquia política que controlava o Estado. (p. 46-47, grifo nosso)

---

sociedade. Permaneceu sócio até a sua morte em Paris, em 1954, sem deixar herdeiros. No ano de 1926 entrou na Firma o genro do Sr. Joaquim Amorim, Sr. Manoel Baptista da Silva (adotou para fins comerciais o nome de Manoel Mendes Baptista da Silva), tornando-se sócio majoritário. As usinas Ubaquinha, Trapiche e a famosa Catende foram de propriedade desses lusos brasileiros. A respeito da Usina Catende, houve várias tentativas de exploração, mas sem resultados, até que, em 1907, foi adquirida por esta firma, que a reformou (1912), aumentando a sua capacidade de moagem de 200 para 1.000 toneladas diárias. Os proprietários, no entanto, eram comerciantes e não industriais. Interessava-lhes vender o açúcar e não fabricá-lo. A usina foi novamente vendida, dessa vez para a firma Costa, Oliveira & Cia. Fonte: disponível em http://pt.wikipedia.org/wiki/Catende, acesso em 05 de agosto de 2008. Sobre os membros dessa firma, vale ressaltar que eles souberam ascender socialmente, no melhor estilo do familismo que fala Evaldo Cabral de Melo. Seus descendentes tornaram-se membros da elite econômica pernambucana tanto na área de usinas como no setor bancário. Fonte: disponível em <http://pt.wikipedia.org/wiki/Catende>. Acesso em 5 ago. 2008.

A respeito de financistas ou capitalistas, é muito importante se destacar que, no período em estudo, o acesso a credito na praça dependia, em grande medida, de bancos estrangeiros ou de capitalistas da região. Dada esta realidade, pode-se assumir que esses detentores de capital desempenharam papel-chave na praça. Para se aquilatar a relevância referida, convém lembrar que as classes de sócio previstas nos Estatutos da Associação Comercial de Pernambuco eram as seguintes: "1ª- Comerciantes, 2ª- Industriais; 3ª- Agricultores; 4ª- Capitalistas; 5ª- Proprietários; 6ª- Banqueiros; 7ª- Armadores; 8ª- Corretores; 9ª- Leiloeiros; 10ª- Agentes e auxiliares do comércio e 11ª- Cônsules" (Pinto, 1987, p. 181, grifo nosso).

Ainda sobre o comportamento empreendedor na área de capitalização financeira, há um episódio relatado na história do empreendedor das comunicações, o pernambucano Francisco Pessoa de Queiroz, que, nos anos 30, após dificuldades e revezes políticos da família, obteve sucesso na reabilitação do Jornal do Commercio – grafia original – em virtude da ajuda de portugueses da praça local.

Diz seu biógrafo Alcides Lopes (1985):

> Resolveu, então, recorrer ao seu círculo de amigos [...]. Encontrou da parte do comércio do Recife, *notadamente da Colônia Portuguesa*, grande simpatia para com a sua iniciativa. Decidiu já agora sem nenhuma pressão política organizar uma sociedade anônima, a fim de obter recursos para realizar o projeto. [...] Dos acionistas fizeram parte comerciantes portugueses conforme lista de Dias) como o Sr. Antônio de Carvalho Lajes da Firma Álvares de Carvalho e o Sr. Joaquim de Almeida, representado por sua esposa, Sra. Laura do Carmo Almeida. (p. 80, grifo nosso)

Ora, ninguém disponibiliza dinheiro se não dispuser de poupança e, sobretudo, se não for para alguém com quem tenha laços de confiança. O episódio ilustra, sem nenhuma possibilidade de contestação – porque extraído de anotações biográficas sem preocupações de exaltação lusitana como no caso de Dias, que os comerciantes portugueses da praça local detinham expressivo capital acumulado, mantinham rede de relacionamento até fora do círculo dos patrícios, e finalmente, exerciam influência na comunidade recifense. Mas, não apenas nas padarias e no setor de grandes financistas os imigrantes portugueses enxergaram oportunidade. No comércio, vale destacar a própria manutenção da atividade em suas mãos a denunciar a habilidade empreendedora como estratégia competitiva. Durante os anos 20, 30 e 40 do século XX não existiam mais favorecimento aos portugueses, vez que o Brasil já era independente há 100 anos, daí poder-se inferir que sua sobrevivência no ramo foi, fundamentalmente, resultado de ação competitiva empreendedora, tirando inclusive vantagem do desdém que a elite devotava à atividade.

Em seguida, não se deve omitir, também, que o português empreendedor variava seus investimentos de acordo com a acumulação de riqueza de cada praça. No Rio e São Paulo, além de serem empresários de pequeno e médio portes, semelhantemente àqueles do Recife, eles foram ainda, importantes em setores industriais como os de tecidos e sabão. Aqui, a despeito de a maioria dos investimentos ter se concentrado no pequeno comércio, houve grandes firmas de destaque de empresários portugueses que realizavam trocas no plano nacional e internacional, como se verá no item seguinte.

8.2.1. Firmas de exportação e importação

A participação dos portugueses, nessas trocas nacionais e internacionais, deu-se através das aparentemente singelas denominações de suas firmas em *Fulano de tal Exportação e Importação Ltda*. Uma boa evidência da densidade dessa presença pode ser extraída do texto produzido por autores ingleses, com assessoria de autores brasileiros, em 1913.

QUADRO 14
PRINCIPAIS FIRMAS DE EXPORTAÇÃO E IMPORTAÇÃO DE PORTUGUESES NO RECIFE NO ANO DE 1913

NOMES FIRMAS	Mendes, Lima e Cia.	Alves de Brito & Cia.	Fonseca Nunes & Cia.	Andrade Lopes & Cia.	Andrade, Maia & Cia.	Vianna Castro & Cia.	Loureiro-Barbosa & Cia.	Manuel Almeida & Cia.
Fundação	1875	x	1864	1875	X	X	X	x
Donos ou sócios	Antonio Fernandes Ribeiro e João José Rodrigues Mendes; Antonio Mendes Fernandes Ribeiro (filho); Joaquim Lima de Amorim; usina Catende.	Manoel Almeida Alves de Brito, Antônio da Cunha Brandão, Antonio Joaquim dos Santos (brasileiro), Galdino Ernesto de Medeiros.	Manuel Fonseca, Emygdio Figueira da Silva Fonseca.	José Maria de Andrade, Alexandre Lopes Medicis e Joaquim Moreira.	Albino Neves de Andrade	Antonio Joaquim Barbosa Vianna.	Antonio Francisco Loureiro; Antonio Alves Barbosa.	Manuel do Carmo Almeida; Joaquim do Carmo Almeida; Antônio do Carmo Almeida.

277

Filiais	São João da Terra Nova (repres.: Carlos Blackburn)	x	x	x	X	x	x	x
Produtos	Bacalhau; açúcar, café, algodão.	Fazendas de manufatura nacional	Artigos de Armarinho, Moda e Confecções.	Fazendas; artigos de manufatura nacional.	Fazendas por atacado	Ferragens	Estivas	Motores; dinamos.
Principal atividade	Importação de bacalhau e outros produtos (açúcar, algodão, café)	Vendas por atacado	Importação e vendas.	Importação de fazendas por atacado, além de vendas de artigos nacionais.	x	x	Compras e controle de vendas	Instalações elétricas
Portos Internacionais	Europa; São João da Terra Nova.	Europa e Norte América	Europa e Estados Unidos da América do Norte	América do Norte	x	x	x	x
Portos Nacionais	Norte e Sul de Pernambuco; Sul do Brasil.	Estados do Norte, Estados do Sul e Bahia.	Pernambuco e zonas do interior e outros Estados.	Pernambuco e outros estados do Nordeste.	x	x	Todo o Norte do Brasil.	x

Fonte: Adaptado de FELDWICK, W.; DELANEY, L.; WRIGHT, A.; LLOYD, R. (orgs.), 1913.

De acordo com essa publicação a cidade dispunha de 37 firmas voltadas à exportação e importação e delas oito eram formadas por sócios portugueses exclusivamente ou em associação com brasileiros. A compreensão da cobertura de extensão dos negócios dessas firmas é muito relevante, dado que elas operavam trocas com portos internacionais como o de Nova Iorque, Havre, Liverpool, Londres, Hamburgo dentre outros, bem como com portos da costa brasileira do Rio Grande do Sul ao Pará, sem esquecer Rio de Janeiro e Santos.

Nas trocas, importavam-se máquinas e acessórios para a agricultura e indústria; cimento e outros materiais para construção e ferragens grossas; carvão; miudezas, perfumarias, modas, armarinho, fazendas e confecções; charque, farinha de trigo e bacalhau. Exportavam-se açúcar, algodão, couros e peles, cacau e café.

A partir dos dados acima, podem ser feitas duas reflexões. Em primeiro, constata-se o dinamismo e vigor da praça devido à extensão da malha de trocas comerciais com o mundo. Em segundo lugar, destaca-se a presença das firmas lusitanas colocadas, lado a lado, no *ranking* das demais firmas, sejam as brasileiras, sejam aquelas inglesas, alemãs ou francesas, essas últimas com sólida retaguarda das economias em expansão de seus países.

Defende-se o ponto, de que o comportamento empreendedor respondeu, em grande medida, por essa competitividade das firmas lusas por várias razões, cabendo destacar que eles conheciam o mercado nacional em detalhe e, também, dispunham de razoável acúmulo de recursos financeiros na praça. Seriam por assim dizer, a réplica local dos "comerciantes de grosso aventura" de quem falou Fragoso (1998) a respeito da praça do Rio de Janeiro, até meados do século XIX. Em outras palavras, se ele vinha para fazer o Brasil, logo dispunha de informações e vínculos com diversas praças das cidades do Brasil e do mundo, fornecidos pela rede de dados repassados pelos conterrâneos ou patrícios.

8.2.2. Teatro e cinema

No ramo do entretenimento para a cidade que vivia o clima de modernidade, eles abriram cafés, confeitarias, lojas de especiarias e botequins. Os cinemas, em número de três casas (Royal, Torre e Ideal) de propriedade dos lusos foram ações empreendedoras que a nova cidade reclamava. Inaugurado em 1910, o Royal, o mais importante deles foi influente na cidade. Situado na elegante Rua Nova, nº 47, pertenceu inicialmente à firma Ramos & Cia., e teve uma vida de mais de 40 anos. Fechou suas portas no dia 1º de julho de 1954. Foi um dos mais tradicionais cinemas da cidade, sendo considerado o templo sagrado do ciclo do Recife, na década de 1920, quando pertencia ao português Joaquim Matos, conforme informa a Fundaj. (Disponível em <htpp//www.fundaj.gov.br>. Acesso em 18 abr. 2009).

Destaque merecido tem, ainda, o Theatro do Parque, anexo ao Hotel do mesmo nome. Essa casa de espetáculo, edificada pelo Comendador Bento Luís de Aguiar, foi inaugurada pela Companhia Portuguesa de Operetas e Revistas do Teatro Avenida, de Lisboa, na noite de 24 de agosto de 1915. O estabelecimento, todo em *art-nouveau*, foi cuidadosamente projetado para uma cidade tropical, suas portas ficando sempre abertas, de modo a proporcionar permanente ventilação e conforto ao público.

A respeito de sua inauguração, o *Diário de Pernambuco*, de 24 de Agosto de 1915, assim o saudou:

> Será hoje inaugurado com toda solenidade o Theatro Parque, da Rua do Hospício. Fizemos ontem ligeira vista ao novo estabelecimento de diversões guiado pelo Sr. Oswald Aguiar, um dos sócios da firma exploradora. A sala de espera de efeito muito agradável, pela sua decoração e pelo mobiliário. O estuque

cinzento escuro é de muito gosto, sendo as paredes pintadas a óleo com quadros lindos de paisagens e figuras. Entra-se por uma porta larga, havendo à direita e à esquerda dois biombos de madeira para a bilheteria. Ao fundo, dominando o jardim e a sala de espera, acha-se armado um coreto para retretas.

O Theatro está situado ao centro de grande área. Refrescada por frondosos sapotizeiros. E aberto em todos os lados, dando-se assim a renovação constante do ar.

O palco é bastante vasto, tendo cerca de 15 metros de largura por nove de fundo. A sua construção é muito sólida, tendo sido empregado no soalho madeiramento do Pará.

A platéia, em forma quase circular, mede 24 por 26 metros. Nela estão colocados 1.039 cadeiras, numeradas por filas, mas colocadas em ordem alphabetica, a parti da orchestra. Quase sobre o palco à direita e à esquerda, há dois vastos camarotes para a imprensa e para a polícia.

O pano de bocca abre para os lados. Todo o theatro é iluminado à luz elétrica, fornecida por um motor de 80 cavallos. A distribuição é feita em tubos de aço, dentro do edifício, o jardim será igualmente espalhadas pelos arvoredos para melhor effeito. Nelle serão colocadas umas quinhentas cadeiras e cerca de duzentas mesinhas, para sorvetes e bebidas.

Da construção do edifício, custou cerca de duzentos contos, encarregou-se o engenheiro K. M. Macgregor, tendo feito as decorações a óleo os pintores Henrique Elliot e Mario Nunes. Será regedor da orchestra o competente maestro e compositor, Ricardo Fanccini. Isso, entretanto, não desvirtua o valor do estabelecimento que vem honrar Pernambuco sendo dignos de elogios os esforços dos que o edificaram contribuindo para adotar nossa cidade de optima casa de diversões. A estréia da companhia Galhardo será com a revista "O 31". Toda casa se acha passada desde ontem. O maestro Fanccini escreveu vibrante marcha. (Arquivo da Fundaj *apud* Paraíso, 2004, p. 74-77)

Ainda a respeito do Theatro Parque, Leda Dias (2008), que publicou livro recente sobre a casa, diz que o teatro extrapolou o simples gosto da arquitetura francesa para um modelo de divertimento: o teatro de variedades.

8.2.3. Lojas de fazendas, a grosso e a varejo

Nos ramos de lojas de fazendas, a grosso e a varejo, para, por um lado, vender a produção têxtil dos cotonifícios que se fundavam e, por outro, atender à procura da população por roupas, o espírito empreendedor luso, também, viu possibilidades de novos mercados e se lançou à atividade e perduraram quase hegemônicos no setor até os anos 60.

E não tiveram o fôlego dos empreendedores patrícios do Rio de Janeiro, que adotaram uma eficaz estratégia empresarial de verticalização e se transformaram em industriais do setor têxtil de lá, como informa Freitas Filho (2002), a seguir:

> No Rio de Janeiro, ao contrário do que ocorreu em São Paulo, ao invés dos Matarazzo e Crespi, dois dos mais conhecidos industriais de origem italiana, encontramos nomes como os de Souza Cruz, Sotto Maior, Domingos Bebiano, Mota Mesquita, destaques importantes nos quadros das atividades industriais e financeira da cidade. Tratava-se da parcela mais afortunada de imigrantes portugueses, constituída por industriais, dedicados a fabricação de tecidos, bebidas, mobiliário construção civil, *e que exerceram um papel importante na formação e dinamização destas atividades, deixando sua marca na expansão do setor industrial local desde sua formação.* (p. 175, grifo nosso)

No Recife foram, entretanto, bem-sucedidos na capilarização das vendas a varejo do setor em especial na especialização de confecções voltadas às massas e às elites, e seus estabelecimentos eram situados nas requintadas Ruas Nova e Imperatriz, já referidas.

Já, por outro lado, para se avaliar a importância da capacidade de acumulação, associada com o espírito solidário do empresariado português deste ramo de lojas de tecidos, pode-se assinalar a fundação de um Hospital destinado a crianças, construído exclusivamente por doação de Manuel da Silva Almeida, empresário do ramo de tecido, que teria edificado o hospital em gratidão à cidade onde fizera fortuna.

> O Hospital Infantil é fruto da benemerência do comerciante português Manoel da Silva Almeida, que vindo jovem para o Recife, aqui se empregou no comércio, prosperou, adquiriu fortuna e constituiu família. A sua idéia inicial era a de instalar uma creche nos três pavilhões construídos, em terras da Casa da Providência. Mas, o pediatra João Rodrigues conseguiu demovê-lo desse propósito, aconselhando-o a, no lugar da creche, instalar um hospital para crianças. Concordando, Manoel da Silva Almeida determinou as devidas adaptações nos pavilhões já levantados; dotou-os de todo o material necessário para o seu funcionamento; imprimiu-lhe, até na pintura e na decoração das paredes, a feição de um hospital infantil, inaugurando-o, enfim, solenemente, no dia 9 de junho de 1929. Com essa obra, tão oportuna quanto benemérita, dispendeu Manoel da Silva Almeida a quantia de 1.000 contos de reis da sua fortuna particular. (Rocha, 1987, p. 65)

O Hospital Infantil da Jaqueira, ainda hoje existente, lembra o que correntemente se fala de responsabilidade social empresarial, e é um exemplo inovador de ação de solidariedade social, em uma época que ser solidário e ter responsabilidade sociais não eram estratégia mercadológica. Ao mesmo tempo demonstra pioneirismo por ser um nosocômio voltado exclusivamente ao atendimento de crianças na cidade.

Um caso singular de inovação para a economia da cidade e seus hábitos de consumo foi da grande Casa Viana Leal. Nesse estabelecimento, os empreendedores tiveram comportamento bastante ousado e pioneiro. Criaram uma espécie de loja de departamentos chamada Viana Leal. Lá se vendia de tudo, de brinquedo até material de casa. Era uma grande loja com três andares e concorria, em condições de igualdade, com a Mesbla, cadeia nacional de departamento, de magazine como se dizia na oportunidade. A localização da Viana Leal na Rua da Palma, transversal da Rua Nova, no bairro de Santo Antônio, era privilegiada e a clientela seleta. A maior novidade dentre as suas inovações era a escada rolante para seus clientes circularem nos seus três andares.

Segundo depoimento do senhor Ricardo Leal, filho do empreendedor Raul da Costa Leal, falecido logo após a inauguração da inovação, as escadas rolantes foram vistas pelo seu pai na famosa loja Mesbla da Rua do Passeio no Rio de Janeiro e, então, o empreendedor providenciou sua instalação na Loja da Rua da Palma. A inovação exercia um fascínio muito grande sobre toda a população e em especial sobre as crianças. Era um verdadeiro passeio ir às compras lá. Foi um tiro certeiro como tática de marketing da firma, baseado no simples faro do empreendedor. A loja, após a novidade, tornou-se, simplesmente, a empresa que mais vendia, no Brasil, brinquedos da famosa marca nacional Estrela, na década de 60.

Neste momento de reflexão, destinado ao enquadramento do comportamento empreendedor dos lusos, não poderia, obviamente, deixar de ser citado o comportamento empreendedor do senhor Manuel Moreira de Souza Pontes, proprietário do Café Lafayette, já referido anteriormente com um ícone da modernidade na cidade.

Na linha da ignorância e desprezo que rondam o tema do empreendedorismo tratado anteriormente, apenas o escritor Antônio Dias (1940), menciona seu proprietário, o português Pontes. O seu comentário, porém, é pertinente e expressa bem a dimensão do que representou o espírito empreendedor do empresário luso citado na epígrafe do capítulo e reforçado abaixo:

Diz o autor:

> Manuel Moreira Souza Pontes foi o fundador da Fábrica Lafayette [...]. Mas venceu de resto, principiando no número 19 antigo da Rua do Rangel, á força de uma tenacidade notável, para se firmar depois victorioso na Esquina da Rua do Imperador, por annos seguidos, deixando um nome de grande industrial, cheio de serviços ao Estado pelo trabalho que deu a milhares de creaturas humanas e pelo jogo das cifras no pagamento do Imposto de Consumo, *como pelos benefícios que nunca recusou de prestar às sociedades de qualquer natureza*, nacionaes ou luzitanas, que lhe batiam à porta. (Dias, 1940, p. 4, grifo nosso)

Não há dúvida de que o comportamento empreendedor do senhor Moreira revelado pela persistência e autoconfiança de tentar três vezes indica qualidades fundamentais referidas na literatura de matriz comportamental. De acordo com McClelland (1961), tais atitudes são encontradas em pessoas com o perfil empreendedor.

O quadro 15 exibe algumas realizações de propriedade dos empreendedores portugueses que marcaram época na cidade, revelando que eles souberam enxergar novos mercados (NM), inventar novos métodos produtivos (NME) e colocar novos produtos (NP) na praça.

QUADRO 15
EMPREENDIMENTOS INOVADORES DE PORTUGUESES

Nº.	EMPREENDIMENTO	EMPREENDEDOR	INOVAÇÃO = *NOVOS MERCADOS (NM), MÉTODOS (NME) PRODUTOS (NP).*
I	BISCOUTARIA PILAR, 1882. Continua explorada pelos descendentes.	Luís da Fonseca Oliveira.	*Oferecer biscoitos industrializados semelhantes aos importados da Inglaterra.* **(NP)**
II	FÁBRICA DE CIGARROS E CAFÉ LAFAYETTE, 1884. Desaparecida.	Manuel Moreira de Souza Pontes.	*Seu depósito na 1º de março com Imperador Pedro I transformou-se no famoso Café Lafayette.* **(NM)**
III	LINHA DE BONDE PARA ZONA SUL, s/d Desaparecida.	Comendador Luís Duprat.	*Participar do sistema de transporte da cidade.* **(NM e NP)**
IV	HOTEL E THEATRO PARQUE, 1913 E 1915. Hotel fechado e teatro desapropriado nos anos 50 pela prefeitura e continua em uso.	Comendador Bento Luís D'Aguiar.	*Atender à demanda de hospedagem para os visitantes da cidade e de cultura e lazer da época, através de um teatro com arquitetura inovadora para a cidade.* **(NM)**
V	CINEMA ROYAL, 1929. Desaparecido	José Carreiro.	*Diversão e participação no Ciclo do Cinema da cidade Localizada na Rua Nova, uma das mais importantes da cidade à época.* **(NM)**
VI	RECIFE HOTEL, 1915. Desaparecido.	Manuel Rodrigues Quintas e Cunhado Júlio Pinto Magalhães.	*Pioneirismo. Hotel para a expansão da cidade. Hotel moderno para a época localizado na Rua do Imperador Pedro II, a mais cultural da cidade na década.* **(NM)**

VII	FÁBRICA DE DOCES AMORIM COSTA, 1888. Instalações da fábrica se transformaram em Mercado cultural depois da desapropriação pela prefeitura nos anos 60.	Bernardino Ferreira da Costa.	*Sita em Olinda, conhecida por "Fábrica Amorim Costa" dedicou-se ao fabrico, a vapor; de conservas massa de tomates e doces de frutas, e tem edifício próprio á margem do rio Beberibe. Fabricação de doces e massas com base nos produtos agrícolas locais.* **(NM, NP, NME)**
VIII	HOSPITAL INFANTIL MARIA LUCINDA, 1929. Fundação sem fins lucrativos ainda funcionando e dirigida por descendentes. Em funcionamento. Completou 80 anos de existência no corrente ano.	Manuel da Silva Almeida.	*Primeiro Hospital inteiramente dedicado a crianças no Estado.* Obra benemérita do Senhor Manuel da Silva Almeida, sócio majoritário da firma Alves de Brito. Grande Proprietário de firma de exportação e importação de tecidos. Deixou de participar do Real Hospital Português porque era republicano. **(NM, NP, NME)**
IX	MENDES LIMA 1874. Desaparecida.		*Importação de bacalhau para todo o Nordeste e financiamento privado de usinas.* Foi uma das mais importantes firmas do Recife. Os ramos a que se dedicava foram os de açúcar e algodão em consignação e importação de bacalhau. Operou ainda no mercado de crédito financiando usinas. **(NM, NP)**
X	FIRMA BARBOSA VIANA, 1851. Desaparecida.	Antônio Joaquim Barbosa Viana.	*Contribuição intelectual para a história da cidade.* Autor do livro *O Recife (capital do E. de Pernambuco) 1990.* O chefe da firma foi o Sr. Antonio Joaquim Barbosa Vianna. Foi membro do Instituto Histórico e Arqueológico de Pernambuco e da Academia Pernambucana de Letras. **(NM)**

XI	RESTAURANTE LEITE, 1882 Em funcionamento.	1º proprietário empresário português, senhor Bernardino Silva. Funciona no mesmo local, desde a sua fundação. Desde os anos 50 pertence aos irmãos Dias, portugueses que o exploram com competência, elegância e bom gosto. É referência como local de encontro da elite política, intelectual e econômica da cidade e da região Nordeste.	*Atendimento e bom gosto na arte de refeições "O restaurante Manoel Leite, de que foi proprietário o Sr. Bernardino Silva, é sito a Praça Joaquim Nabuco, 147 a 153, em Recife. As refeições são servidas em 40 mesas com capacidade para 150 fregueses.* *O pessoal escolhido compõe-se de 10 garçons, Dois auxiliares, 1 chefe de cozinha. A cozinha, a maior do Norte do Brasil é toda de azulejo e mosaico e de irrepreensível anseio.* *O Restaurante Manoel Leite, que está a dois minutos de quase todas as linhas de bondes, e é freqüentado por ilustres famílias e viajantes". Álbum de Pernambuco (1919).* (**NME**)
XII	ARMAZÉNS CABOCLO, 1851. Desaparecida.	Alfredo Álvares de Carvalho.	*Participa da expansão urbana da cidade fornecendo ferragens e materiais para construção em grosso e a retalho.* (**NM**)
XIII	LOJAS VIANA LEAL, 1954 Inauguração na Rua da Palma próxima à famosa Loja Sloper de empresários cariocas. Pediu concordata nos anos 90.	Irmãos Raul e Manuel Leal. No início da firma, havia um sócio de sobrenome Viana, daí a marca da empresa com os dois sobrenomes.	*Inovação de venda de brinquedos e uso da escada rolante.* *Criação de Grande Magazine com três andares.* (**NME, NP**)
XIV	A PRIMAVERA, 1907. Muito bem localizado a beira do Rio Capibaribe, na Rua da Aurora, centro da cidade. Na década de 50 foi vendida e hoje está desaparecida.	ALFREDO FERNANDES & CIA. Foi próspero comerciante na cidade, junto com sua esposa que também explorava ateliê de costura e de chapéus no estabelecimento. Inovou ainda ao criar uma espécie de cartão de crédito para compras no Magazine. Atuou ainda de forma efetiva na área de construção civil na cidade.	*Inovação em estabelecimento do gênero magazine e também pela introdução de um tipo de cartão de crédito para seus clientes.* (**NM e NME**)

XV	FÁBRICA DE CIGARROS CAXIAS. Desaparecida.	Visconde de Santo Albino – Fundador da fábrica com seu irmão Marcellino e Manuel da Silva Moreira.	*Atender à demanda de derivados de tabaco da sociedade local, bem como de cartas impressas para jogos.* (**NM**)
XVI	BAR E RESTAURANTE SAVOY. 1944-2004	Inaugurado pelo espanhol Manuel Esteves, em 1944, que o dirigiu até 1946. Dessa data até 1971 foi explorado pelos empresários portugueses irmãos Manuel, Armando e José Simões até 1975. Exploraram também o Café Nicola a Casa de Lanche Estoril, todos próximos com 80 empregados brasileiros. De 1976 até 2004, foi dirigido pelo empresário lusitano Joaquim Esteves Pereira até 2004 quando encerrou suas atividades.	*Atender aos intelectuais e políticos da época. O Savoy foi uma referência na cidade para intelectuais, poetas e políticos. O poeta Carlos Pena, falecido no ano de 1960 era assíduo no Bar. Seu pai era o empresário português Carlos Souto Pena, que manteve durante anos o Bar e restaurante A Botijinha, no bairro de Santo Antonio. Carlos Pena passou alguns anos de sua adolescência estudando em Portugal. Durante os anos de gestão do Esteves, o Bom Esteves como o chamava Gilberto Freyre, houve grande efervescência intelectual com homenagens diversas ao poeta Carlos Pena.* (**NM, NP**)

Fonte: Adaptado de fontes consultadas e referidas na bibliografia.

Na verdade, não há como desconhecer, sob todos os pontos de vista, a influência, na vida do Recife, até os anos 60, do Gabinete Português de Leitura, do Real Hospital Português de Beneficência, do Café Lafayette, do Bar Savoy e da mesma forma, do Teatro Parque e do Restaurante Leite, sem deixar de mencionar o caso do Hospital Infantil Maria Lucinda.

Na cadeia de construção civil – de terreno, ferragens, pedra e cal –, já tratada, o exemplo de Álvares de Carvalho, dos Armazéns Caboclo, é digno de destaque e como ele, várias outras firmas abasteciam a cidade da necessidade de material para obras públicas e construção civil privada.

Já no que diz respeito ao financiamento e importação, o caso da firma Mendes Lima é paradigmático. Estabelecimentos de sapatarias, de tecidos finos e camisarias e vestiram também, durante décadas, camadas diversificadas da população local.

Movidos ainda pelo espírito empreendedor, eles buscavam expandir a rede de relacionamento no contexto da época, dirigindo-se à Igreja Católica, como se evidenciará a seguir.

Prosseguindo, e para ilustrar a prática do comportamento empreendedor do *networking, isto é,* manter e preservar boa imagem e reputação na sociedade – dois eventos, de caráter eclesiástico e católico, evidenciam muito do que se deseja retratar.

Em primeiro lugar, há a participação dos portugueses na associação denominada Círculo Católico, que, por sinal, completou 100 anos em 2007. O Círculo Católico, que reunia, no período estudado, acadêmicos de direito, engenharia, medicina, empresários e sociedade civil é destinado à discussão e propagação da fé católica e teve entre seus presidentes, nada mais nada menos do que o comendador comerciante de ferragens Alfredo Álvares de Carvalho, o qual, no ano de 1930, doou uma casa, situada na importante na Rua do Riachuelo para ser sede definitiva da agremiação.

Sobre sua personalidade, assevera Dias (1940):

> Commemdador Alfredo Alvares de Carvalho – chefe da importante firma Alvares de Carvalho & Cia., ferragens em grosso e a varejo na Rua do Queimado, é a expressão mais completa de benemerencia luzitana na cidade de Recife. – Poucas ou talvez nenhuma das sociedades luzo-brasileiras se tenham formado nestes últimos annos que não o tenham como socio benemerito no seu QUADRO de honra. O Hospital Portuguez, o Gabinete, a Túna, o Club Portuguez, o Circulo Catholico, os Clubes de Regatas, os Institutos Religiosos, a Santa Casa de Misericordia, os Azylos; – emfim, tudo quanto se possa imaginar que se funda na obtenção do auxílio publico, ou particular, tem tido nesse titular portuguez a mais generosa accolhida. Uma das faces mais características do seu natural feitio, é a communicabilidade gentil e affavel, que lhe grangeou um prestigio no meio social recifense e no seio do elemento patricio do Estado, de tal ordem indiscutível e indisfarçável, que eleito para Provedor do Hospital Portuguez em 1916, ainda continua a ser releito para o cargo há 25 annos seguidos. Outro tanto succede no Banco do Povo, como seu Diretor-Presidente. Isto vale por quantos elogios se lhes possa fazer. (p. 4, grafia original.)

Quanto ao segundo evento, o destaque é para a edificação da Capela de Nossa Senhora de Fátima,[121] nos domínios do Colégio Nóbrega vinculado à Província Jesuítica do Nordeste, sob a liderança de padres também portugueses. De acordo com documentos relativos à construção deste templo, devotado à aparição em Fátima, consta que, além de ser o primeiro edificado no mundo, antes mesmo daquele do local em Portugal, sua obra foi executada em tempo recorde. Foi construída, de outubro de 1933 a setembro de 1935, e, diga-se de passagem, executada em

---

[121] Ver: Amaral e Ribeiro (2008).

prazo mais curto do que a Capela dos Salesianos, também erguida na cidade no período.

E, quem respondeu por tudo isso? Segundo Azevedo (1985): "A comunidade portuguesa contribuiu generosamente para esse projeto que custou ao redor de seiscentos contos de réis"[122] (p. 125).

Finalmente, vale ainda destacar nesses exemplos – Hospital Infantil e a contribuição para a Capela de N. Sra. de Fátima – os empreendedores lusos se valeram da moeda de troca deles, o dinheiro, para por meio dessas ações, granjearem simpatia e legitimidade sociais, atitude esta que, vista sob o ângulo empreendedorístico, é, ressalte-se mais uma vez, uma manifestação de comportamento empreendedor.

8.3 – À guisa de conclusão

Apesar dos óbices, os achados ora revelados iluminam tópicos como o do empreendedorismo étnico, do comportamento empreendedor, da história da formação da mentalidade empresarial dos anos cinquenta, e do clima de modernidade vivido em grande medida no período abordado. A pesquisa permite, portanto, chegar às seguintes conclusões:

I - a atuação deles se deu, em sua quase totalidade, no âmbito comercial, estrito senso, diferentemente de cidades de outros estados, cujas atividades foram marcantes, também, em campos industriais e de serviços. Dada tal índole de atuação no Recife, é necessário ressaltar que, aqui, eles não foram força de trabalho

---

[122] Há, ainda, vários outros aspectos subjacentes nessa obra, não necessariamente econômicos que podem ainda ser destacados. Podem-se perceber, em primeiro lugar, objetivos políticos conservadores selando uma parceria dos governos Getúlio e Salazar; em segundo, a preocupação da ação jesuítica de associar a fé católica com a modernidade e, em terceiro, no mesmo sentido, o objetivo de capturar os jovens da elite local para o fervor religioso mariano, conforme salientam Amaral e Ribeiro (2008) Independentemente, porém, desse viés ideológico, cabe, para efeito do enquadramento dessas ações de expansão de *networking*, ressaltar que essa conduta indica uma postura empreendedora típica.

industrial urbana, nem tampouco empresário de grande porte. É, portanto, muito provável que essa inserção do português, na cidade do Recife, teria levado à constatação de que aqui, não teria havido extremos de inserção na pirâmide social, casos esses existentes no Rio de Janeiro e São Paulo. De acordo com dados apurados em entrevista, hoje, na cidade do Rio de Janeiro há pessoas da colônia que, embora estejam no Brasil há mais de 30 anos, nunca tiveram recursos para voltar a Portugal, diferentemente daqui, onde muito poucos não voltaram à terrinha;

II - não se depararam com a concorrência de estrangeiros, em atividades de menor porte como as vendas e padarias e cafés, fato observado no Rio de Janeiro e em São Paulo. Para o recifense, o estrangeiro foi sempre o galego português, e, nesse sentido, eles foram, em grande medida, hegemônico durante larga extensão da fase investigada. Seus concorrentes apareceram após a metade do século e foram, na verdade, os nordestinos saídos das cidades do interior da região. O caso dos empreendedores da *"Nação Aliança"* é modelar nesse rumo;

III - sofreram concorrência apenas de grupos estrangeiros, através de firmas de importação e exportação que tinham filiais no porto do Recife. Mesmo assim, os lusos jogaram papel de importância haja vista os casos das grandes empresas como Mendes Lima, dedicada á importação de bacalhau e como Alves de Brito, voltada para a importação de tecidos e fazendas. Observe-se, nessa hipótese, o peso relativo das 8 firmas, integradas exclusivamente por sócios portugueses, do total das 37 empresas do gênero existentes na cidade, conforme dados de 1913, analisados anteriormente. Ademais, em virtude da rede de capilarização de distribuição de seus produtos importados, por meio das vendas, padarias, armazéns e armarinhos de propriedade de patrícios, o escoamento de sua importação era bastante eficiente. Nesse sentido, a dinâmica dos negócios comerciais do Recife se assemelhou à cidade do Rio de Janeiro, que desempenhou papel de porto regional, conforme revela Fragoso (1998). No caso, o Recife teria sido o empório comercial que falou o economista Souza Barros (1972);

IV - alcançaram alta visibilidade na vida da cidade em virtude da dedicação ao comércio fino. Mas, não se pode, por outro lado, olvidar que grande parte de suas ações financeiras de grosso cabedal, se deram nas áreas de secos e molhados e ferragens, além, obviamente, nas firmas de importação e exportação. Todas tiveram peso econômico maior do que o comércio fino, conforme já referido anteriormente;

V - exerceram influência sobre o comportamento em geral da sociedade, por meio de práticas como a do expediente da cultura do familismo, comportamento esse muito próximo do patrimonialismo, da difusão dos valores de confiança nas autoridades públicas e eclesiásticas e tiveram participação na formação da classe média recifense e, nesse sentido, contribuíram para descompressão das tensões sociais entre os estratos de classes sociais;

VI - demonstraram habilmente identificação com dois arquétipos ancestrais da presença deles no Nordeste. Em primeiro lugar, em relação à dimensão da cultura galega no Nordeste profundo e, em segundo, ao retomar o comportamento mascatal de seus ancestrais, também imigrantes lusos, que, no início do século XVIII, viabilizaram institucionalmente a cidade do Recife por meio da atividade comercial que culminou na Guerra dos Mascates contra a nobreza rural residente em Olinda;

VII - deixaram indelével marca de modelo empreendedor, baseado no esforço diuturno e noite à dentro, seu e da sua família, devotado ao trabalho;

VIII - divulgaram e propagaram, em especial junto às classes pobres, noções básicas de confiança e de crédito, através do emprego da *Caderneta da Venda*, a qual funcionava também como instrumento de viabilização de vendas lastreadas na relação de confiança do freguês *versus* empresário;

Por fim, a IX conclusão dá conta de que, nas suas três cadeias produtivas[123] de atuação (1ª- terreno, ferragem e construção; 2ª- indústria da panificação e 3ª- alimentos em geral), eles operavam amparadas em uma extensa e complexa rede de capital social. Havia, como que, uma plataforma invisível que articulava todos os agentes de cada cadeia referida, em logísticas específicas, integradas e articuladas, baseadas fundamentalmente nos laços de confiança. Figure-se, por exemplo, o caso de alimentos. Em primeiro lugar, as firmas importadoras compravam bacalhau e carne seca; em segundo, os revendiam às firmas de secos e molhados de lusos; essas, por sua vez, encaminhavam os produtos para as padarias e vendas – terminais de capilarização do sistema – preferencialmente de propriedade dos patrícios e, logo, o circuito da atuação em rede se completava e se retroalimentava.

Com certeza, a partir da elucidação dessa postura empreendedora étnica, o desafio que atravessou a pesquisa, do começo ao fim de compreender o fato de tão poucos[124] terem sido tão influentes, se

---

123 Entende-se por cadeia produtiva "todas as atividades articuladas desde a pré-produção até o consumo final de um bem ou serviço. (...) Os estudos das Cadeias Produtivas proporcionam um entendimento mais completo do comportamento dos seus componentes econômicos e das tendências dos mercados, descrevendo os segmentos mais importantes e com maiores possibilidades de competitividade". Pode ser aplicado em várias áreas tipo as do leite, do milho, do turismo entre outras. Disponível em http://www.genesis.puc.rio.br. Acesso à internet em 20.04.09.

124 De fato, não se deve esquecer que a presença demográfica portuguesa na cidade foi, no período, bastante inferior à dimensão daqueles contingentes que se estabeleceram nas cidades de São Paulo, Niterói, Belo Horizonte e mesmo Belém do Pará. Uma maneira adicional para aquilatar a importância relativa da colônia da cidade do Recife em comparação com outras cidades ou estados do país pode ser inferida da quantidade de páginas destinadas a cada cidade na publicação denominada *Álbum da Colônia Portuguesa no Brasil*, publicado em 1929. É uma obra, ricamente produzida inclusive com capas de madeiras ilustradas e recheada de imagens de estabelecimentos e associações e de seus proprietários. Tem um total de 667 páginas contemplando diversos temas, mas a distribuição por estados é a seguinte: Rio de Janeiro = 15 págs.; Distrito Federal = 90 págs; São Paulo e interior = 110 págs.; BAHIA = 40 págs.; PARÁ = 39 págs.; PERNAMBUCO = 27 págs.

vê superado de forma definitiva. A atuação em rede, lastreada na confiança do capital social de laços de conterraneidade, explica, em grande medida,[125] tal êxito.

Para fechar, duas reflexões. Uma primeira, de cunho nostálgico, vem à tona.

Por que o patrimônio cultural material em grande parte edificado pelos portugueses, ainda presente nos prédios-símbolos da arquitetura daquela época, em especial nas Ruas Nova, Imperatriz e Duque de Caxias do outrora charmoso centro da cidade, está relegado ao abandono tanto pela iniciativa privada, como pelo setor público?

O autor, que foi adolescente na década de 60, não pode deixar de avivar sua memória e recordar as luzes das vitrines, a elegância das pessoas nas ruas, o cortês atendimento dos comerciários, e até o cheiro bom das confeitarias, lanchonetes e padarias, ou, o do charque misturado com o forte odor do bacalhau, da famosa Rua das Florentinas, de secos e molhados!

Já a segunda, de caráter social, atinge da mesma forma essa memória e tem a ver com o *glamour* dessa modernidade de meio século na cidade, referido inúmeras vezes no texto, em contraste com os inúmeros problemas de exclusão e desigualdade sociais que o Recife ostentava e ainda hoje ostenta. Depoimento de um ex-prefeito contemporâneo, Jarbas Vasconcelos, estampa, de forma contundente, tal contradição.

> Temos uma cidade linda e miserável. [...] Dou um exemplo do que é administrar Recife: Vou a Brasília cheio de projetos, com os dados sociais mostrando que a cidade é uma das piores do mundo e, depois vendo o turismo dizendo que o Recife é bonito. Veja que complicação: em um lugar vamos evidenciar a miséria,

---

125 Outros fatores, também, concorreram para explicar tal êxito dos lusos, tais como a tradição cultural dos gostos culinários passados pelos lusos, a fragilidade da atuação do estado como agente regulatório e fiscalizador, ao lado do eventual desinteresse da elite local por atividades mercantis.

no outro mostramos o melhor sítio histórico, a melhor culinária, a mais bela paisagem do Nordeste. [...] Sim, mas não estamos mentindo. Temos realmente as melhores praias do Nordeste, mas também somos uma cidade miserável. (Vasconcelos *apud* Gomes, 2007, p. 183)

De fato, a ideia de modernidade, em todas as áreas de vida não apenas na cultural e na comercial, implicaria na extensão da cidadania, como fator de modernidade, alcançando os direitos sociais, econômicos. No Brasil e no Recife, no entanto não se observou tal extensão. A elite, como que capturou e se apropriou do que lhe interessava, e não houve avanços desejados de cidadania moderna para outros estratos da população, fenômeno esse que ainda hoje perdura.

Assim, se o trabalho concorreu para revelar os diversos achados referidos, também, não deixou de trazer para si o sentimento de quase ofuscamento dos dados diante do que o historiador Manolo Florentino disse sobre o Brasil valendo para o Recife: "O único traço recorrente é a radical exclusão social" (Florentino. Disponível na internet em <htpp:// www.cliohistória.hpg.ig.com.br>. Acesso em 14 jun. 2008).

Por fim, o autor deseja acolher contribuições de novidades acerca dos temas abordados e de eventuais observações corretivas sobre pessoas e instituições mencionadas.

Fontes e bibliografia

ÁLBUM DA COLÔNIA PORTUGUESA NO BRASIL. CARINHAS, Teófilo (org.). Rio de Janeiro: Editoras Oficinas Gráficas de Carinhas & Cia. Ltda, 1929.

ÁLBUM DE PERNAMBUCO. Impresso nas Oficinas Tipográficas do Anuário Comercial. Praça dos Restauradores, 24 Lisboa. 1913. Cópia digitalizada em pdf pertencente ao acervo da Fundaj. Disponível em: <http.www.fundaj.gov.br>. Acesso em 22 mai. 2008.

ALENCAR, Francisco et al. *História da sociedade brasileira*. Rio de Janeiro: Ao livro Técnico, 1979.

ALMEIDA CARLOS, Érika Simone. *O fim do monopólio*: a extinção da Companhia Geral de Pernambuco e Paraíba (1770-1780). Recife, 2003. Dissertação de mestrado, Departamento de História, CFCH, UFPE.

ALVES, Jorge Fernandes. Variações sobre o "brasileiro". Tensões na emigração e no retorno do Brasil. *Revista Portuguesa de História*, tomo XXXIII, 1999, Univ. Coimbra.

_____. *Terra de esperanças*. O Brasil na emigração portuguesa. Portugal e Brasil. – Encontros, desencontros, reencontros. Cascais: Câmara Municipal, VII Cursos Internacionais, 2001, p. 113-128.

_____. Portugal and the Latin American Studies (1980-2000). *Rev. Europea de Estudios Latinoamericanos y Del Caribe*, 72, abr. 2002.

ALVES, Jorge L. Santos. Em busca do eldorado: a emigração portuguesa para o Brasil (1890-1930). *Dia. Logos. Revista de História*, ano II, n. 2, Rio de Janeiro, v. I, 1998, p. 61-75.

_____. Uma imagem da imigração portuguesa. Filantropia, honestidade e trabalho. *Pensar Contábil*, Rio de Janeiro, v. II, n. 4, 1999, p. 23-25.

ALVES MOTA. *No tempo dos bondes elétricos*. Recife: Celpe, 1982.

AMADO, Gilberto. *Minha formação no Recife*. Rio de Janeiro: José Olympio, 1955.

AMADO, Jorge. *Os velhos marinheiros ou o capitão de longo curso.* 59ª ed. Rio de Janeiro: Record, 2001.

AMARAL, Walter Valdevino; RIBEIRO, Emanuela Sousa. *Uma edificação moderna para uma nova devoção*: catolicismo romanizado e a igreja de Nossa Senhora de Fátima no Recife. *Paper* em elaboração cedido ao autor em abril de 2008.

AMORIM, Laura Helena Baracuhy. *O comércio paraibano no processo de formação do comércio nacional 1930-1939.* Recife, 1987. Dissertação de mestrado, Departamento de História, UFPE, CFCH.

ANDRADE, Manuel C. *História das usinas de Pernambuco.* Recife: Massangana, 1989.

_____. *Pernambuco imortal.* Recife: Jornal do Comércio, 1995.

ANDRÉ, J. Virgilio R.; VILLELA, Luiz José Guimarães. *Álbum histórico do Clube Português do Recife.* Edição Comemorativa do 72º Aniversário da Fundação do Clube Português do Recife, v. I, 2006.

ANTONIL, André João. *Cultura e opulência do Brasil por suas drogas e minas.* Belo horizonte: Itatiaia/Edusp, 1892.

ARAÚJO, Rita de Cássia Barbosa. *As praias e os dias*: história social das praias do Recife e de Olinda. Recife: Fundação de Cultura da Cidade do Recife, 2007.

AREIAS, Armando. *Primeira travessia aérea do Atlântico Sul.* Sacadura Cabral e Gago Coutinho. Recife: Bagaço, 2002.

AREIAS, Laura. *Manuel o emigrante.* Recife: Bagaço, 2003.

_____; NOGUEIRA, Lucila. *Monografia do Gabinete Português de Leitura.* Edição comemorativa do sesquicentenário 1850-2000, Recife, 2000.

AQUINO, Cleber. *Empreendedor e empresário. Jornal do Commecio,* Recife, 12 jul. 1993.

ASSOCIAÇÃO COMERCIAL DE PERNAMBUCO. *Boletim,* n. 07, dez. 1953.

AZEVEDO, Fernando. *A cultura brasileira.* Rio de Janeiro: Melhoramentos, t. II, 1958.

BARBOSA, Lívia. *O jeitinho brasileiro.* Rio de Janeiro: Campus, 1992.

BARBOSA LIMA SOBRINHO. *Pernambuco*: da independência à Confederação do Equador. 2ª ed. Recife: Fundação de Cultura da Cidade do Recife, 1998.

BARBOSA VIANA, A. J. *Immigração a província de Pernambuco no Brazil*. Recife: Typographia Universal, 1888.

_____. *O Recife, capital do estado de Pernambuco*. Recife: Typographia Universal, 1900.

BERGAMASCO, Cecília. Esses milhões que movem o mundo. *Revista Pequenas Empresas, Grandes Negócios*, ano XIII, n. 144, jan. 2001, p. 19.23.

BERNARDES, Denis A. M. *O patriotismo constitucional*: Pernambuco, 1820-1822. São Paulo, 2001. Tese de doutorado, FFLCH-USP.

BETHLEM, Agrícola. *Gestão de negócios uma abordagem brasileira*. Rio de Janeiro: Campus, 1999.

BRESSER PEREIRA, Luiz Carlos. Empresários, suas origens e as interpretações do Brasil. Trabalho apresentado ao I CONGRESSO BRASILEIRO DE HISTÓRIA ECONÔMICA E À II CONFERÊNCIA INTERNACIONAL DE HISTÓRIA DE EMPRESAS. Campinas: Unicamp, 8-9 set. 1993.

_____. *Empresários e administradores no Brasil*. São Paulo: Brasiliense, 1974.

BRITTO, Regina L. Reis de Sá. A Imigração portuguesa e as associações como forma de manutenção da identidade lusitana – Sul do Brasil. *Scripta Nova*. Revista Electrónica de Geografía y Ciencias Sociales. Universidad de Barcelona, n. 94 (27), 1 ago. 2001.

BUARQUE DE HOLANDA, Sérgio. *Raízes do Brasil*. 5ª ed. Rio de Janeiro: José Olympio, 1969.

BUENO, Eduardo. *História do Brasil*. São Paulo: Folha de São Paulo, 1997.

CALDEIRA, Jorge. *Mauá*. Empresário do Império. São Paulo: Companhia das Letras, 1995.

_____. *A nação mercantilista*. Ensaio sobre o Brasil. São Paulo: 34, 2005.

CÂMARA, Renato Phaelente. *Fragmentos da história do Rádio Club de Pernambuco*. Recife: Cepe, 1994.

CAMPELO, Carlos. O estudo sobre empresários e empresas: conceito, relevância e panorama historiográfico. *Revista Tema Livre*, ano IV, n. 10, Niterói, abr. 2005.

CAMPOS, Helenize. Comércio na área central do Recife (PE - Brasil): novos e antigos conceitos acerca da história da cidade. *Scripta Nova*,

Revista Electrónica de Geografía y Ciencias Sociales, Universidad de Barcelona, v. VI, n. 119 (57), 2002.

CÂNCIO, Francisco. Emigrantes, in Aspectos de Lisboa no século XIX, 1938.

CARBONE, Paulo. Os heróis do setor público: A teia cultural engolindo o empreendedor. *Revista de Administração Pública*, v. 30 (3), mai./jun. 1996, p. 127.139.

CARDOSO, Fernando Henrique. *Empresário industrial e desenvolvimento econômico*. São Paulo: Difusão Européia do Livro, 1964.

CARONE, Edgard. *A República Velha*. São Paulo: Difusão Européia do Livro, 1972.

CASTRO. Josué. *A cidade do Recife, ensaio de geografia urbana*. Rio de Janeiro: Casa Estudante do Brasil, 1954.

CAVALCANTI, Paulo. *O caso eu conto como o caso foi*: da coluna Prestes à queda de Arraes: Memórias. São Paulo: Alfa-Omega, 1978.

CEPLAN. VAREJO MODERNO. *Empresas & Empresários*. Relatório setorial 10, Recife, nov. 2007.

CHIAVENATO, Idalberto. *Dando asas ao espírito empreendedor*. São Paulo: Saraiva, 2005.

COSTA COUTO, Ronaldo. *Matarazzo*. São Paulo: Planeta do Brasil, 2 v., 2004.

CORREIA, Maximiano. *Relatório de viagem ao Brasil da embaixada universitária de Coimbra*. Impressões, comentários e discursos. Coimbra: 1954.

CORTES, Geraldo de Menezes. *Migração e colonização no Brasil*. Rio de Janeiro: José Olympio, 1958.

COUTINHO, Edilberto. *Os melhores poemas de Carlos Pena Filho*. São Paulo: Global, 1983.

_____. *Bar Savoy*. Recife: Canto do Poeta/Cepe, 1995.

COUCEIRO, Sylvia C. A Sedução da noite nos cafés do Recife dos anos 1920: entre prazeres e transgressões. Associação Nacional de História – ANPUH XXIV SIMPÓSIO NACIONAL DE HISTÓRIA, 2007.

CURADO, Isabela B. *Pesquisa historiográfica em Administração*: uma proposta metodológica. Campinas: Enanpad, 2001.

CURY, Vânia M. Presença portuguesa: bases para a expansão das profissões liberais no Brasil. In: LESSA, Carlos (org.). *Os lusíadas na aventura do Rio de Janeiro moderno*. Rio de Janeiro: Record/Faperj, 2002.

DAMATTA, Roberto. *Carnavais, malandros e heróis*. Por uma sociologia do dilema da sociedade brasileira. Rio de Janeiro: Zahar, 1979.

DEGEN, Ronald J. *O empreendedor*: fundamentos da iniciativa empresarial. São Paulo: McGraw. Hill, 1989.

DIAS, Antônio. *Notas sobre o elemento português no Recife*. 1890-1940. Recife: Typografhia The Propagandist, 1940.

DIAS, Lêda. *Cine-teatro do Parque*: um espetáculo à parte. Recife: Fundação de Cultura da Cidade do Recife, 2008.

DIEGUES JUNIOR, Manuel. *Imigração, urbanização e industrialização*. Estudo sobre alguns aspectos da contribuição cultural do imigrante no Brasil. 5ª ed. Rio de Janeiro: Publicação n. 5 do Instituto Brasileiro de Pesquisas Educacionais, 1964.

DINIS, Anabela; USSMAM, Ana Maria. Empresarialidade e empresária. Revisão da literatura. *Revista Comportamento Organizacional e Gestão*, v. 12, n. 1, 2006.

DOLABELA, Fernando. *O segredo de Luíza*. São Paulo: Cultura, 1999.

_____. *Oficina do empreendedor*. São Paulo: Cultura, 2000.

DOMINGUES, Luís Manuel. O processo de industrialização em Pernambuco (1890-1920). Recife: *Revista Symposium*, ano 4, n. 1, jan./jun. 2000, p. 87-102.

DRUCKER, Peter F. *Inovação e espírito empreendedor*: prática e princípios. São Paulo: Pioneira, 1986.

DUARTE, Jodeval. *A história contada pelo Diário*. A praça-forte da liberdade. Brasília: Fundação Assis Chateaubriand, 2005.

EISENBERG, Peter. *Modernização sem mudança*: a indústria açucareira em Pernambuco. Rio de Janeiro: Paz e Terra, 1977.

ESTADO DE PERNAMBUCO. *Anuário estatístico de Pernambuco*. Recife: Publicação do Governo do Estado de Pernambuco, 1931, 1950 e 1952.

ESTADO DE PERNAMBUCO. *Obra de propaganda geral*. Coelho, José (ed.). Rio Janeiro, 1919.

FARIA Sheila. *Dicionário do Brasil colônia*. Organizador Ronaldo Vainfas. Rio de Janeiro: Objetiva, 2000.

FAORO, Raimundo. *Os donos do poder*: formação do patronato político brasileiro. 2ª ed. Porto Alegre: Globo/São Paulo: Editora da Universidade de São Paulo, 2 v., 1975.

FAUSTO, Boris. *História do Brasil*. São Paulo: Universidade de São Paulo, 2000.

_____. *Fazer a América*: a imigração em massa para a América Latina. São Paulo: Edusp/Funag/Memorial, 2000.

FAZITO, Dimitri. A análise de redes sociais (ARS) e a migração: mito e realidade. XIII ENCONTRO DA ASSOCIAÇÃO BRASILEIRA DE ESTUDOS POPULACIONAIS, Ouro Preto, Minas Gerais, nov. 2002.

FELDWICK W. DELANEY, L.T. WRIGHT, Arnold. LLOYD, Reginald (Orgs.). *Impressões do Brasil no século XX*: sua história, seu povo, comércio, indústria e recursos. Londres: Lloyds Greater Britain Publishing Company, Ltd., 1913

FERNANDES, Florestan. *A revolução burguesa no Brasil*. Rio de Janeiro: Zahar, 1975.

FERRAZ, Marilourdes. *Aníbal Fernandes*: jornalista. Nos caminhos da liberdade. Recife: Cepe, 1996.

FERRAZ, Maria do Amparo Pessoa. *O gás em Pernambuco* – Breve história da utilização do gás a partir do século XIX. 1ª ed. Recife: Copergas, 2001.

FERREIRA, Agostinho Campos. *A introdução dos cartões de crédito em Portugal (1960-1975)*. Aveiro, 2008. Dissertação de mestrado em Economia, Universidade de Aveiro.

FERREIRA LIMA, Heitor. *Formação industrial do Brasil – período colonial*. Rio de Janeiro: Fundo de Cultura, 1961.

FERRER, Vicente. *Guerra dos mascates*. Olinda e Recife. Lisboa: Livraria Ventura Abrantes, 1914.

FIGUEIREDO, Cândido. *Novo dicionário língua portuguesa*. 14ª ed. Lisboa: Livraria Bertrand/ Rio de Janeiro: Mérito, 1949.

FILLION, Jacques. Empreendedorismo: empreendedores e proprietários gerentes de pequenos negócios. *Revista de Administração*, São Paulo, v. 34, n. 2, abr./jun. 1999.

FISS, Regina L. R. de Sá Britto. A imigração portuguesa e as associações como forma de manutenção da identidade lusitana – Sul do Brasil. *Scripta Nova. Revista Electrónica de Geografía y Ciencias Sociales*. Universidade de Barcelona, n. 94 (27), 1 ago. 2001.

FLORENTINO Manolo; MACHADO, Cassilda. Ensaio sobre a imigração portuguesa e os padrões de miscigenação no Brasil (séculos XIX e XX). *P.S.R.*, 10 (1), 2002, p. 58-84.

FRAGOSO, Danilo. *Velhas ruas do Recife*. Recife: Imprensa Universitária, 1971.

FRAGOSO João L. Economia brasileira no século XIX: mais que uma *plantation* escravista e exportadora. In: LINHARES, Maria Yedda Linhares (coord.). *História geral do Brasil*. Rio de Janeiro: Campus, 2005.

_____. *Homens de grossa aventura*. Acumulação e hierarquia na praça mercantil do Rio de Janeiro. 1790-1830. Rio de Janeiro: Civilização Brasileira, 1998.

FREITAS, Sônia Maria de. *Presença portuguesa em São Paulo*. São Paulo: Imprensa Oficial do Estado de São Paulo/Memorial do Imigrante, 2006.

FREITAS, Maria Ester. *Cultura organizacional*: formação, tipologia e impactos. São Paulo: Makron Books, 1991.

FREITAS FILHO, Almir Pita. A colônia portuguesa na composição empresarial da cidade do Rio de Janeiro no final do século XIX e início do XX. In: LESSA, Carlos. *Os Lusíadas na aventura do Rio de Janeiro moderno*. Rio de Janeiro: Record, 2002.

_____. História econômica e história de empresa: algumas reflexões metodológicas. *Ensaios FEE*, n. 1, ano 10, Porto Alegre, 1989.

FREYRE, Gilberto. **Guia prático, histórico e sentimental da cidade do Recife**. Recife: 1934.

_____. *Uma cultura ameaçada*: a luso-brasileira. Recife: Gabinete Português de Leitura, 3ª edição, 1980.

_____. *Olinda*. Guia prático, histórico e sentimental da Cidade. Rio de Janeiro: José Olympio, 1968.

_____. *Casa grande e senzala*. Rio de Janeiro: José Olympio, 1989.

_____. *Sobrados e mocambos*. 12ª ed. Rio de Janeiro: Record, 2000.

FURTADO, Celso. *The economic growth of Brazil*. Berkeley: University of California Press, 1963.

_____. *Formação econômica do Brasil*. São Paulo: Editora Nacional, 2003.

GALVÃO, Sebastião de Vasconcellos. *Dicionário corográfico, histórico e estatístico de Pernambuco*. Recife: Cepe, 2006.

GARCIA, Carlos José. *O que é o Nordeste?* 10ª ed. Recife: Comunigraf, 2005.

GONÇALVES, Sérgio de C. *Patrimônio, família e empresa.* São Paulo: Negócio, 2000.

GOMES, Edvânia Torres A. *Recortes de paisagens na cidade do Recife.* Recife: Massagana. 2007.

GOMINHO, Zélia O. Veneza americana X mucambópolis. O Estado Novo na cidade do Recife (Década de 30 a 40). Recife, 2003. Dissertação de mestrado, Departamento de História, UFPE, CFCH.

GRAHAM, Richard. *Grã-Bretanha e o início da modernização no Brasil (1860-1914).* São Paulo: Brasiliense. 1973.

GRANOVETTER, Mark. The Strength of the weak ties. *American Journal of Sociology*, v. 1., May 1973.

_____. Ação econômica e estrutura social: o problema da imersão. *Revista Eletrônica de Administração*, v. 6, n. 1, art. 9, jan./jun. 2007.

GUERRA, Flávio. *Crônicas do Velho Recife.* Recife: Dialgraf, 1972.

_____. *Um breve estudo histórico sobre o sistema bancário de Pernambuco.* Recife: Bandepe, folheto, 1985.

HOLANDA, Aurélio B. *Novo dicionário da língua portuguesa.* Rio de Janeiro: Nova Fronteira, 1984.

HONMA, Edson T. *Competências empreendedoras*: estudo de casos múltiplos no setor hoteleiro em Curitiba. Curitiba, 2007. Dissertação de mestrado, Departamento de Administração, UFPR.

HORTAS, Maria de Lourdes. *Adeus aldeia.* Lisboa: Sólivros de Portugal, 1988.

JUBILEU DO HOSPITAL PORTUGUÊS DE BENEFICÊNCIA EM PERNAMBUCO. Recife: Imprensa Industryal, 1905.

JUCEPE. Junta Comercial do Estado de Pernambuco. *Origem e evolução histórica da Jucepe.* Recife, s. d.

KLEIN, Herbert S. A integração social econômica dos imigrantes portugueses no Brasil no fim do século XIX e no século XX. *Revista Brasileira de Estudos Populacionais*, São Paulo, v. 6, n. 2, p. 17-37, jul./dez. 1989.

LACERDA ROCHA, Artur Gilberto Garcéa. *Discursos de uma modernidade*: as transformações urbanas na freguesia de São José

(1860-1880). Recife, 2003. Dissertação de mestrado, Departamento de História, CFCH, UFPE.

LEITE, Emanuel. *O fenômeno do empreendedorismo*. Recife: Bagaço, 2000.

LEITE, Joaquim da Costa. *Portugal and Emigration*. 1855-1914. Tese de Doutoramento aprovada pela Universidade de Columbia, USA, 1994. Versão não publicada.

_____. O Brasil e a emigração portuguesa (1855.1914). In: FAUSTO, Boris (org.). *Fazer a América*. São Paulo: Universidade de São Paulo, 1999.

_____. A emigração como vínculo transatlântico: Portugal e Brasil. 1850-2002. *Seminários de História Econômica*. Lisboa: ICS/ISEG/FCSH, 2003.

LEONE, Nilda. *Sucessão na empresa familiar*. São Paulo: Atlas, 2005.

LESSA, Carlos (coord.). *Os Lusíadas na aventura do Rio de Janeiro moderno*. Rio de Janeiro: Record, 2002.

LEVINE, Robert. *A velha usina*. Pernambuco na federação brasileira 1889-1937. Tradução de Raul José de Sá Barbosa. Rio de Janeiro: Paz e Terra, 1980. (Coleção Estudos Brasileiros, v. 45)

LIMA, José E. *Lafayette*: esquina de muitas vidas. 2ª ed. Recife: Edição do autor, s. d.

LIMA, Ricardo Chaves. Desenvolvimento econômico e empreendedorismo. *Revista de Estudos Universitários*, Recife, v. 22, n. 1, 2002, p. 37-43.

LIMA, João Policarpo R.; SICSÚ, Abraham B.; PADILHA, Maria Fernanda F. G. Economia de Pernambuco: transformações recentes e perspectivas no contexto regional globalizado. *Revista Econômica do Nordeste*, v. 4, 2007.

LYRA, Maria de Lourdes V. Pátria do cidadão: a concepção de pátria/nação em Frei Caneca. *Revista Brasileira de História*, v. 18, n. 36, São Paulo, 1998, p. 123-132.

LIVRO DO NORDESTE. Gilberto Freyre... [et al.]. 3 ed. Fac.similada. Recife: CEPE, 2005.

LOBO, M. Eulália. História empresarial. In: CARDOSO, Ciro Flamarion; VAINFAS, Ronaldo. *Domínios da história*: ensaios de teoria e metodologia. Rio de Janeiro: Campus, 1997.

_____. *Imigração portuguesa no Brasil*. São Paulo: Hucitec, 2001.

LONGEN, Márcia T. *Um modelo comportamental para o estudo do perfil do empreendedor*. Florianópolis, 1997. Dissertação de mestrado em Engenharia de Produção, UFSC.

LOPES, Alcides. F. *Pessoa de Queiroz*: vida e ação. Subsídios para futuras biografias. Recife: Fundarpe, 1985.

LOPES, Mirtes Esteves. *Imigrante português em Belo Horizonte e o centro da comunidade luso-brasileira (1897-1930)*. Porto Alegre, 2003. Dissertação de mestrado, Pontifícia Universidade Católica do Rio Grande do Sul.

LOPES, Waldemar; LEAL Cornélio Gomes. *A Associação Comercial de Pernambuco*. 150 anos a serviço do desenvolvimento econômico e da paz social. Recife: IGB, 1989.

LUBAMBO, Catia W. *O bairro do Recife*: entre o Corpo Santo e Marco Zero. Recife: Cepe/Fundação de Cultura Cidade do Recife, 1991.

MACHADO, Igor Renó. Apontamentos para uma etnografia da imigração brasileira no Porto, Portugal. VIII CONGRESSO LUSO-AFRO-BRASILEIRO DE CIÊNCIAS SOCIAIS. Coimbra, Centro de Estudos Sociais da Faculdade de Economia da Universidade de Coimbra (CES. FEUC), 2004.

MARCONDES, Reynaldo Cavalheiro; BERNARDES, Cyro. *Criando empresas para o sucesso*. São Paulo: Atlas, 1997.

MARCOVITCH, Jacques. *Pioneiros & empreendedores*: a saga do desenvolvimento no Brasil. São Paulo: Edusp, v. 1 e 2, 2003.

MARTINELLI, Alberto. Uma perspectiva italiana do empreendedorismo: entrevista com Alberto Martinellli. *Revista Eletrônica de Administração*, v. 6, n. 2, jul./dez. 2007.

MARQUES, Tereza C. N. História de empresas: memórias e fontes. *Anais DO VIII ENCONTRO DA ANGRAD*. Niterói: UFF & Angrad, 2007.

MARTES, Ana C. e RODRIGUEZ, Carlos L. Afiliação religiosa e empreendedorismo étnico: o caso dos brasileiros nos Estados Unidos. *Revista de Administração Contemporânea*, v. 8, n. 3, jul./set. 2004, p. 117-141.

McCLELLAND, David C. *The achieving society*. Van Nostrand: Princeton, 1961.

MELLO, Evaldo Cabral de. *A fronda dos mazombos*: nobres contra mascates em Pernambuco. (1666-1715). São Paulo: Companhia da Letras, 1995.

_____. *Rubro Veio*. Rio de Janeiro: Topbooks, 1997.

_____. Revolução em família. *Folha de São Paulo*, São Paulo, 13 ago. 2000.

_____. *Caneca, Frei do Amor Divino*. São Paulo: 34, 2001.

_____. *O Norte agrário e o Império*. Rio de Janeiro: Topbooks, 2003.

MELLO, José Antonio Gonsalves de. *Diário de Pernambuco*: economia e sociedade no 2º Reinado. Recife: Universitária, UFPE, 1966.

_____. *Um mascate e o Recife*. Recife: Fundação de Cultura da Cidade do Recife, 1981.

_____. *Diário de Pernambuco*: arte e natureza no 2º Reinado. Recife: Massangana, 1985.

MELO, Clóvis Ribeiro do Rego. *FIEPE*. Um perfil histórico. Recife: Recife Gráfica, 1989.

MELO, Hildete P. de; MARQUES, Cristina de N. *Imigrantes portugueses no Brasil a partir dos recenseamentos populacionais do século XX*: um estudo exploratório. Texto para discussão. UFF, Economia, 2007.

MELO Mário Lacerda de. *Paisagem do Nordeste em Pernambuco e Paraíba*. Rio de Janeiro: Conselho Nacional de Geografia, 1958.

MELO, Mário. *Síntese cronológica de Pernambuco*. Recife: Fundação de Cultura Cidade do Recife, 1985.

MENDES, José Amado. Problemas de história empresarial: teoria e prática. XXII APHES. *Comunicações*. Aveiro, 2002.

MENEZES, Ângela Dutra de. A gastronomia portuguesa no estado do Rio de Janeiro. In: LESSA, Carlos. *Os Lusíadas na Aventura do Rio de Janeiro Moderno*. Rio de Janeiro: Record, 2002.

MENEZES, Fernando. *Coisas do Recife*. Recife: Bagaço, 2001.

_____. Um domingo de Copa no Recife. *Jornal do Commercio*, Recife, 31 out. 2007, p. 6.

MILANI, Carlos. *Teorias do capital social e desenvolvimento local*: lições a partir da experiência de pintadas (Bahia, Brasil). Projeto de pesquisa "Capital social, participação política e desenvolvimento local: atores da sociedade civil e políticas de desenvolvimento local na Bahia" (2002-2005), financiado pela Fapesb e desenvolvido na Escola de Administração da UFBA (NPGA/NEPOL/PDGS), 2005.

MONTEIRO DA SILVA, Marco Antonio Oliveira; CORREIA, Manuela;

SCHOLTEN, Marc. Cultura nacional e orientação empreendedora: um estudo comparativo entre Portugal e Brasil. *Revista Comportamento Organizacional*, v. 14, n. 1, 2008, p. 65-84.

MOSCOVICI, Fela. *Renascença organizacional*. Rio de Janeiro: Livro Técnico-científico, 1988.

MOTA, Carlos Guilherme. *Nordeste 1817*: estruturas e argumentos. São Paulo: Edusp, 1972.

MOURA, Paulo. *O Brasil e a empresa nos anos 90*. Rio de Janeiro: Laboratório Braun, 1966.

MUNICÍPIO DO RECIFE. *Recenseamento do Recife de 1913*. Publicação oficial do município do Recife, 1915.

NOGUEIRA, Ana Maria de Moura. *Como nossos pais*. Uma história da memória da imigração portuguesa em Niterói, (1900/1950). Niterói, 1998. Dissertação de mestrado, curso de Pós-graduação em História, UFF.

OLIVEIRA, Iranilson Buriti de. Temp(l)os de consumo: memórias, territorialidades e cultura histórica nas ruas recifenses dos anos 20 (século XX). *Seculum* – Revista de História, (16), João Pessoa, jan./jun. 2007.

OLIVEIRA, Carla Mary S. Saudades D'além Mar: considerações preliminares sobre a imigração portuguesa no Rio de Janeiro através da revista "Lusitânia" (1929/1934). *Revista Política & Trabalho*, 18, set. 2002.

OLIVEIRA, Maria L. F. *Entre a casa e o armazém*. Relações sociais e a experiência da urbanização. São Paulo, 1850-1900. São Paulo: Alameda, 2005.

OLIVEIRA, Waldemar de. *Nos tempos de Amaury*. Recife: Alfa, 1975.

PAIVA, Rivaldo. *Saudade de 60*: o Recife ao sabor de um tempo. Recife: Cepe, 2002.

PAIVA JR., Fernando Gomes; CORDEIRO, Adriana Tenório. Empreendedorismo e o espírito empreendedor: uma análise da evolução dos estudos na produção acadêmica brasileira. XXII ENCONTRO NACIONAL DE PÓS-GRADUAÇÃO EM ADMINISTRAÇÃO, 22, 2002, *Anais*... Salvador: Anpad, 2002, p. 202 -210.

PARAÍSO, Rostand. *A esquina do Lafayette e outros tempos do Recife*. Recife: Edição do autor, 2001.

_____. *Charme e magia dos antigos hotéis e pensões recifenses*. Recife: Bagaço, 2004.

PASCAL, Maria Aparecida Macedo. *Trajetórias e memórias de portugueses*: identidade, tensões, trabalho e cotidiano. São Paulo 1890-1930. XXIII SIMPÓSIO NACIONAL DE HISTÓRIA. ASSOCIAÇÃO NACIONAL DE HISTÓRIA. Londrina: Anpuh, jul. 2005.

PEREIRA, Maria José; FONSECA, João Gabriel. *Faces da decisão*: as mudanças de paradigma e o poder de Decisão. São Paulo: Makron Books, 1997.

PEREIRA, Miriam H. *A política de imigração portuguesa*. 1850-1930. Lisboa: Regra de Fogo, 1981.

PERES, Apolônio. *Indústrias de Pernambuco*. Recife: Imprensa Industrial, 1935.

PERNAMBUCANO DE MELLO, Virgínia. *As pontes do Recife*. Recife: Água Marinha/Neo-energia. Versão em C.D, 2003.

_____; MENEZES, José Luís. *Real Hospital Português de Beneficência em Pernambuco*. 1985-1995. Recife: Gráfica Recife, 1977.

_____; AREIAS, Laura; MENEZES, José Luís. *Real Hospital de Beneficência*. 1855-2005. Recife: 2006. Edição Comemorativa do Sesquicentenário do Real Hospital de Beneficência.

PERRUCI, Gadiel. *A república das usinas*: um estudo histórico, social e econômico do Nordeste, 1889-1930. Rio de Janeiro: Paz e Terra, 1978.

PILAR, UM SÉCULO SEM ENVELHECER. (Notas coligidas por Bergedof Elliot). Recife: Indústria Gráfica do Recife/Companhia de Produtos Pilar, 1975.

PINHO, Carlos Eduardo Romeiro. *Esquina Lafayette*. Boemia, amores e lamentações na história recifense. Recife, 2000. Dissertação de mestrado, Departamento de História, CFCH, UFPE.

PINTO, Estevão. *A Associação Comercial de Pernambuco*. Edição fac. similar do livro comemorativo do seu primeiro centenário (1839-1939). Recife, 1987.

PIRES, Pe Heliodoro. *O esplendor de uma alma*. Manoel Collaço Dias. Rio de Janeiro: Edição do Autor, 1958.

PORTER, Michael. *Estratégia competitiva*: técnicas para análise de indústria e concorrência. Rio de Janeiro: Campus, 1996.

PORTES, Alejandro. Capital social: origens e aplicações na sociologia contemporânea. *Revista Sociologia, Problemas e Práticas*, n. 33, 2000, p. 133-158.

PRESTES MOTA, Fernando; CALDAS, Miguel. *Cultura organizacional e cultura brasileira*. São Paulo: Atlas, 1997.

MUNICÍPIO DO RECIFE. *Recenseamento do Recife de 1913*. Publicação Oficial, 1915.

REZENDE, Antonio Paulo. *O Recife*: histórias de uma cidade. 2ª ed. Recife: Fundação de Cultura da Cidade do Recife, 2005.

_____. *(Des)encantos modernos*. Histórias da cidade do Recife na década de vinte. Recife: Fundarpe, 1997.

RIBEIRO, Darcy. *O povo brasileiro*. São Paulo: Companhia das Letras, 1995.

ROCHA, Leduar de Assis. *Pediatria e puericultura em Pernambuco*. Recife: ASA, 1987.

ROCHA, Tadeu. *Roteiros do Recife*. Recife: Mousinho, 1959.

ROCHA Bastos et al. *Manual para elaboração de pesquisas e teses*. Rio de Janeiro: LTC, 2000.

ROCHA TRINDADE, Maria Beatriz; CAEIRO, Domingos. *Portugal-Brasil*. Migração e migrantes. (1850-1930). Lisboa: Inapa, 2000.

ROSAS, Fernanda Jenner. *Os doces da fidalguia*. Olinda: Prefeitura de Olinda, 1988.

ROTHER, Larry. *Deu no New York Times*. Rio de Janeiro: Objetiva, 2008.

ROWLAND, Robert. Manuéis e Joaquins: a cultura brasileira e os portugueses. *Revista Etnográfica*, v. 5, n. 1, p. 157.172.

SACOMANI NETO, Mario; TRUZZI, Oswaldo. Economia e empreendedorismo étnico: balanço histórico da experiência paulista. *Revista de Administração de Empresas*, n. 37, abr./jun. 2007.

SCHNERB, Robert. *História geral da civilização*. Direção de Michel Crouzet. Rio de Janeiro: Bertrand Brasil, v. 14, 1966.

SCHWARCZ, Lília Moritz. História da vida privada no Brasil: contrastes da intimidade contemporânea. (Coord) Fernando A. Novais. organizadora do volume: – São Paulo: Companhia das Letras, 1998 –vol., nº 4.

SCHWARTZMAN, Simon. *Bases do autoritarismo no Brasil*. Rio de Janeiro: Campus, 1988.

SCHUMPETER, Joseph Alois. *Teoria do desenvolvimento econômico*. Rio de Janeiro: Fundo de Cultura, 1961.

SCOTT, Ana Sílvia Volpi. *As duas faces da imigração portuguesa para* o *Brasil* (décadas de 1820-1930) Zaragoza: Congresso de História, 2002.

SEBRAE. Criando seu próprio negócio: como desenvolver o potencial empreendedor. Brasília: Sebrae. Coordenadores: Heitor José Pereira e Silvio Aparecido dos Santos. Brasília. 1995.

SETTE, Mário. *Arruar*. Histórias pitorescas do Recife antigo. Recife: Governo do Estado de Pernambuco, 1978.

_____. *Maxambombas e maracatus*. Recife: Fundação da Cultura da Cidade do Recife, 1981.

SILVA, Davi Roberto Bandeira. *Ousadia no Nordeste*: a saga empreendedora de Delmiro Gouveia. Maceió: FIEA/GIJS, 2007.

SILVA, Luiz Geraldo. Pernambucanos, sois portugueses! Natureza e modelos políticos das revoluções de 1817 e 1824. *Revista Almanack braziliense*, nº 1, mai. 2005.

SILVA, Leonardo Dantas. *Carnaval do Recife*. Recife: Fundarpe, 2002.

SILVA, Maria Beatriz Nizza da. *Documentos para a história da imigração portuguesa no Brasil*. Rio de Janeiro: Nórdica, 1992.

SINGER, Paul Israel. *Desenvolvimento econômico e evolução urbana*: análise da evolução econômica de São Paulo, Blumenau, Porto Alegre, Belo Horizonte e Recife. São Paulo: Nacional, 1974.

SIQUEIRA, Moema; GUIMARÃES, Liliane. Estratégias empreendedoras de negócios tupiniquins. XXVI ENCONTRO ANUAL DA ANPAD. Salvador. *Anais...* ANPAD, 2002.

SIQUEIRA, Mônica. *Caminhos do cinqüentenário*. Recife: Associação dos Industriais de Panificação de Pernambuco, 2001.

SOARES, Goretti. *O leite ao sabor do tempo*. Recife: Melhoramentos, 2006.

SOUZA BARROS, Manuel. *A década de 20 em Pernambuco*. Rio de Janeiro: Gráfica Editora Acadêmica, 1972.

SOUTO MAIOR, Mário; SILVA, Leonardo D. *O Recife*: quatro séculos de sua paisagem. Recife: Massagana, 1992.

TANURE, Betânia. *Gestão à brasileira*. São Paulo: Atlas, 2003.

TAVARES, Adelmar. *100 Trovas*. 2ª ed. Rio de Janeiro: Vecchi, 1959.

TEIXEIRA, Flávio Weinstein. *As cidades enquanto palco da modernidade*. O Recife de princípio do século. Recife, 1994. Dissertação de mestrado em História, UFPE, CFCH.

_____. Intelectual e modernidade no Recife dos anos 20. João Pessoa: *Revista Saeculum*, I (1), p. 89-98, jul./dez. 1995.

TRINDADE, Maria Beatriz; CAEIRO, Domingos. *Portugal-Brasil*: migrações e migrantes 1850.1930. Lisboa: Inapa, 2000.

VELHO Gilberto. Antropologia das sociedades complexas: continuidade e mudança no Brasil e em Portugal. In: *Brasil e Portugal*: 500 anos de enlaces e desenlaces. Rio de Janeiro: Real Gabinete Português de Leitura do Rio de Janeiro/Revista Convergência Lusíada, 2000.

VERGARA Sylvia C. *Métodos de pesquisa em administração*. São Paulo: Atlas, 2005.

VERGOLINO, José Raimundo de O. A economia de Pernambuco no período 1850-1900: uma interpretação. *Revista do Mestrado de História*, Recife, v. 1, n. 14, p. 99-117, 1993. (Série Histórica do Nordeste)

_____. A metamorfose da indústria açucareira em Pernambuco: Os primórdios da formação do Arranjo Produtivo Local (APL). *Revista do Instituto Arqueológico Histórico e Geográfico de Pernambuco*, n. 61, ano 2005.

VILLATTA, Luís Carlos. Pernambuco, 1817, "Encruzilhada de Desencontros" do Império Luso-brasileiro: Notas sobre as idéias de pátria, país e nação. In: Schwartz, Lilia (org.). Brasil Império. *Revista USP*, São Paulo (58), jun./jul./ago. 2003.

WEBER, Max. *A Ética protestante e o espírito do capitalismo*. São Paulo: Pioneira, 1967.

VIEIRA, Daniel de Souza Leão. *Paisagens da cidade*: os olhares sobre o Recife dos anos 1920. Recife, 2003. Dissertação de mestrado em História, UFPE, CFCH.

VIERA, Sonia. *Como escrever uma tese*. São Paulo: Pioneira, 1999.

WOOD, Thomas; DE PAULA, Ana Paula Paes. *Pop-management*: pesquisa sobre as revistas populares de gestão no Brasil. XXI ENANPAD, Salvador, 2002.

ZAIDAN, Michel. Tradição oligárquica e mudança. *Revista Tempo Histórico*, ano 1, n. 1, jun./dez. 2005.

ZAIDAN, Noêmia Maria. *O Recife nos trilhos dos bondes de burro*. 1871-1914. Recife, 1991. Dissertação de mestrado, Departamento de História, CFCH, UFPE.

Revistas jornais e periódicos consultados

A CIDADE E AS SERRAS – Informativo do GPL.
ÁLBUM DE PERNAMBUCO. Diversas edições. Disponível em <http://www.liber.ufpe.br>.
ALMANACH DE PERNAMBUCO. Diversos números, de 1895 a 1929.
DIARIO DE PERNAMBUCO. Recife-PE.
JORNAL DO COMMERCIO. Recife-PE.
REVISTA ARQUIVOS DA PREFEITURA MUNICIPAL DO RECIFE. Diversos números, desde 1942 a 1977.
REVISTA ARQUIVO PUBLICO DE ESTADO DE PERNAMBUCO. Diversos números desde volume 1 de 1946 a volume 43 de 1990.
REVISTA DE PERNAMBUCO - Disponível em <http://www.fundaj.gov.br>.
REVISTA DA CIDADE. Disponível em <http://www.fundaj.gov.br>.

Referências outras

CINEMAS ANTIGOS DO RECIFE - Disponível em <http://www.fundaj.gov.br>.
RUAS DO RECIFE - Disponível em <http://www.fundaj.gov.br>.
ESTADO DE PERNAMBUCO. JUCEPE-JUNTA COMERCIAL DO ESTADO DE PERNAMBUCO. Exemplares de fotocópia em DVD de registro de contratos e marcas de firmas em Pernambuco desde 1850.

Anexo I
Entrevistas do projeto

Conteúdos explorados

Natural de (Freguesia, Concelho, distrito ou região); causas da saída do país; forma do convite para vir para o Brasil (carta de chamada ou não); Diferenças e semelhanças Brasil X Portugal nas diversas dimensões da vida social, econômica e cultural; Portugueses no Recife: ramos e setores empresariais mais destacados; Fases históricas mais importantes da presença; Vida social e cultural da colônia; Inclusão e exclusão na colônia; Formas de apoio e ajuda; Estratificação social (ricos e pobres) na colônia; Mobilidade e integração na sociedade local; Lusofobia; emprego de brasileiros nas firmas; Filhos de imigrantes e sucessão empresarial; Comparações com colônias do Rio de Janeiro e São Paulo; futuro da colônia no Recife.

Números de entrevistados[126]

Vinte e uma pessoas entre empresários, pesquisadores e descendentes de emigrantes.

---

126 Alguns desses entrevistados foram ouvidos mais de uma vez.

Anexo II
Mapas e fotos aéreas da presença portuguesa no período

PLANTA DA CIDADE DO RECIFE. ANO 1920

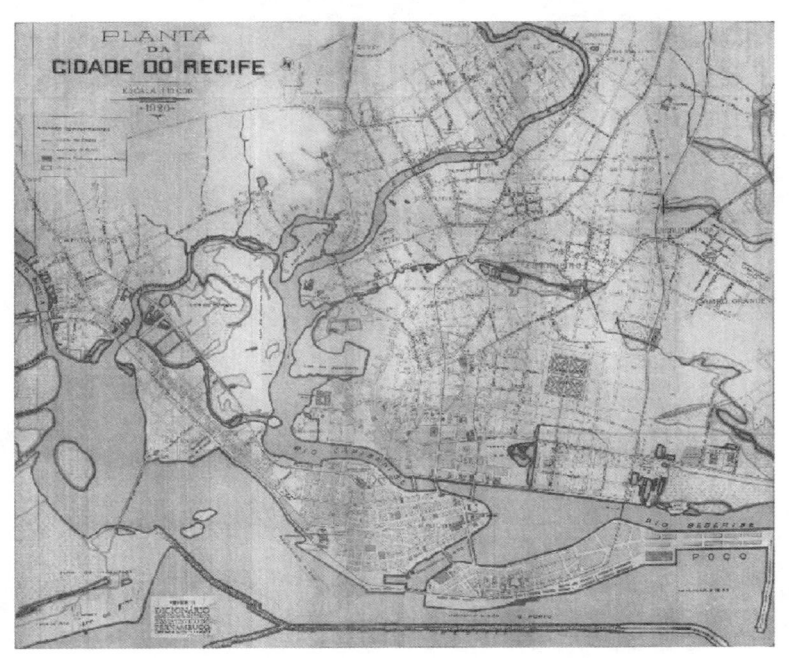

Fonte: *Dicionário corográfico, histórico e estatístico de Pernambuco*. In Galvão (2006).

MAPA DA CIDADE DO RECIFE, COM OS BAIRROS
CENTRAIS E RESPECTIVAS FUNÇÕES URBANAS

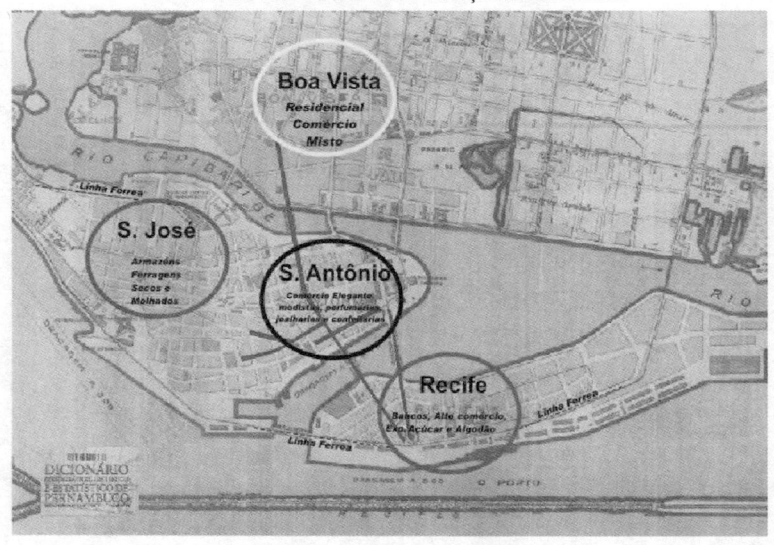

As lojas de comércio estavam localizadas no bairro de S. Antonio e as de secos e molhados no de S. José, todas, em sua grande maioria, de propriedade dos lusos ou luso-brasileiros. Período de 1920 a 1950. Fonte: Galvão (2006).

IMAGEM DAS RUAS DO BAIRRO DE SANTO ANTONIO
COM DESTAQUE PARA INSTITUIÇÕES E FIRMAS LUSAS

Bairros de Santo Antônio e de São José, e ao fundo, bairro do Recife com indicação de ruas e de alguns estabelecimentos lusos ou luso-brasileiros de destaque, a saber: 1 - Edifício Sertã, 2 - Bar Saboy, 3 - Edifício Santo Albino, 4 - Botijinha, 5 - Restaurante Galo de Ouro, 6 - Edifício Ouro Branco, 7 - Sorveteria Pérola, 8 - Magazine Primavera, 9 - Casa Viana Leal, 10 - Padaria Joaquim Nabuco, 11 - Restaurante Leite, 12 - Ferragens e Material Elétrico, 13 - Secos Molhados e 14 - Fábrica Pilar. Registro do autor. Década de 50.
Fonte: Museu da Cidade do Recife.

MAPA DAS RUAS DO BAIRRO DE SANTO ANTONIO COM DESTAQUE
PARA INSTITUIÇÕES E FIRMAS LUSAS

Bairro de Santo Antônio com registros das ruas de comércio e de alguns estabelecimentos lusos ou luso-brasileiros mais importantes do período importantes do período, a saber: 1 - Monumento aos Aviadores Lusos, 2 - Livraria Ramiro Costa, 3 - Café Crystal, 4 - Café Lafayete, 5 - Tuna Portuguesa, 6 - Hotel Recife, 7 - Pátio do Livramento, 8 - Leite Bastos, 9 - Armazéns Caboclo, 10 - Narciso Maia, 11 - Armazéns Caxias, 12 - Casas das Ceras e 13 - Sapataria Esperança. Registro do autor. Década de 50. Fonte: Museu da Cidade do Recife.

Anexo III
Imagens da influência lusa

Arco de Santo Antonio, na entrada do bairro, demolido em 1917. Fonte: Fundaj.

Gabinete Português de Leitura. Década de 10. Fonte: Album de Pernambuco.

Título de sócio do Gabinete Português de Leitura. Fonte: Gabinete Português de Leitura. Recife - PE. Lisboa, 1913.

Real Hospital Português de Beneficência 1920. Fonte: Album da colônia portuguesa no Brasil.

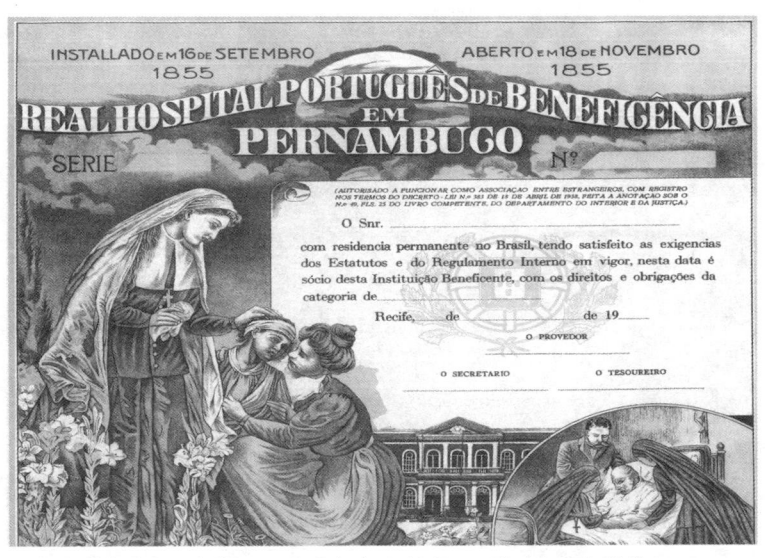

Título de sócio do Hospital Português. Década de 20. Fonte: Virginia P. de Mello

Capa do livro ao lado. Detalhe: produzido em madeira, fixado com grampos no dorso.
Fonte: Carinhas, 1929.

Divulgação de agremiação lusa do Recife no Album da Colonia Portuguesa, 1929. Fonte: Album da Colonia Portuguesa do Brasil

Monumento comemorativo da chegada ao Recife dos pilotos portugueses, Gago Coutinho e Sacadura Cabral realizadores da primeira viagem de travessia do Atlântico desde a Europa à America Latina cidade. Erguido em 1927. Praça 1817. Bairro de Santo Antonio. Fonte: Autor.

Fábrica Pilar de Bolachas e Biscoitos. Neste prédio se instalou o primeiro equipamento para fabricação de biscoutos em PE. 1891. Grafia da época. Fonte: *Pilar: um século sem envelhecer*, 1975.

Veículos usados na distribuição dos biscoitos Pilar. Fonte: *Pilar, um século sem envelhecer*, 1975.

Depósito da Fábrica de Cigarros Lafayette, no qual se exploravam também serviços de lanches, chás e cafés. Ficou conhecido como Café Lafayette. Rua 1º de Março com Rua do Imperador. Fonte: Estado de Pernambuco. Obra de Propaganda Geral de Pernambuco, 1919.

Interior do deposito da fabrica Lafayette. Fonte: Obra de Propaganda Geral de Pernambuco. Estado de Pernambuco 1919.

Fábrica de conservas Amorim Costa pertencente a empresários portugueses, localizada no bairro de Varadouro em Olinda. Hoje integra o patrimônio da prefeitura da cidade.
Fonte: Album da Colônia Portuguesa no Brasil, 1929.

Rótulo de doce da fábrica Amorim Costa & Cia. Fonte: Departamento de Restauro da Prefeitura de Olinda, 2009.

Interior do restaurante Leite ainda hoje em funcionamento. Fonte: Album da Colônia Portuguesa no Brasil, 1929.

Grande magazine de propriedade de luso, localizado entre a Rua Nova e a Rua da Aurora. Década de 30. Foi um dos primeiros estabelecimentos comerciais do país a introduzir vendas a prazo. Fonte: Obra de propaganda geral album de Pernambuco, 1919.

Interior da loja de ferragens Barbosa Viana. Fonte: livro da colônia portuguesa no Brasil, 1929.

Interior de casa de comércio lusa Familia Matos. Década de 30. Foto tirada por Benicio W. Dias, importante fotógrafo do período. Fonte: Nelson Siqueira.

Marca de padaria registrada na Jucepe – Junta Comercial de Pernambuco, 1912. Fonte: Jucepe. 2008.

Interior do estabelecimento Família Carvalheira. Década 40. Fonte: *A família Carvalheira em Pernambuco*, 2009.

Anúncio de estabelecimento luso 1929 da Cidade do Recife. Fonte: Album da Colônia Portuguesa no Brasil, 1929.

Anúncio de estabelecimento luso 1929 da Cidade do Recife. Fonte: Album da Colônia Portuguesa no Brasil, 1929.

Anúncio de estabelecimento luso 1929 da Cidade do Recife. Fonte: Album da Colônia Portuguesa no Brasil, 1929.

Escultura colocada ao lado da máquina registradora da venda de Sr. Amandio no Bairro dos Aflitos. Década 70. Informações indicam que a peça seria do *Zé Povinho,* de autoria do artista luso Rafael Bordelo Pinheiro. Fonte: Autor.

Registro de marca de armazém.1906. Fonte: Jucepe.

Fachada contemporânea do prédio deste conhecido armazém. Detalhe para o caboclo na fachada. Uso atual comercial de sapataria apenas no rés do chão. Fonte: Autor.

Foto atual (2010) palco Teatro Parque construído pelo empresário português Bento Luis D`Aguiar. Hoje pertence à prefeitura da Cidade do Recife. Fonte: Autor.

Prédio da Casa Viana Leal. Decoração de Natal. Década de 1970. Fonte: Roberto Monteiro Leal.

Cabos de sombrinhas fabricados pela firma Leite Bastos, de propriedade de empresários portugueses. Década de 60. Fonte: Autor.

Sombrinhas de frevo dos pernambucanos fabricadas pela firma Leite Bastos, de propriedade de empresários portugueses. Década de 60. Fonte: Autor.

Familiares de João Antonio Collaço Dias, nascido em 1828, na Freguesia de Ovadas, Concelho de Rezende. Comerciante na cidade do Recife e proprietário da Usina Caxangá. Pai de Manuel Collaço Dias. Este último é bisavô do autor por parte de Virgínia Collaço (sua avó), primeira esposa de Álvaro Pinto da Carvalheira (seu avô), pais de Célia Carvalheira Mendonça (sua mãe). Fonte: Autor.

Frederico Alves Pereira Pinto nasceu em 1845, na Freguesia de Alvarenga, Concelho de Arouca. Depois de estabelecido na cidade alterou o seu sobrenome para Carvalheira. É bisavô do autor por parte do pai da sua mãe, Álvaro Pinto da Carvalheira. Fonte: Autor.

Casamento de Elcilia com médico recifense dr. Francisco Peixoto. Ela é filha de Alfredo Cerqueira, português natural de Arcos de Valdevez, avó da esposa do autor. Década de 50. Fonte: Autor.

Cerimônia religiosa na capela N. Sra. de Fátima. Jesuítas. Recife, 1950. Fonte: Amaral e Ribeiro, 2008.

Nicho dedicado à N. Sra. de Fátima em terraço de casa de luso-brasileiro. 2009.
Fonte: Autor.

Avenida Boa Viagem. Década de 50. Fonte: Fundaj.

Imóvel do período áureo do comércio luso na Rua Nova. Fonte: Autor.

Fachada atual de prédio na Rua Duque de Caxias, que reflete época áurea do comércio no centro da cidade. Fonte: Autor.

Anexo IV

Marcas de firmas de portugueses

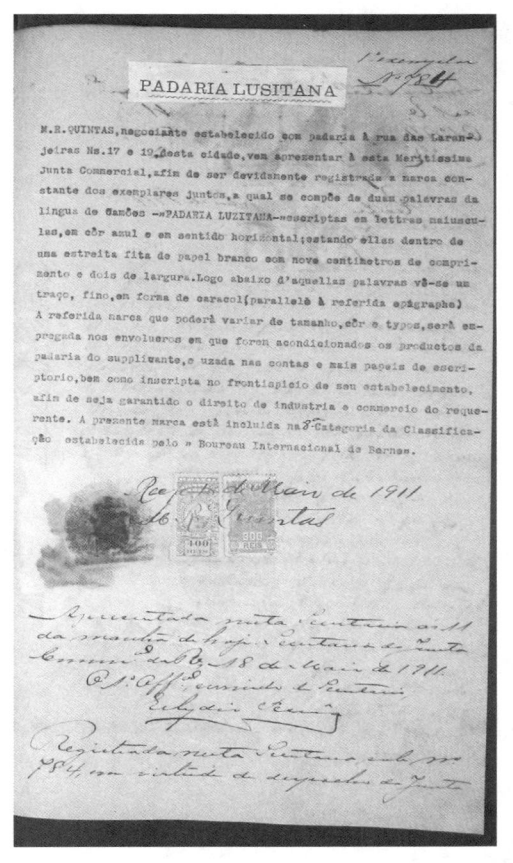

Registro de marca de padaria na Jucepe. 1911. Fonte: Jucepe, 2009.

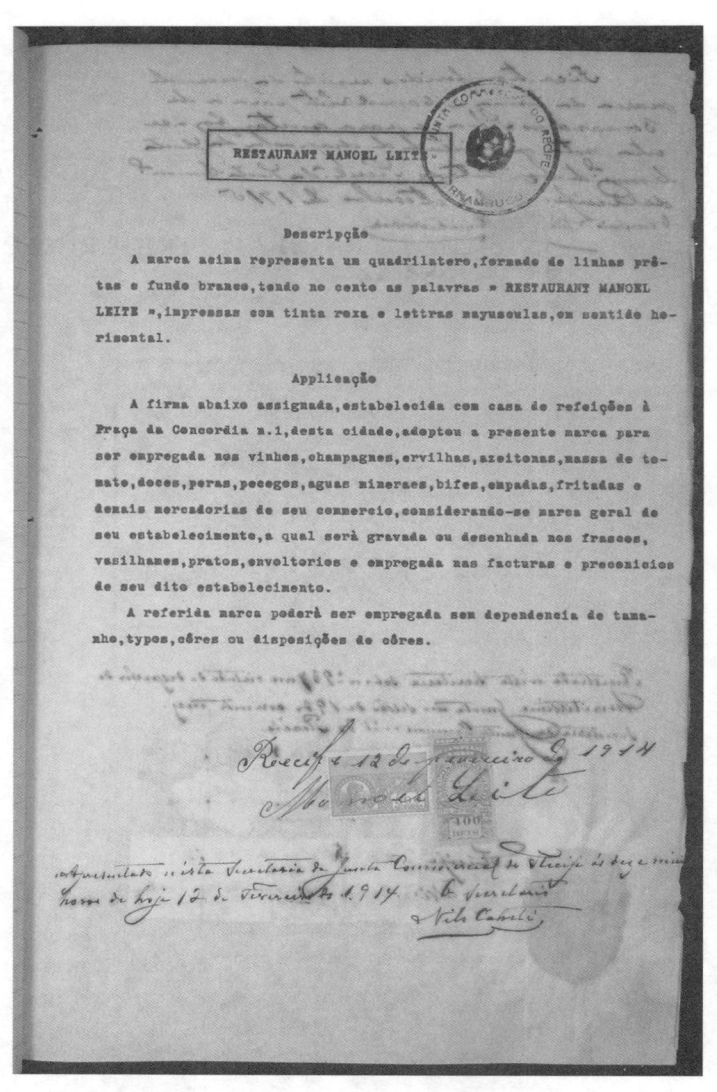

RESTAURANT MANOEL LEITE

Descripção

A marca acima representa um quadrilatero, formado de linhas prêtas e fundo branco, tendo no centro as palavras = RESTAURANT MANOEL LEITE =, impressas com tinta roxa e lettras maiusculas, em sentido horisontal.

Applicação

A firma abaixo assignada, estabelecida com casa de refeições à Praça da Concordia n.1, desta cidade, adoptou a presente marca para ser empregada nos vinhos, champagnes, ervilhas, azeitonas, massa de tomate, doces, peras, pecegos, aguas mineraes, bifes, empadas, fritadas e demais mercadorias de seu commercio, considerando-se marca geral de seu estabelecimento, a qual será gravada ou desenhada nos frascos, vasilhames, pratos, enveltorios e empregada nas facturas e preconicios de seu dito estabelecimento.

A referida marca poderá ser empregada sem dependencia de tamanho, typos, côres ou disposições de côres.

Registro de marca de restaurante na Jucepe. 1914. Fonte: Jucepe, 2009.

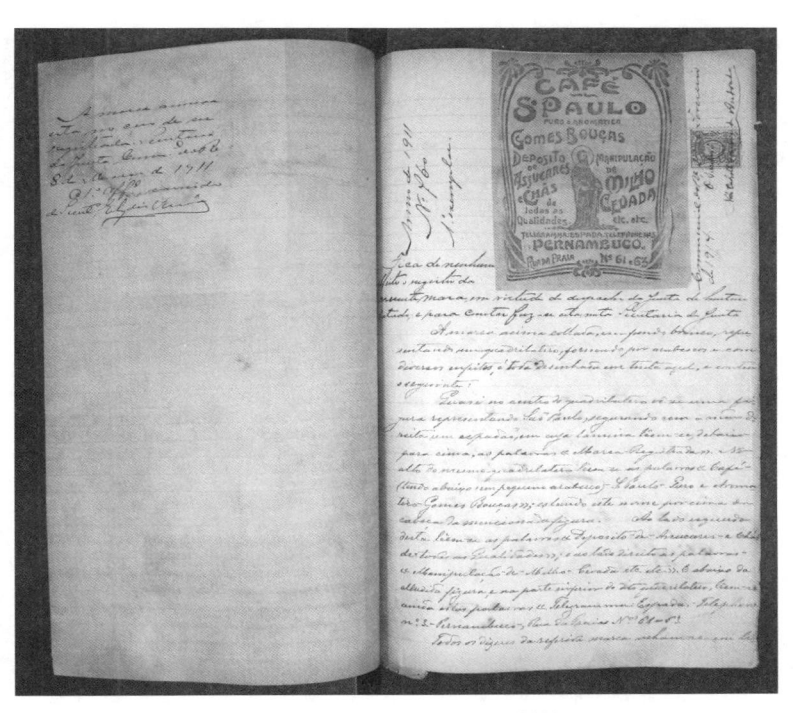

Registro de marca de café na Jucepe. 1911. Fonte: Jucepe, 2009.

Anexo V
Fontes das imagens, documentos e fotos

A família Carvalheira em Pernambuco

Álbum de Pernambuco. Fundaj

Estado de Pernambuco. Obra de propaganda geral

Fundaj – Fundação Joaquim Nabuco

GPL – Gabinete Português de Leitura

Jucepe – Junta Comercial do Estado de Pernambuco

MCR – Museu da Cidade do Recife

Prefeitura de Olinda. Departamento de Restauro

Índice de Tabelas

TABELA I	DISTRIBUIÇÃO DOS CONTINGENTES IMIGRATÓRIOS POR PERÍODOS DE ENTRADA NO BRASIL (1851/1960).	75
TABELA II	ENTRADAS DE IMIGRANTES PORTUGUESES NO BRASIL (1880/1945).	96
TABELA III	DISTRIBUIÇÃO DA POPULAÇÃO PORTUGUESA NO BRASIL, POR ESTADO, 1929.	97
TABELA IV	OCUPAÇÃO DOS PORTUGUESES NO BRASIL.	100
TABELA V	RAMOS DOS ESTABELECIMENTOS COMERCIAIS DE PORTUGUESES NA CIDADE DE SÃO PAULO, EM 1929.	102
TABELA VI	ABERTURA DE FIRMAS NA CIDADE DO RECIFE POR NACIONALIDADE NO PERÍODO DE 1860 A 1870.	145
TABELA VII	CRIAÇÃO DE EMPRESAS EM PERNAMBUCO (1900/1940).	181
TABELA VIII	TOTAL DE FIRMAS DE EXPORTAÇÃO E IMPORTAÇÃO ESTABELECIDAS NA PRAÇA DO RECIFE EM 1913.	183
TABELA IX	DISTRIBUIÇÃO DA POPULAÇÃO DO RECIFE POR FREGUESIA (1843-1913).	191
TABELA X	PRODUTOS IMPORTADOS PELO PORTO DO RECIFE.	235

Índice de Quadros

QUADRO 01	VISÕES MAIS IMPORTANTES SOBRE EMPREENDEDORISMO.	56
QUADRO 02	COMPARAÇÃO HISTÓRIA TRADICIONAL versus NOVA HISTÓRIA.	67
QUADRO 03	TIPOS DE INDÚSTRIAS *VERSUS* EMPREGADOS RECIFE 1920.	184
QUADRO 04	PRINCIPAIS PORTOS DO BRASIL E PRODUTOS.	185
QUADRO 05	MOVIMENTO PORTOS DO BRASIL 1913 – NAVIOS *VERSU*S TONELAGEM.	186
QUADRO 06	ESTABELECIMENTOS DE COMÉRCIO GROSSISTA.	187
QUADRO 07	ESTABELECIMENTOS LOCALIZADOS NO BAIRRO DO RECIFE E RESPECTIVAS RUAS.	188
QUADRO 08	ESTABELECIMENTO LOCALIZADOS NOS BAIRROS DO SANTO ANTONIO E BOA VISTA E RESPECTIVAS RUAS.	189
QUADRO 09	POPULAÇÃO CIDADE DO RECIFE - POPULAÇÃO TOTAL, ESTRANGEIROS e PORTUGUESES.	223
QUADRO 10	NOMES DE PESSOAS, FIRMAS E EMPRESAS QUE MAIS SE PROJETARAM NO RECIFE.	225
QUADRO 11	NOMES DE PESSOAS, FIRMAS E EMPRESAS DE MAIS OU MENOS EM EVIDÊNCIA.	229
QUADRO 12	NOMES DE PESSOAS, FIRMAS E EMPRESAS DESAPARECIDAS NA ÉPOCA.	231
QUADRO 13	REDE DE RELACIONAMENTO PORTUGUÊS NO RECIFE – ATIVIDADE: PANIFICAÇÃO.	257
QUADRO 14	PRINCIPAIS FIRMAS DE EXPORTAÇÃO E IMPORTAÇÃO DE PORTUGUESES NO RECIFE, NO ANO DE 1913.	277
QUADRO 15	EMPREENDIMENTOS INOVADORES DE PORTUGUESES	286

Sobre o Autor

Quem é Luís Eduardo Carvalheira de Mendonça

Nascido e criado na cidade do Recife, sou doutor em Gestão, Economia e Inovação (Univ. Aveiro-PT, 2010), mestre em Administração (EBAPE-FGV-Rio de Janeiro, 1986) e consultor em história de organizações e de empreendedores. Pertenço aos quadros docentes da Universidade Católica de Pernambuco-UNICAP, integrando o Curso de Administração, e sou ainda consultor credenciado do SEBRAE-PE. Ganhei o Prêmio Nacional Brahma de Administração (1987), com trabalho sobre gestão participativa publicado pela Editora Atlas, S. Paulo (1987), e o Prêmio Literário, categoria Ensaio, do Conselho de Cultura da Cidade do Recife (2010) com a presente obra.

Fiz graduação em Direito (UFPE,1972), primeira pós-graduação em estudos de Planejamento na Universidade de Edimburgo, Escócia (1978). Tomei parte na criação e na instalação de dois órgãos governamentais, um de gestão metropolitana e outro de coordenação dos transportes públicos na cidade do Recife.

Dedico-me à temática da história de organizações e de empreendedores desde 1998, data do primeiro livro a respeito da história do grupo pernambucano de usinas Petribú. Destaco, ainda, os livros sobre os 40 anos do Instituto Materno Infantil de Pernambuco-IMIP (2000) e os 65 anos da Federação das Indústrias de Pernambuco-FIEPE (2005). Coordenei a publicação dos livros *Empresários vencedores e suas histórias de sucesso*, editado pelo SEBRAE-PE (2002) e *A invenção de Porto de Galinhas* (Persona,

2004) a respeito dos empreendedores e da história do turismo na praia. Em 2010, publiquei os livros *Antonio Figueira: um médico estadista de Pernambuco* (EDUPE) e *Antonio de Souza: a vitória empreendedora de um migrante no Recife* (Persona).

Anima-me a convicção de que há, no Brasil, empresas e empreendedores dignos de serem investigados e ao revelar suas histórias espero estar contribuindo para uma teoria de administração alicerçada no barro nacional.

Minhas pesquisas recentes e a própria tese de doutorado, base deste ensaio, são atividades de investigação alinhadas nessa perspectiva.

Cultivo curiosidade e admiração pela história de vida das pessoas e das suas realizações, aprecio conversar e entender o contexto da lenda pessoal de cada um e do ambiente, inclusive imagens e documentos, procurando desvendar o fracasso ou o sucesso das pessoas e das empresas à luz do referencial conceitual de história de empresas e de empreendedores. Gosto, ainda, do ofício da escrita. Conhecer pessoas, compreender o contexto histórico e escrever são afazeres que me dão satisfação. Assim, resolvi dedicar-me a narrar histórias de empresas e de empreendedores, aliando este interesse com a convicção referida.

Fazer este livro foi resultado de uma decisão movida tanto pela crença e habilidades citadas, quanto ao estilo do escritor francês *Michel de Montaigne*: oferecer a minha interpretação de aspectos ainda não explorados da vida econômica, social, cultural e empreendedora do Recife. Foi, como se diria, uma atividade pessoal prazerosa – daí a inspiração nos *Ensaios* de *Montaigne*. Coincidentemente, a categoria em que me foi concedido o Prêmio da Cidade do Recife, acima citado, foi a categoria de Ensaio.

Luís Eduardo Carvalheira de Mendonça
Recife, outubro de 2011
Contatos: lcm1702@gmail.com
Telefone 55-81-91111151

Esta obra foi produzida no Rio de Janeiro,
na primavera de 2011, pela editora Garamond.
A tipologia empregada foi Times New Roman.
O papel utilizado para o miolo é off-set 75g.
Impresso no Rio de Janeiro pela Vozes